文化吉林

公主嶺卷

弘揚長白山文化
打響吉林特色地域文化品牌

王儒林

　　吉林有文化，而且吉林文化有底蘊、有潛力、有特色、有希望。從前郭縣王府屯距今約一百萬年的石製工具到距今十六萬年的樺甸仙人洞和距今三萬年的榆樹人，從燕趙文化東進到漢武帝設四郡，從扶餘、高句麗、渤海文明的興衰更替到遼金、清朝問鼎中原，從抗日烽火、解放硝煙到新中國老工業基地的紅色記憶，從二人轉、吉劇、長影到吉林期刊、吉林歌舞和吉林電視劇現象，勤勞智慧、淳樸善良、勇於開拓的吉林人民在白山松水間創造出絢麗多彩的地域文化，成為中國文化版圖上一道獨特風景。

　　文化與山素來結緣，正如泰山之於魯，嵩山之於豫，黃山之於皖，長白山是吉林的象徵、吉林的品牌。吉林文化始終與長白山難捨難分、血脈相連，集中體現於長白山文化之中。長白山文化發源和根植於吉林沃土，是包容吉林各民族文化、蘊含吉林發展歷史、反映吉林人性格特質、凸顯吉林氣派的「大文化」；是中華民族「多元一體」文化的重要組成部分，源遠流長、博大精深，構成了吉林文化的骨骼和脊梁。在地域文化越來越受到人們關注、文化軟實力越來越成為衡量一個地區核心競爭力的重要指標的當今時代，大力弘揚作為吉林文化標誌性符號的長白山文化，把這份寶貴的文化資源保護好、挖掘好、利用好、開發好，對於打響吉林特色地域文化品牌，鑄造極具時代內涵的吉林精神，提升吉林文化軟實力，凝聚吉林改革發展正能量，無疑具有十分重要的現實意義。

近年來，我省大力推進以優秀吉林地域文化為主要內容的長白山文化建設，出臺了《長白山文化建設規劃綱要》，啟動實施了長白山文化建設工程，在長白山文化資源保護研究、挖掘整理、開發利用等方面做了大量工作，取得了顯著成績。我們要進一步加強長白山文化理論研究，豐富長白山文化內核和外延，進一步加強長白山文化遺產的發掘、保護和展示推介力度，擴大長白山文化的影響力，進一步加強對長白山文化內涵的拓展和提升，把長白山文化資源更好地轉化為文化產品、文化事業和文化產業，推動長白山文化建設躍上新臺階，推動吉林文化大發展大繁榮，為實現富民強省目標、中華民族偉大復興、中國夢做出貢獻。深入挖掘、研究、整理長白山歷史文化，既是一項宏大浩繁的系統工程，又是一項功在當代、利在千秋的基礎工程。希望有更多有識、有志之士投身長白山文化建設事業，讓這份寶貴的文化資源更好地服務於當代，惠澤於未來。

由省委宣傳部組織編撰的《長白山文化書庫》系列叢書，是長白山文化建設工程的重要標誌性成果。叢書從基礎研究、地方特色、主要藝術門類三部分，對長白山文化的歷史資源進行了全面細緻的挖掘和整理，堪稱長白山文化研究與普及的鴻篇巨製，不僅對研究和宣傳長白山文化大有裨益，而且對培育吉林文化品牌、樹立吉林文化形象也將產生積極的促進作用。在叢書即將付梓之際，謹表祝賀並向全體工作人員致以問候。

主編寄語

莊 嚴

長白奇逸蘊靈秀，松江悠長毓文傑。千百年來，雄渾壯美的白山松水賦予了肥沃豐饒的吉林大地以生機和活力，滋養了吉林人民勤勞睿智、堅韌進取、寬容開放的精神品格，積澱了多元融合、底蘊深厚、色彩斑斕的地域文化。這獨具魅力的吉林特色地域文化猶如一株馥鬱芳香的花朵，在中華民族文化百花園中爭妍綻放。

文化是經濟發展之根，是社會發展之源。省委、省政府高度重視文化建設，制定出臺了《長白山文化建設規劃綱要》，把吉林省歷史文化資源工程列入宣傳思想文化工作「六大工程」之一。省委宣傳部深入貫徹落實省委、省政府的要求，開展《長白山文化書庫》建設，啟動實施了《文化吉林》叢書編撰工作，將其作為全省宣傳思想文化工作的重要舉措，周密部署，精心組織，強力推進，取得了預期成果，為全省人民奉獻了一份珍貴的精神食糧。

《文化吉林》叢書是《長白山文化書庫》中全景展現特色地域文化的重要組成部分。年初以來，我省廣大宣傳文化工作者以對家鄉、對歷史、對文化事業的高度責任感和使命感，不畏繁難，勤勉執著，嚴謹認真，精益求精，在資料收集、遺產挖掘、書稿撰寫等方面付出了大量艱辛的努力，進行了許多開創性的探索和實踐，圓滿完成了這次編撰任務。叢書編撰秉承傳播和弘揚吉林文化的理念，梳理總結吉林文化資源，提煉昇華吉林文化精髓，激發增強吉林人的文化自覺、文化自信，使優秀文化更好地服務於吉林的發展振興。

《文化吉林》內涵豐富，圖文並茂，辭美情摯，引人入勝，是人們認識吉林、瞭解吉林、研究吉林的概覽長卷，是吉林文化走向全國，面向國際的真誠心聲。叢書真實勾勒了吉林文化歲月滄桑的歷史縱深，生動展現了吉林文化多姿多彩的時代律動，帶我們走進吉林地域文化演進的舞臺，親身感受風雲激盪的文化事件，出類拔萃的文化人物，領略淵深源遠的文化景觀，妙趣橫生的文化傳說，體驗琳瑯紛呈的文化產品，淳樸濃郁的文化民俗。叢書將吉林文化的發展脈絡、現狀和未來，客觀詳盡地展現給廣大讀者，是一部能夠讀得進去、傳播開來、傳承下去的佳作精品。

　　鑒往以勵志，展卷當奮發。《文化吉林》這套融史料性、知識性、可讀性於一體的叢書，為我們進一步保護、研究、開發吉林地域特色文化提供了重要史料資源。作為後繼者，當代吉林人有責任、有義務肩負起將吉林文化充分融入社會主義核心價值觀，推動吉林文化發展進步的歷史使命，讓優秀傳統文化在繼承中創新，在創新中前行，在全國文化發展大格局中唱響吉林「聲音」，打造吉林文化品牌，樹立文化吉林形象。

第四章 · 文化景址

第五章・文化產品

第六章・文化風俗

第一章——

文化發展概述

　　古時，東遼河中游右岸有一嶺，橫亙平野，形似臥龍飲澗。嶺上九峰鋪展，狀如飛鳳朝陽。清際，屬科爾沁左翼中旗達爾罕親王封地。乾隆十二年，帝第三女固倫和敬公主下嫁達爾罕親王第三子色布騰巴勒珠爾。達爾罕親王善待公主，特將此嶺及方圓百里賜為公主食邑。由是，此嶺被習稱為公主嶺。後來，這裡人煙日盛，嶺南十里許已聚居成城。一八九七年中東鐵路築經這裡，遂以嶺名城。

嶺城得名，方逾百年；追溯歷史，源遠流長。公主嶺地域，乃古肅慎地，秦漢屬遼東境外之扶餘，唐歸渤海扶餘，遼金隸黃龍府境，元劃入遼陽行省開元路，明受奴兒干都司管轄，清為科左中旗封邑。清同治五年（1866 年）於

▲ 和敬公主塑像

八家子（今公主嶺市懷德鎮）設分防經歷。清光緒三年（1877 年）建立縣治，始稱懷德縣，隸屬昌圖府。中華民國初期隸屬奉天省，一九三一年後歸吉林省管轄。一九四七年，懷德縣曾劃歸遼北省，一九四八年後又劃歸吉林省。一九八五年撤銷懷德縣，設公主嶺市。

公主嶺市地處吉林省中西部，松遼平原腹地。西靠東遼河，東依長春，南鄰伊通，北接農安、長嶺、雙遼。全境北寬南窄，狀如一彎新月。交通便捷，102 國道、京哈高速公路、哈大高速公路、長深高速公路、京

▲ 京哈高速公路

哈鐵路、哈大高速鐵路穿境而過。全市幅員四一四〇點六平方千米，轄二十個鄉鎮、十個街道、四〇四個行政村、三一〇九個自然屯、三個省級經濟開發區和二個省級工業集中區。耕地三十一點七萬公頃，人口一〇七萬，有滿、蒙、朝、回等二十九個少數民族。

公主嶺市歷史悠久。考古發掘告訴世人，公主嶺的前世今生和中華文化一脈相承。二〇〇五年，在環嶺街道肖家屯遺址考古發掘中，出土刻有「之」字

▲ 哈大高速鐵路

▲ 素有「吉林半坡遺址」之稱的肖家屯遺址挖掘現場

形圖案的陶罐、用以打製和研磨的石器工具、半地穴式的「房屋」。「房屋」旁邊有灰坑，還有網墜等漁獵工具。據專家考證，該遺址距今大約五千年，是新石器和青銅器兩個時代的文化層堆積。據此，公主嶺的歷史可追溯到五○○○年前。肖家屯遺址被吉林省文物專家稱為「吉林半坡遺址」。

▲ 俄羅斯專家在肖家屯遺址考察

公主嶺市境內有國家級文物保護單位五處：秦家屯城址、雙龍大青山遺址、八屋五家子城址、懷德鎮邊崗、中東鐵路建築公主嶺俄式建築群。省級文物保護單位十五處：雙城堡黃花遺址、雙城堡城址、環嶺紅旗墓群、朝陽坡黑山頭遺址、十屋二里界遺址、猴石遺址、前城子城址、毛城子城址、十屋城址、大院遺址、甘家溝遺址、勝利城址、興城城址、冷家屯遺址、柳條邊文化遺址。這些遺址都得到了很好的保護，為廓清公主嶺市歷史提供了重要歷史資料。

綿綿青山，物產豐饒；悠悠遼水，鐘靈毓秀。文化，是這座城市的靈魂，傳達的是這座城市悠久的記憶與風采。

翻開塵封的歷史可以發現，公主嶺的氏族先民們在這塊神奇的土地上創造了光輝燦爛的文明。肅慎地的悠久歷史，信州城的燦爛文化，《問心碑》的銘傳韻長，都是這方沃土的文化根基。

　　深厚的文化底蘊、燦爛的歷史文明與「田徑之鄉」、「詩詞之鄉」、「玉米之鄉」等榮譽稱號一起使公主嶺聲名遠播，為公主嶺文化增添了亮麗色彩。

▲ 公主嶺境內東遼河風光

▲ 公主嶺城區舊貌

▲ 公主嶺城區新貌

　　公主嶺市文聯成立以來，始終堅持文藝「二為」方向和「雙百」方針，以推動文藝創新、促進社會發展為目標，以發現和培養各類文學藝術人才為己任，認真履行聯絡、協調、服務的職責，先後編輯出版了《浪花》、《春潮》和《松遼作家》等文藝期刊。作家協會、詩詞學會、書法家協會、美術家協會、攝影家協會、音樂家協會、舞蹈家協會和民間藝術家協會活動頻繁，內容豐富，佳作紛呈。廣大文學藝術工作者堅持以人民為中心的創作導向，堅持「三貼近」和「以優秀的作品鼓舞人」的創作原則，深入基層，深入群眾，接地氣，與人民同呼吸、共命運、心連心，歡樂著人民的歡樂，憂患著人民的憂

▲ 《浪花》一九七九年十月增刊封面

▲ 《浪花》一九八〇年第一期封面

▲ 《浪花》一九八〇年徵文專刊

患，不斷汲取創作營養，激發創作靈感，在各自領域辛勤耕耘，創作了大量無愧於時代、無愧於人民的優秀作品，為推動公主嶺市文學藝術事業大發展、大繁榮做出了卓越貢獻。

▲ 懷德縣文聯一九八一年文學作品研討會合影

公主嶺的戲劇創作獨具特色，一大批戲劇工作者，創作出一部又一部膾炙人口的戲劇作品，許多作品在全省乃至全國都具有一定影響力。張樹曾的廣播

▲ 一九八八年公主嶺市第五次文代會合影

▲ 一九八五年公主嶺市文聯戲劇家協會合影

劇《杜重遠》先後在吉林人民廣播電台、中央人民廣播電台播出，獲優秀廣播劇獎。李鐵人的二人轉《女鞋匠》、《夜鬧魚塘》在全省會演中獲創作一等獎；坐唱《草原英雄小姐妹》在全省巡迴演出中獲一等獎。陳功范的二人轉《鳳儀亭》，在全省二人轉會演中獲創作一等獎。秦恩和的拉場戲《妯娌會》，參加四平市和吉林省文藝會演均獲一等獎，並在全省推廣。拉場戲《牆裡牆外》在全省二人轉會演中獲創作一等獎，獲國家文化部創作一等獎和全國現代戲曲會演「新劇目獎」。拉場戲《老男老女》、二人轉《夫妻串門》、《包公鍘侄》、《佛祖封官》等均在全省二人轉會演中獲一等獎，榮獲國家文化部頒發的創作一等獎，應邀進京演出。電視劇《黃香溫席》獲上海市委宣傳部《東方小故事》編劇獎，並獲全國精神文明建設「五個一工程」提名獎。電視連續劇《警鐘長鳴》還在中央電視台播出。根據響鈴公主傳說改編並拍攝的電影《玉碎宮傾》風靡一時。反映公主嶺農村改革的報告文學《三門李軼聞》和據此改編的電影《不該發生的故事》轟動全國。

青年表演藝術家李玉剛是公主嶺人的驕傲。《霸王別姬》、《貴妃醉酒》、《鏡花水月》、《嶺上公主》等歌曲，經李玉剛的深情演繹深受觀眾喜愛。這位來自黑土地的藝術家也隨之名聲大振。

吉林省首個被中華詩詞學會命名的「詩詞之鄉」稱號，是公主嶺一張新的標誌性文化名片。大型詩集《公主嶺風韻》、系列詩集《響鈴詩詞》和每年上千首詩詞新作的發表，為「詩詞之鄉」寫下了濃墨重彩的一筆。

公主嶺書壇名家薈萃，筆墨酣暢；畫苑群英雲集，彩筆生花。名動塞北的書法、繪畫作品，給公主嶺增添了特有的文化韻味。公主嶺的舞蹈在全省乃至全國都享有一定聲

▲ 關於授予吉林省公主嶺市「詩詞之鄉」稱號的文件

譽。二〇〇〇年至二〇〇三年，劉平平創作的舞蹈《西域風情》、《天竺少女》、《小牧民》、《草原英雄小姐妹》，連續四年榮獲吉林省小舞協杯大賽金獎；二〇〇三年至二〇一三年，少兒舞蹈《卓瑪》、《七月火把節》、《碧波孔雀》等節目，獲中國舞蹈家協會舉辦的大賽金獎；二〇〇九年，舞蹈《唐古拉風》在上海舉辦的國際舞蹈大賽中獲第二名。文化館創作的舞蹈《熱辣女人》獲吉林省老年風采大賽金獎、吉林省第二屆廣場舞大賽銀獎、中國首屆群眾文

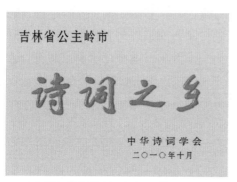

▲ 公主嶺市榮獲「詩詞之鄉」稱號

▲ 公主嶺市榮獲「全國詩詞工作先進單位」稱號

▲ 舞蹈家協會演出劇照

▲ 舞蹈家協會演出劇照

▲ 舞蹈家協會演出劇照

▲ 舞蹈家協會演出載譽歸來合影

化藝術大賽銅獎。

公主嶺先後湧現出一大批體壇國手、田徑菁英，為中國體育事業發展做出了卓越貢獻，多次被國家體育總局授予「全國田徑之鄉」、「全國體育先進縣（市）」、「全國群眾體育先進單位」等榮譽稱號。

公主嶺城鄉群眾文體活動豐富多彩。二〇一二年，成功承辦了吉林省青少年田徑錦標賽。這是一項規模較大、層次較高、參賽人數較多的省級體育賽事，在縣級城市舉辦還是第一次。二〇一四年，參照國家乒乓球賽模式，舉辦了乒乓球甲級聯賽。各種主題的書法、美術、攝影、詩詞、剪紙作品展覽，各類大型文藝演出、群眾文化藝術節、激

▲ 二〇一二年吉林省青少年田徑錦標賽開幕式

▲ 二〇一二年吉林省青少年田徑錦標賽比賽現場

情廣場大家唱、器樂演奏等活動長年不斷。二〇一二年以來，共開展各類群眾文化、體育活動五〇〇〇多場（次），極大地豐富和活躍了城鄉居民的文化生活，提升了人們的幸福指數。公主嶺市也因此多次被吉林省文化廳評為「全省文化工作先進單位」。

二〇〇二年，公主嶺市決定在嶺西劃撥六三〇〇〇平方米土地修建文體中心。自二〇〇六年七月二十三日開工至二〇〇八年十一月十八日第一期工程竣工，先後建成了建築面積七二九〇平方米的綜合樓、占地二一九〇〇平方米的體育場（包括十二級水泥看台、三〇〇平方米的主席台）、建築面積一六〇〇平方米的體育館（木質地板結構）和一八四〇〇平方米的全民健身廣場（包括二個室外籃排球場、二個羽毛球場、一個網球場、一個門球場和二個健身器械場地）。二〇〇七年九月二十一日，文體中心綜合樓、體育場建成，並成功舉辦了全市職工運動會；十月一日開始，市文化館、圖書館、文物管理所、田徑運動學校等單位陸續遷入文體中心綜合樓。二〇〇九年，文體中心利用綜合樓地下室，開發建設一〇〇〇多平方米的室內健身館（現亞東健身館），內部設有健身器械六十餘種和國民體質檢測等附屬設施。二〇一一年七月，為承辦首

▲ 文化體育中心石碑正面

屆「中國・公主嶺玉米節」，文體中心對體育場進行了第一次升級改造，鋪設
塑膠跑道八九六六點八四平方米，栽種草坪六一六〇點四三平方米，安裝固定
座席一點二萬個，跑道周圍鋪裝大理石地面八〇〇〇多平方米。二〇一二年，
又在文體中心綜合樓前東側開發建設全民健身中心。該中心占地三〇〇〇平方
米，建築面積八九二四點七平方米。公主嶺文化體育中心的建成並投入使用，
不僅解決了文化館、圖書館、文物管理所、博物館、田徑運動學校等基層單位
的辦公、活動場所問題，也緩解了文體基礎設施陳舊、落後與不足問題。現
在，公主嶺文體中心已成為全市文化藝術培訓中心、群眾文化活動中心、體育

▲ 公主嶺文化體育中心夜景

▲ 文化體育中心碑文

活動中心、圖書閱覽中心、文化資源共享展播中心、文物陳列展覽中心、競技體育競賽中心和優秀體育人才培養基地。

公主嶺市文化館是公主嶺市政府設立的群眾文化事業機構。主要職能有：組織、輔導、培訓文藝骨幹和社會文藝團隊；蒐集、整理、研究民間優秀文化作品；挖掘、申報、傳承民間非物質文化遺產保護項目；組織和開展群眾文化理論研究、指導城鄉群眾文化活動；承辦上級交辦的其他工作。是全市文化的藝術中心、輔導中心、指導中心、活動中心、調研中心。

公主嶺市文化館現有職工三十一人，設有辦公室、文藝部、美術攝影部、創編調研部、開放管理部五個部門。多年來，公主嶺市文化館認真貫徹執行黨和國家的文化方針政策和法律、法規，弘揚中華民族優秀傳統文化和時代主旋律，運用各種文化藝術手段，組織開展群眾文化藝術活動，豐富了群眾的精神文化生活。

▲ 吉林省文化館、站、院「群文理論」培訓班在公主嶺舉辦

公主嶺市文化館先後組織開展了十三屆吉林省藝術系列（公主嶺賽區）大獎賽和十一屆吉林省（公主嶺考區）社會藝術考級活動；組織承辦了二十多屆元宵節燈展活動；平均每年舉辦、承辦三至五次全市大型書法、繪畫、攝影、剪紙等作品展覽；年均承辦二至四次全市大型文藝演出活動；每年春節期間組織六至八組秧歌隊活躍在城區大街小巷；每年舉辦三至五次鄉鎮文化站、街道

文化活動中心、社區文化活動室、農村文化大院負責人和社會文化骨幹人員培訓班；年均開展調研二十餘次，深入基層開展輔導活動十五次以上。近年來還組織開展了「農村文化活動月」、「市民文化節」、「農民文化節」等活動，堅持開展廣場健身操示範表演活動。

▲ 市文化館舉辦鄉鎮文化骨幹廣場舞培訓班

市文化館組織群眾參加的上級各類比賽均獲好成績。一九九二年至一九九六年，連續四次參加四平市英雄城音樂會，均獲綜合演出一等獎；二〇一〇年組建的「彩虹合唱團」，參加吉林省第三屆「長白之聲」合唱節獲優秀組織獎和最佳演唱獎，並代表吉林省參加首屆中華紅歌會獲「黃河杯」獎；二〇一一年，「彩虹合唱團」參加吉林省第四屆「長白之聲」合唱節獲「參花獎」；二〇一四年，在吉林省第六屆「老年風采」大賽中，文化館組織表演的歌伴舞《熱辣女人》獲最佳表演獎；在吉林省第二屆群眾文藝金星獎大賽中，文化館組織表演的集體舞《小蘋果》獲金獎。在省內舉辦的春聯、剪紙等作品徵集、藝術系列大賽、社會藝術考級等多項活動中獲「優秀組織獎」；多次被省文化廳評為「十優文化館」「吉林省文化工作先進單位」；二〇一一年末，被國家文化部評為「二級文化館」。

公主嶺市圖書館歷史悠久，可追溯到一九〇

二級文化館
（2011－2014年）

中华人民共和国文化部
二〇一一年十一月

▲ 公主嶺市文化館被文化部評為「二級文化館」

六年（光緒三十二年）十一月成立的滿鐵會社公主嶺驛圖書館。新中國成立後，圖書館回到黨和人民的懷抱。一九七八年從懷德縣文化館分離出來，組建了懷德縣圖書館，一九八五年改稱公主嶺市圖書館。內設外借處、報刊閱覽室、電子閱覽室、多媒體室、採編部、輔導部、少兒部、辦公室等機構。其中，報刊閱覽室有七十個座位，電子閱覽室有五十個座位。

公主嶺市圖書館承擔全市圖書文獻資源收集、整理、保存、傳播等職能。館藏圖書共分馬列主義、哲學、社會科學、自然科學、綜合性圖書五大類。館內現有藏書八萬冊，電子書五萬餘種。先後接受東北師範大學、吉林大學、「超星」電子公司捐贈期刊一萬餘冊，北京蔚藍公司捐贈圖書三〇〇〇餘冊，巴蜀力量基金捐贈圖書六五〇〇冊，豐富了館藏資源。公主嶺市電子圖書館是四平地區第一個建立的電子圖書館，並成為吉林省數字圖書館聯盟成員，擁有一點二萬多小時、六一七六五集文獻資源。

一九八二年至一九八三年，公主嶺市圖書館少兒圖書借閱工作曾兩次獲得文化部和國家教委等部門的表彰和獎勵。二〇〇五年，公主嶺市圖書館被國家文化部評為二級圖書館。

公主嶺市博物館始建於二〇〇九年十二月，承擔全市可移動文物的保護、陳列、展示工作。

公主嶺市博物館現存各級文物二〇三三件，其中，國家二級文物二件，國家三級文物六件，先秦以來古錢幣一六六三件。一九九一年，市文物管理所在這裡籌建了中國古錢幣陳列室，共展出先秦以來各朝代古錢幣（包括刀

▲ 公主嶺市圖書館被文化部評為「二級圖書館」

▲ 公主嶺市博物館古錢幣陳列室

幣、布幣、銅幣）九〇七枚。這一陳列填補了吉林省文物陳列的一項空白，並獲「吉林省首屆文博科研成果二等獎」（一等獎空缺）。文體中心建成後，古錢幣陳列室遷至文體中心博物館。二〇一三年，博物館對陳列室重新裝修、布展，共展出古錢幣八八二枚。古錢幣陳列展先後接待各級領導、金融界人士、中小學生等共計五〇〇〇餘人，受到一致好評。

根據財政部、文化部《關於推進全國美術館、公共圖書館、文化館（站）免費開放工作的意見》，二〇一二年，公主嶺市文化館、圖書館、博物館對外免費開放。

公主嶺市檔案館（原為懷德縣檔案館），一九五九年七月二十一日成立。檔案局、檔案館對外掛兩塊牌子，對內設一套機構。檔案館現有館舍建築面積二六六八平方米，館藏檔案三〇〇個全宗、二一六六九一卷、資料三一九七冊。館藏中最早的檔案時間為光緒十四年（1888 年）。館藏民國時期檔案八個全宗，四六四二卷；館藏革命歷史檔案三個全宗，五五六卷；館藏新中國成立後檔案二一一四九三卷。

二〇〇一年，公主嶺市檔案館走出了一條「以檔養檔」、「以鑑養鑑」的道路。在市委、市政府支持下，檔案館購置了一批辦公設備，基礎設施建設得到了有效加強。二〇〇二年年末，全省檔案工作機制創新現場會在公主嶺市召開。

二〇〇二年，公主嶺市檔案館開始申報全省綜合檔案館資質，經過十個月精心準備，按省標六十多項內容項項落實，條條達標，年末以九十三點二九分的考評分晉陞為全省一級檔案館。

二〇〇三年，公主嶺市檔案館積極響應吉林省檔案局關於創建國家綜合檔案館「四個基地」建設的要求，在全省率先開始「四個基地」AAA館創建工作。這是一個以愛國主義教育展館建設

▲ 愛國主義教育展館

為起點，以建設一個集愛國主義教育、黨史資政育人、黨員先進性教育、未成年人思想道德建設為一體的「一館四展」為目標的重大項目，得到市委、市政府領導高度重視。

展館以「熱土豪情唱大風」為主題，以歷史發展為脈絡，通過「一片神奇土地」、「從古文明走來」、「挺起民族脊梁」、「浴血迎接黎明」、「激情燃燒歲月」、「春風又綠原野」、「跨入嶄新時代」、「全面建設小康」八個主題和文字、圖片、實物三種形式全面真實地反映了公主嶺市的發展史和公主嶺人的奮鬥史，受到社會各界的廣泛關注。全市機關幹部、共產黨員、駐嶺官兵、中小學生紛紛前來參觀，接受教育。域外各界人士也都踴躍前來，參觀展館，題詞留念。

二〇〇五年十一月，公主嶺市檔案館全面完成了「四個基地」建設任務。同年末，經省專家組驗收，以三八八點六分的成績在全省率先通過「四個基地」建設考核驗收，進入 AAA 館先進行列。

▲ 公主嶺市檔案館被國家檔案局評為「國家一級檔案館」

二〇〇八年初，國家檔案局制發《市、縣級國家綜合檔案館測評辦法》，公主嶺市檔案館及時申報。二〇〇九年四月，市檔案館接受了國家綜合檔案館測評組測評，以九十五分的優異成績晉陞為國家一級檔案館，成為吉林省市（縣）級檔案館中第一個「國家一級檔案館」。

新中國成立以後，公主嶺市對《懷德縣志》進行續修，歷時五年。該書於二〇〇九年出版。這部《公主嶺市志》上下限跨度二十年，分三十五篇一九〇餘章，共計一二〇萬字。省地方志編委會領導指出：《公主嶺市志》結構合理、體例完備、資料翔實、文風樸實，富有地方特色和時代特徵……能夠充分發揮「存史、資政、教化」的重要功能，是三個文明建設不可多得的重要工具書。志書出版後，省、地、市有關專家在省地方志刊物《今古大觀》上連續發

表評論文章，對《公主嶺市志》的質量和創意給予充分肯定。二〇一〇年，《公主嶺市志》榮獲吉林省社科聯第三屆社會科學優秀成果獎。同時，市檔案館還出版了《公主嶺市影像志》，與以文字為主的《公主嶺市志》相得益彰。其創新思路也受到好評，獲省檔案局科技成果一等獎。上述「兩志一鑑」在「十一五」期間圓滿完成，從縱橫兩大方面，文字和圖片兩個角度，全面反映公主嶺撤縣建市後的歷史和現狀，為社會各界瞭解公主嶺市、認識公主嶺市、研究公主嶺市提供了珍貴史料，也為全市人民進行愛國主義教育、地情教育提供了有價值的鄉土教材。

公主嶺市以構建公共文化服務體系為核心，以加強文體基礎設施建設為重點，以滿足廣大群眾日益增長的文體需求為出發點和落腳點，不斷創新文化行政管理體制，有力推動了文化大發展、大繁榮。截至二〇一四年，公主嶺市建成標準化、現代化、多功能的體育運動場一個、體育館一個、綜合健身場館二個、全民健身中心一個、標準田徑運動場五個，另有綜合運動場一一二個、健身廣場八個、體育公園一個、其他健身場所三三七個。鄉鎮、村文化廣場建設成效顯著。二〇一四年，十七個村文化廣場和九個農村文化大院小廣場建成並投入使用。九個行政村分別配置了價值二萬元的體育健身器材。現有文化館二個、公共圖書館一個、博物館一個、鄉鎮綜合文化站二十個、街道文化中心十個、社區文化活動室二十九個、農家書屋四一二個、農村文化大院四〇四個、文化資源共享工程基層服務點四〇四個，實現了市、鄉、村三級公共文化服務網絡體系的全覆蓋。

▲ 公主嶺市全民健身中心　　　　　▲ 群眾廣場文化活動

公主嶺文化科技創意產業園區以轉方式、調結構、保增長、促民生和助推中等城市建設為目標，以互聯網經濟為路徑，以文化、科技、創意融合發展為支撐，將新興的電商行業引入傳統農業，全方位建設電商平台，打造「黃金玉米鏈」。另外，還與阿里巴巴授權渠道商——豪瑪公司聯手搭建了「中國玉米雲商城」，這不僅改變了傳統的營銷模式，也引領了創新驅動發展的新方向。

公主嶺歷史悠久，秦家屯古城那昔日的盛景映襯著今天的昌盛繁榮；公主嶺英雄輩出，抗日將領馬占山、勇鬥日軍的趙澤民縣長、愛國人士杜重遠讓嶺城人引以為傲；公主嶺人才薈萃，「遼東三才子」之首榮文達、第一任知縣張雲祥、經濟學家關夢覺共為家鄉奏響了一曲動人的樂章；公主嶺文苑興旺，文

▲ 公主嶺文化科技創意暨電子商務產業園區雲市場

▲ 發展中的公主嶺市嶺西新城

學、戲劇、書法、繪畫、歌舞、攝影、剪紙等藝術之花競相綻放。

　　歷史的巨輪，既鑴刻著昔日的輝煌，又承載著時代的使命。公主嶺市的文化植根於這塊遼闊、神奇的土地，形成了鮮明的特色，散發著獨特的魅力，煥發著勃勃生機。勤勞智慧的公主嶺人，緊跟時代發展潮流，在黨中央精神指引下，乘著擴權強縣改革試點的東風，繼續唱響主旋律、傳遞正能量，為實現偉大復興之夢揚帆起航。

第二章 ——

文化事件

妖嬈塞外，豐饒沃野；和敬故里，禹谷糧倉。斯域山河雄麗，公主毓秀；
爾地民風淳樸，君子懷德。星移斗轉，立縣世紀有餘；年更歲替，倏忽百載春
秋。這裡發生並留下了許多文化事件，雖歷久而彌新。鉤沉細看，似嫩荷出
水，繁花向榮；展卷數來，若激情入臆，振奮精神。

刻立懷德縣文廟學署碑

清光緒三年（1877年）懷德立縣，四川成都府華陽縣人張雲祥（字集亭）為首任知縣。張公蒞任之初，即捐廉銀，籌款項，興建儒學書院。書院址在文廟西側，有正門一間，左右便門各一間，明倫堂三間，堂前東、西書班房各三間，內宅正房五間，左右廂房各三間。凡二十二間皆磚瓦結構。張公特刻立《懷德縣學署竣工記事碑》一通。碑文如下：

▲ 《懷德縣學署竣工記事碑》碑文（李國文拓印）

「光緒元年、三年，迭經各大憲奏准，昌圖廳改設府治，改八家鎮為懷德縣，定文武學額各二名，飭建文廟學署，以符體制。於是我懷德縣尊張公訓導許公實司其事。五年春，縣學合商興工，遴派紳商吏役監工建修，遂將所派人等合銜榜示。其一切事宜皆聽指授，請而後行。是舉所需款項，先蒙上憲籌酌，撥銀三千七百兩，陸續領發。嗣後工多款絀，縣尊首倡捐廉。是時署訓導杜公任此，集邑紳富共酌捐輸，以成斯舉。計各饒戶樂捐，未必家量，裡劑銖兩同均第，此款動用涓滴為公。先後在事各人俱承教來效，急公忘私。茲追述梗概，俾知我懷邑幸值張、許、杜諸公，振興文教，公正率下，始終妥善，以成鉅典，而啟懷人。且廣上憲作育雅意，以光國家右文之盛，則懷之人躬被其澤，永久弗諼。工竣勒石記如右。」

抗日縣長趙澤民寫下絕命詩

覽見曙光又黃昏，
不是冤家不上門。
麥城盡處有明路，
血照鄉關無裂痕。
國父喻華為炸彈，
無知醜虜效鯨吞。
此身拼做導火索，
會看雷霆殲敵魂。

▲ 趙澤民

　　這是懷德縣原縣長趙澤民於一九三一年十一月十一日所作的一首絕命詩。詩中痛斥了日寇的侵略暴行，表達了誓死殲敵的決心。

　　一九三一年「九一八」事變後，趙澤民會同縣公安局局長汲義方，率領公安、民團團丁四〇〇餘人，堅守縣城五十二天，終因寡不敵眾，城池陷落，在撤退途中被俘遇害。親歷者不是戰死，即被日軍殺害，這段拒不降日、堅守縣城、抗戰到底的血戰史，很少有人知曉。在公主嶺市檔案館浩瀚的卷宗裡，珍藏著一卷由趙澤民的朋友、事件的親歷者、時任《東北法律經濟月刊》編輯的潘紹祥於一九四七年三月一日編寫的《懷德縣「九一八」事變史略》，讓人們清楚地瞭解到事件的始末，從而揭開了這段歷史的神祕面紗。

　　趙澤民，黑龍江省雙城市人，北平法政大學畢業，一九三一年五月到任，時年二十九歲。懷德縣公安局原局長汲義方，懷德縣范家屯人，吉林省高等警官學校畢業，一九三一年二月到任，時年二十八歲。此二人一文一武，同為民族菁英、愛國志士、抗日先鋒。

　　「九一八」事變次日，駐懷德縣公主嶺、范家屯兩街「附屬地」的日本軍

隊，在強制接收了兩街的機關、團體及公安分局後，便虎視眈眈地圖謀懷德城。

受過高等教育、身懷報國之心的趙澤民、汲義方，對日軍侵略東三省的行徑義憤填膺，決定堅守縣城，抗日救國。九月二十日，他們一面整頓公安、民團等武裝力量，四門設防，下令戒嚴；一面派心腹之人，去奉天省政府請示對策，未果。九月三十日，公主嶺、范家屯兩地政府官員紛紛到縣政府報告稱：「漢奸馬春田已被日軍任命為懷德縣縣長，正在勾結駐嶺日軍，收編『全勝』等匪絡，準備近日武力接收縣城。」趙、汲二人見形勢危急，又密派心腹之人到省政府請示對策，獲知省政府多數官員已被日軍監禁，少數人移至錦州，另立省府。復到錦州省府請示。省府主要官員覆命：「中央政府已向國聯交涉，尚無具體方案，地方當局要待機行事。」

趙澤民、汲義方時刻探詢敵人動向，不敢掉以輕心。十月十八日，外線李惠春、齊寶山密報：「漢奸馬春田通過其叔父馬獻圖，聯絡駐長春日軍，日軍長官命令駐公主嶺、范家屯兩地日軍守備隊，整裝待發協助接收縣城。定於十月二十二日拂曉，分東、西兩路進發，東路由范家屯日軍守備隊隊長壽川、范家屯『附屬地』警察署署長小路、刑事長大山帶領，共五十人，由降日的懷德縣公安大隊第十四中隊原隊長吳慶霖、副中隊長于家修做嚮導，向懷德城東門進發。西路由馬春田親自帶領收編的『全勝』匪絡及駐公主嶺日軍守備隊一部，共三〇〇人，向懷德城南門進發，並派奸細入城，串通叛亂。」十月二十日，根據密報，趙、汲二人派人搜查奸細，縣公安局分區長張景春將為馬春田送信之人、懷德縣公安局第七分局（范家屯）老胡同分駐所警士、漢奸王志啟抓獲。搜出馬春田致民團大隊長蓋松林信函一件，信內稱：「請允幫忙，甚感。茲定二十二日午刻，分兩路到縣，請執趙、汲獻功。必要時可將其先決。事定後任足下為公安局長，隊副趙長勝為民團大隊長，商會理事長李雅忱為副縣長，吳慶霖等均各有差。」十月二十一日三時，汲義方帶領公安大隊第十七中隊隊長林佩臣等人將民團隊部包圍，蓋松林在夢中被擒，趙長勝因拒捕中彈

斃命，團丁繳械遣散。之後，改組民團，新招募團丁四〇〇人，重新布防。十月二十一日晚，受趙澤民、汲義方派遣，汲壽柏帶范家屯救援自衛團團丁一〇〇餘人，返回縣城，深夜行至黑林子時同壽川等帶領的右翼日軍相遇，對日軍進行突襲。因天色黑暗，日軍不知虛實，且戰且退，汲壽柏率隊追擊，將小路、大山等七人擊斃，餘者逃遁。當夜汲壽柏帶隊入城。十月二十二日凌晨，趙澤民、汲義方佯裝撤離，率隊出城，繞城設伏，待機殲敵。當日十時左右，馬春田帶領日軍及收編土匪探知城內無兵力把守，即進入城內，李雅忱帶領商家將馬春田及日軍首腦接至「永衡達」燒鍋院內，日軍及土匪散在各商家安歇。趙澤民、汲義方探知敵人分散落腳，便率隊從西、南、北三面入城，向敵人襲擊，日軍、土匪猝不及防，紛紛棄械逃竄。馬春田及日軍首腦閉門應戰，雙方在「永衡達」燒鍋門前激戰約三十分鐘，各有傷亡。此時，商會理事長李雅忱登高大喊：「請趙縣長出面談話！」院外警察、團丁聽到喊聲，戰鬥停止。馬春田及日軍頭目趁機騎馬衝出「永衡達」燒鍋，帶人向東門逃去。這次戰鬥，縣公安局巡官馬守身及警士兩人陣亡，輕傷五人。擊斃日軍、土匪八人，俘虜七人，繳獲大小槍枝二十一支、馬九匹。當晚將俘虜七人槍斃示眾。

十月二十三日，趙澤民、汲義方遍訪部屬，撫恤慰問，對不願意參加抗日者，給錢發證，讓其出城回鄉；對願意參加抗日者，重新登記造冊簽名。登記簽名者有四〇〇餘人，其中警員、團丁三〇〇餘人，機關幹部、老師、店員、學生一〇〇餘人。接著召開宣誓大會，趙澤民在會上慷慨激昂，表示誓死保衛縣城，並訓勉部屬，要抗日到底，絕不投降。接著汲義方帶領宣誓：「要做中國人，不做亡國奴！」此後趙澤民、汲義方訓練部屬，籌辦糧餉，激勵將士，安撫百姓，偵察敵情，研究對策，懷德縣城雖然人少勢孤，但巋然屹立。

十一月九日九時四十分左右，兩路敵兵包圍了東、南、西三個城門。激戰中，趙澤民身負重傷，仍堅持督戰。午後二時左右，敵軍分東、西兩路突擊至城下，日軍又派飛機兩架，向城上守兵掃射，警員、團丁傷亡甚眾。戰至天色漆黑，趙澤民決定，隊伍向楊大城子村進發，找一安全屯落腳，整頓隊伍，研

究形勢，確定新的抗日對策。

十一月十一日，趙澤民被俘後寫下絕命詩。十一月十三日上午，日軍用三台花輪車，押解趙澤民、汲義方、郎英山三人赴公主嶺，並將他們的雙手用釘子釘在車廂上。車過之處，見者痛哭失聲。當日午後到達日軍守備隊隊部，復進行嚴刑拷打，趙、汲、郎三人仍怒罵不止。日軍將趙澤民、汲義方、郎英山三人絞死火焚。

解密檔案，塵封八十餘年的抗日血戰史向世人徐徐展開，讓人們聆聽了趙澤民、汲義方等抗日英雄用鮮血譜寫的丹心報國、史垂關東、催人淚下的華章。一九九九年，趙澤民被中華人民共和國民政部追認為革命烈士。

▲ 趙澤民革命烈士證明書

▍組建懷德縣專業演出團體

一九四九年四月十日，懷德縣文工團成立，地點在懷德鎮東街天主教堂內，有演職人員三十餘人。同年七月，文工團全體人員被分配到各區人民政府及企事業單位。同年九月，懷德縣文工團第二次籌建，一九五〇年初在公主嶺正式成立，有演職員四十人。一九五二年春，文工團撤銷，全體人員被分配到縣各企事業單位。一九六〇年六月，懷德縣文工團第三次組建，有演職人員二十餘人。九月，再進行調整，年末併入懷德縣地方戲劇團。一九七〇年，懷德縣文工團（初稱「毛澤東思想文藝宣傳隊」）第四次組建，有演職人員五十餘人，最多時達七十餘人，載譽全省，轟動塞外。該團一九七八年末被撤銷。

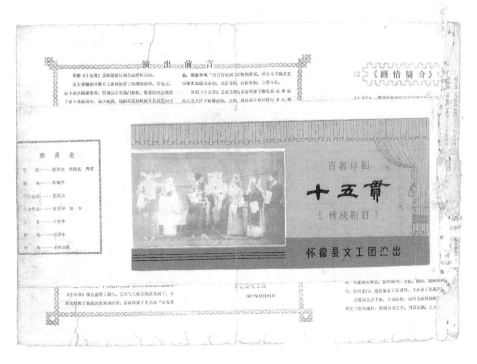

▲ 古裝評劇《十五貫》海報

一九四八年，民間藝人張文煥、陸潤澤、劉忠等組建了民間職業蹦蹦團體（後稱二人轉隊），主要演員有十幾個人。一九五六年五月，二人轉隊調整為公主嶺市地方戲劇團，下設兩個演出隊，有演職人員三十八人，自負盈虧。一九五八年，變為國營。當年八月，在范家屯成立了懷德縣地方戲隊，有演職人員二十餘人。一九六〇年初，公主嶺市地方戲劇團併入懷德縣地方戲隊，改稱懷德縣地方戲劇團，下設三個演出隊，有演職人員六十餘人。一九六〇年年末，文工團併入，改稱懷德縣民間藝術團，下設曲藝隊。一九六一年撤銷曲藝隊後，又稱懷德縣地方戲劇團。一九六六年「文化大革命」開始，全團解散。一九七九年一月，成立二人轉隊，歸吉劇團領導。

一九一六年，河北梆子藝人張子森在公主嶺組建「德盛和」京、梆班社，有演職人員四十餘人。一九三四年後，改為評、京、梆戲班，直至一九三八年。一九四六年重設評劇班。一九五六年，懷德縣成立評劇團，有演職人員五十餘人。一九五九年元旦，評劇團改為國營。一九六二年，全團精簡，懷德縣

▲ 懷德縣吉劇團會演獲獎載譽歸來合影

戲曲學校小科班替代了評劇團。一九六六年全團解散，人員下放。一九七九年一月，懷德縣評劇團恢復。一九八四年，全團併入懷德縣吉劇團。

一九七九年一月九日，懷德縣吉劇團成立，編制六十人。建團後一直認真貫徹「不離基地，採擷眾華，融合提煉，自成一家」的方針，成績顯著。曾排演吉劇經典劇目《桃李梅》，移植呂劇《姊妹易嫁》。自一九七九年至一九八

▲ 懷德縣吉劇團參加全省會演載譽歸來合影

▲ 吉劇團演出劇照

四年，曾連續五次獲得吉林省劇團上山下鄉演出二等獎，並獲一等獎一次。

公主嶺市演出團體素有緊跟政治形勢，排演現代戲的傳統。

「文革」前，懷德縣文工團先後排演的現代戲有：話劇《焦裕祿》（戴春芳飾焦裕祿）；評劇《奪印》（戴春芳飾何文進）；評劇《女飛行員》（戴春芳飾師政委）；評劇《南海長城》（戴春芳飾歐英才，鄭桂芳飾阿羅）。演出均獲得極大成功。

一九六七年七月，懷德縣戲曲學校小科班排演現代京劇《紅燈記》，張洪傑飾李玉和，戴春芳飾鳩山，鄭桂芳飾李奶奶，郝秀仁飾李鐵梅。一九六八年秋，懷德縣政治部文工團排演現代京劇《海港》，張洪傑飾高志揚，戴春芳飾馬洪亮，趙丹楓飾方海珍。一九七二年冬，懷德縣工代會宣傳隊排演現代京劇《沙家濱》，李澤田飾郭建光，李鳳芝飾阿慶嫂，郎淑華飾沙奶奶，郝來喜飾刁德一。演出均獲得極大成功。

▲ 公主嶺市吉劇團榮獲中央電視臺舉辦的全國「小天鵝杯」戲劇小品電視大賽三等獎獎盃及進入複賽的通知函

郭沫若為懷德縣科學技術館、《懷德報》題名

　　懷德縣科學技術館建於一九六四年，地址在公主嶺大馬路，總面積四五〇平方米，內設科工閱覽室、群眾科技閱覽室、書庫、廣播室、美工室、暗室、辦公室、會議室。一九六五年十月一日，正式向全縣人民開放。科技館門前懸掛的牌匾係郭沫若親筆題字。

　　《懷德報》是中共懷德縣委機關報，創刊於一九五六年七月一日，一週雙刊，每週三、週五出版。報頭為郭沫若所題。

▲ 郭沫若為《懷德報》題報頭　　　　　　　　▲ 懷德縣科學技術館外景

創辦懷德縣現代京劇少年班

一九七一年年初至一九七二年年底，按照上級要求，公主嶺鎮紅小兵樣板戲學習班《智取威虎山》劇組成立，劇組人員近八十人，全部由駐鎮中小學生和老師組成。負責人史明，學生管理高振林，指導員喬豐年，導演王恩亞，樂隊指揮高仲雲，京胡伴奏王慶傑、楊印斗。排練過程中，劇組得到省京劇團名家指點。該劇在鎮內演出多場。觀眾不僅有中小學學生，還有機關幹部、群眾。劇組曾赴梨樹縣、本縣范家屯鎮以及駐嶺部隊演出，好評如潮。時任瀋陽軍區空軍司令員張積慧曾專程來嶺觀看演出，給予極高評價。此劇演出逾一二〇場，觀眾逾十萬人次。

《智取威虎山》演員表：

劇中人	扮演者
楊子榮	王俊輝
少劍波	艾大新
小常寶	王艷華
李永吉	李國華
申德華	範廣生
呂洪業	穆　欣
鍾志成	柴海棠
座山雕	王雪峰
匪參謀長	史立佳
匪副官長	葛金友
欒　平	任立軍
匪三連長	王　偉

多次承辦國家體育賽事

全國少年田徑分區賽

一九七四年八月二十六日至二十九日，全國少年田徑分區賽在懷德縣體育場舉行。參加分區賽的有來自北京市、天津市、遼寧省、山西省、山東省、內蒙古自治區、黑龍江省、河南省、河北省、吉林省、懷德縣等十一個代表隊的三〇〇多名運動員。經過四天激烈角逐，懷德縣代表隊的李淑華、遲偉、谷豔榮分別以十三點〇七米、十點三三米、十點三〇米的成績打破全國少年女子鉛球四公斤級紀錄，管愛國以四十八點一六米的成績打破全國少年男子標槍（700 克）紀錄。懷德縣代表隊獲團體總分第七名。

華北、東北協作區少年田徑運動會

一九七七年六月二十六日至二十八日，華北、東北協作區少年田徑運動會在懷德縣體育場舉行。參加這次運動會的有來自北京市、天津市、河北省、遼

▲ 運動會比賽現場

寧省、黑龍江省、吉林省、懷德縣七支代表隊的二〇〇多名運動員。經過三天激烈角逐，懷德縣代表隊獲團體總分第七名。

全國業餘體校少年乙組田徑運動會

一九八四年七月二十五日至八月一日，全國業餘體校少年乙組田徑運動會在懷德縣體育場舉行。參加這次運動會的有來自北京、上海、天津、河北、內蒙古、遼寧、陝西、寧夏、甘肅、青海、新疆、山東、江蘇、浙江、安徽、福建、河南、廣西、雲南、湖南、吉林二十一個省、市、自治區代表隊的三七四名運動員。經過七天角逐，遼寧、浙江、河北、廣西、江蘇、上海代表隊獲少年女子組團體總分前六名；江蘇、福建、北京、安徽、山東、天津代表隊獲少年男子組團體總分前六名。懷德縣未派隊參賽。

這次田徑比賽是競賽改革的一次嘗試，參加比賽的運動員都是十三四週歲的少年，每名運動員必須參加四個項目的比賽。在比賽期間，還穿插了專家授課環節。北京體育學院田徑教研室主任、副教授鄭恆等八名專家講授了田徑運動的先進技術動作和專項理論知識，上海體育科研所副所長曾凡輝講授了運動員科學選材理論知識。

報告文學《三門李軼聞》發表

　　一九八〇年早春時節，在懷德縣十屋公社三門李第四生產隊，發生了一件乍聽出人意料、細想又在情理之中的事情。這件事在群眾中激起了不同反應：有的拍案而起，有的幸災樂禍，有的莊嚴沉思，有的含笑悲嘆。

　　事情發生在農村改革初期。生產隊實行分組作業時，全隊五個共產黨員不受歡迎，沒有人要。經過一整夜痛苦的沉思，黨員們決心從哪裡跌倒，就在哪裡爬起來！

　　第二天的黎明時分，一個驚人的消息在村裡傳開：黨員們自己插旗招兵建組了。這一年的春播，三門李四隊的三個作業組鉚足了勁兒，工效大為提高。以前種地要用三十天，分組作業全隊十五天就完成了。在生產中，黨員作業組一路領先，還幫助另外兩個組解決困難。秋天三個組加在一起比上年多打糧四十多噸。臥薪嘗膽的共產黨員們，同鄉親們一道，迎接了一個特大豐收。作為黨的一個最基本細胞，他們以實際行動恢復了黨的威信，重新贏得了人民群眾的信賴和支持。

　　這段關於五個共產黨員的故事，被吉林省作家喬邁寫成了報告文學《三門李軼聞》。發表以後，在全國引起了強烈反響。昔日默默無聞的三門李，一時名聲大振。《三門李軼聞》曾獲中國作協第二、三屆優秀報告文學獎；二〇〇九年，榮獲中國報告文學學會評選的中國改革開放優秀報告文學獎。據此改編的電影文學劇本《不該發生的故事》，經長春電影製片廠拍攝成片後獲金雞獎、百花獎、文化部獎、長影小百花獎、優秀編劇獎。

▲ 《三門李軼聞》單行本封面

榮獲「全國田徑之鄉」稱號

　　一九八三年二月，為了肯定和表彰公主嶺市發展體育運動，特別是在田徑運動方面的突出成績和貢獻，國家體委授予公主嶺市「全國田徑之鄉」榮譽稱號，此後公主嶺市連續多屆獲此殊榮，後又被國家體委評為「全國體育先進縣」，這是對公主嶺市體育工作給予的全面肯定和鼓勵。

▲ 公主嶺市榮獲「全國田徑之鄉」稱號

《吉林省民間文學集成
——公主嶺市故事卷》出版

　　根據中央文件和省民間文學「三套集成」工作會議精神，公主嶺市於一九八七年初，成立了民間文學集成領導組織，召開會議，部署工作。五月下旬抽調人員，全面開展普查工作。截至一九八八年一月中旬，共徵集民間故事文字稿一二○萬字，從中編選出四八三篇，計八十餘萬字，出版了《吉林省民間文學集成——公主嶺市故事卷（上、下集）》。在時間緊、任務重、要求高、經費不足的條件下，編印兩集民間故事卷，在公主嶺市歷史上還是首次。對於參與此項工作的編輯人員來說，這是歷史賦予的光榮而艱巨的使命，也是一次嘗試。

　　普查、蒐集、整理民間文化遺產，使其更好地為社會主義精神文明建設服務，這是一項繼往開來的工作。這樣一項浩繁的工作，不是只靠少數人就能夠完成的。在市委、市政府的關懷重視和廣大人民群眾的支持下，在各有關部門的大力協助和上級業務部門的精心指導下，全市各鄉鎮（街道）把普查、蒐集、整理民間文學工作，納入到黨委和政府工作日程。楊大城子鎮建立了民間文學「三套集成」領導組織和普查隊伍；柳楊鄉向鄉直單位和村下發了文件；劉房子、毛城子、懷德、永發、南崴子、桑樹台、雙城堡、環嶺、雙龍等鄉鎮，也都建立組織，並責成專人，做好此項工作。在此期間，一些民間文學愛好者（講述者）積極參與，踴躍投稿，終於使民間故事文字量突破一二○萬大關，為編選兩集故事卷奠定了可靠的稿源基礎。

　　這項工作是對民間文化遺產的系統性整理，為後人留下了一筆寶貴的文學財富。

▲ 《吉林省民間文學集成——公主嶺市故事卷》出版

張學良為鳳至小學題校名

創辦平民學校，培育學子，化育鄉民，乃造福一方之善舉、昭垂萬代之大功。此事即發生在于鳳至身上。

張学良为凤至小学题词

▲ 張學良為鳳至小學題校名

如今的公主嶺市鳳至小學，建校初題名為第二新民小學，是由少帥張學良夫人于鳳至倡導，東北邊防司令長官公署撥款所建。今天，公主嶺市檔案館仍珍藏著由少帥張學良簽名、懷德縣縣長李宴春對新建校舍「派員驗收」及奉天（瀋陽市）成記公司與懷德縣公署簽訂的建校施工合同等珍貴資料，清楚地記載了于鳳至為家鄉辦學的史實。

于鳳至，字翔舟，清光緒二十三年（1897年）五月初八生，懷德縣大泉眼村人，奉天女子師範學校肄業，一九一六年同少帥張學良結婚，一九六四年離婚。

一九二九年，于鳳至回大泉眼省親，看到家鄉沒有學校，便對鄉親們說：「沒有文化的孩子，就不能很好地報效國家；國家要強盛，必須培育有文化的青年一代。」遂動員父母，投資辦學。在于鳳至的勸導下，其父鄭家屯商會會長於文鬥捐地二萬平方米，作為學校宅基地。于鳳至回到奉天大帥府同張學良商量決定，以東北邊防司令長官公署名義，撥款建校，校址設在於家大院西側，同於家大院只隔一排大楊樹。建成的校舍為「工」字形磚瓦房，分南北兩棟，南棟長一百米、寬三十米，分設校長室、教研室、一至四年級教室、音樂教室、乒乓球室、風雨操場、賣店等；北棟長一〇〇米、寬三十米，設倉庫、食堂、工友室、教師宿舍等附屬設施。第一年招收學生一〇〇餘人，其中多數為平民子弟。辦學經費由東北邊防司令長官公署通過公主嶺官銀分號直接提

供，教師工資高於當地其他學校任教者。學校管理嚴格，教學質量較高，遠近聞名，求學者蜂擁而來。一九三一年「九一八」事變後，原第二新民小學更名為懷德縣第十六小學。新中國成立後，更名為第十一區（朝陽坡）大泉眼村小學。

于鳳至富貴不忘百姓，籌資為家鄉辦學的善舉，受到父老鄉親的交口稱頌。為緬懷于鳳至為家鄉教育事業做出的貢獻，一九九六年七月二十二日，公主嶺市政府決定，同意教育部門呈請，將「大泉眼村小學」更名為「鳳至小學」。同年八月二十六日，舉行了命名儀式。可喜的是，吉林省著名愛國將領蕭振瀛上將之子、于鳳至女士的義子美籍華人蕭朝智先生，作為美國南加州中國東北同鄉會主席，也在回國訪問期間蒞臨致賀。

揭牌後，鳳至小學全校師生還有個心願，就是想通過蕭朝智先生，爭取能讓旅居美國的張學良將軍為學校親筆題寫校名，並為此寫了一封致張將軍的

▲ 公主嶺市鳳至小學命名儀式

信。蕭朝智先生表示，回美國後一定如實向張將軍匯報桑梓欽敬之情，並轉呈書函。蕭先生回美國後，輾轉奔波，終於見到了已逾九十高齡的張學良。將軍排除種種干擾，寫下了「鳳至小學」四個剛勁有力的大字。題字歷經千山萬水，最終郵至公主嶺市。一九九六年十二月三十一日，在隆重的儀式中，鳳至小學換上了由張學良將軍手書的新刻校牌，校園內一片歡騰。學子們紛紛表示絕不辜負前輩厚望，一定學好知識，報效祖國和人民。

▲ 鳳至小學校舍

創建吉林省首個「詩詞之鄉」

　　公主嶺市詩詞創作歷史悠久，一〇〇多年前，就有「遼東三才子」之首榮文達的《榮文達詩集》問世。為了同步推進經濟發展和文化建設，二〇〇八年下半年，公主嶺市委批准市詩詞學會的建議，專門下發文件在全市開展了為期三年的創建「詩詞之鄉」活動。

　　在吉林省詩詞學會的具體指導下，在市委宣傳部的直接領導下，在市文聯和市詩詞學會強有力的組織和推動下，全市開展了豐富多彩的創建「中華詩詞之鄉」活動。相繼舉辦了多種類型的詩詞骨幹培訓班和全市詩詞大賽，邀請全國六十八位詩人來嶺採風並出版了大型詩集《公主嶺風韻》；開展了以新中國成立六十週年為主題的系列詩詞創作和詩詞展覽；多次參加省和四平市詩詞學會組織的採風活動並發表二百多首詩作。全市越來越多的人喜歡詩詞、學習詩詞、創作詩詞，用詩詞陶冶情操、美化生活、讚頌家鄉、服務發展。二〇〇九年十月三十日，吉林省詩詞學會授予公主嶺市「中華詩詞之鄉」稱號。二〇一〇年六月二十日至二十三日，中華詩詞學會對公主嶺市創建工作進行了全面檢查驗收並給予充分肯定。十月二十一日，中華詩詞學會批准公主嶺市為吉林省第一個「詩詞之鄉」。十二月三十日，公主嶺「詩詞之鄉」授牌儀式暨創建工作總結表彰大會隆重舉行。從此，「詩詞之鄉」成為公主嶺一張新的文化名片。

▲　「中華詩詞之鄉」授牌儀式　　　▲　參加「詩詞之鄉」驗收彙報座談會人員合影

▌舉辦首屆中國・公主嶺玉米節

中国玉米之乡—公主岭

中国粮食行业协会
二〇一一年九月

▲ 公主嶺市榮獲「中國玉米之鄉」稱號

　　二〇一一年九月二十三日，金風送爽，玉黍飄香，公主嶺大地呈現一派欣欣向榮的景象，處處彰顯著生機和活力。在藍天白雲的映襯下，五顏六色的氣球、醒目的橫幅構成了喜慶的場景。「中國玉米之鄉」命名儀式暨首屆中國・公主嶺玉米節開幕式在市文體活動中心隆重舉行。

　　開幕式後，作為玉米節重頭戲的玉米產業和區域經濟高峰論壇在市響鈴賓館隆重舉行。全國人大原副委員長、著名經濟學家、中國風險投資之父成思危發表了主題演講，國家及吉林省知名專家、領導圍繞「三農」問題進行了研討。

　　詩詞通今古，書畫映乾坤。為宣傳玉米文化，首屆中國・公主嶺玉米節期

▲ 首屆中國・公主嶺玉米節開幕式現場

間，公主嶺市文學藝術界聯合會舉辦了詩詞、書法、美術、攝影作品展覽，共展出來自全國多個省市的三五〇名作者的詩詞、書畫、攝影作品四〇〇件。

為了慶祝玉米節，開幕當天夜幕降臨之時，在文體活動中心隆重舉辦了「玉米之鄉‧活力嶺城」大型文藝晚會，著名青年表演藝術家李玉剛回鄉獻藝，汪峰、祖海、周筆暢等十餘名著名演員同台演出。

十二月十六日，首屆中國‧公主嶺玉米產業博覽會開幕。博覽會邀請參展企業一五五家，展出產品八十三大類一〇〇〇餘種，來自國內外四三〇餘家玉米項目投資單位、大型經銷商、批發市場等商家蒞臨博覽會參觀、洽談、採購，全國幾十家科研院所、大專院校與玉米有關的科研成果也在這裡展出。

▲ 玉米產業與區域經濟高峰論壇會場　　▲ 成思危發表主題演講

▲ 首屆中國‧公主嶺玉米節文藝晚會演出現場

二〇一二年九月十七日至二十三日，在公主嶺市新世紀廣場舉辦了中國·公主嶺玉米產業博覽會二〇一二美食文化節。

▲ 中國·公主嶺玉米產業發展論壇會場

▲ 首屆中國·公主嶺玉米節詩詞、書法、美術、攝影展

公主嶺市詩詞網絡平台──「松遼風韻」開版

　　公主嶺市詩詞學會成立二十多年來，詩詞創作進入了快速發展階段。榮獲「中華詩詞之鄉」稱號以來，詩詞創作進入了跨越發展階段。

　　為了適應新形勢，二〇一一年二月十四日，「松遼風韻」在東北論壇上開版。以「弘揚傳統文化、書寫盛世華章、展現詩鄉風采」為宗旨，五年多來，「松遼風韻」發稿量、點擊量不斷刷新，已成為廣大詩友創作的園地、交流的平台、培訓的課堂、聯誼的橋梁。「瑞雪迎春舞，紅梅煥彩姿。松風攜古韻，遼水入遐思。待客張揚酒，臨屏浪漫詩。江南飛賀帖，塞北樹新旗。」「松遼風韻」填補了公主嶺地區網絡弘揚傳統文化的空白，為「中華詩詞之鄉」發展掀開了新的一頁。

▲ 《公主嶺報》專版祝賀「松遼風韻」網路平臺開版

《詩情畫意玉米鄉——公主嶺》出版

▲《詩情畫意玉米鄉——公主嶺》
封面

公主嶺市二〇一一年榮獲了「中國玉米之鄉」的稱號。同年九月二十二日至二十三日，首屆中國‧公主嶺玉米節隆重舉行。公主嶺是世界黃金玉米帶上的一顆明珠。在這片富饒的土地上，連續多年創造全國糧食產量狀元縣（市）的輝煌；在這片充滿生機的土地上，五個文明建設的花朵競相開放！

在首屆中國‧公主嶺玉米節期間舉辦的大型詩詞、書法、繪畫、攝影展覽，引起了與會者的廣泛關注。本次展覽以玉米產業、玉米文化為切入點，全面反映了公主嶺市近年來政治、經濟、文化的發展，集中展現了全市詩詞、書畫、攝影工作者的藝術修養和精深造詣。

本次共展出來自全國二十三個省、市（區）的詩詞、書畫、攝影作品四〇〇多件，風格異彩紛呈。有的氣質高雅、意蘊深邃；有的輕靈飛動、淡而神旺、簡而意豐；有的厚樸凝練、粗獷勁秀、氣勢磅礴。藝術家們筆下濃墨重彩、胸中風韻遙接，盡情歌頌改革開放盛世、讚美和諧社會新貌。

為了進一步弘揚玉米產業和玉米文化，市文聯從眾多的展品裡精選優質作品並彙集成冊，二〇一三年出版了《詩情畫意玉米鄉——公主嶺》。

全書分為四篇：第一篇龍飛鳳舞（書法），第二篇呼之欲出（美術），第三篇精彩瞬間（攝影），第四篇古韻新風（詩詞）。《詩情畫意玉米鄉——公主嶺》從全新的視角宣傳、推介了公主嶺，為「中國玉米之鄉」增添了濃重的一筆，預示著「中國玉米之鄉」——公主嶺光輝燦爛的前景和無限美好的未來。

《中國共產黨公主嶺歷史（第一卷）》出版

隨著經濟社會的快速發展，歲月締造的價值越來越被重視。站在擴權強縣、建設中等城市新的歷史起點上，溯本求源，繼往開來，需要有堅定的理想信念和強大的精神動力。《中國共產黨公主嶺歷史（第一卷）》的出版，正是適應了這種需求。這既是黨的事業的薪火傳承，更是黨的政治建設和文化建設的集中體現；既是對歷史的負責、對現實的鼓舞，更是對未來的指引。

《中國共產黨公主嶺歷史（第一卷）》二○一四年十一月出版。這是公主嶺歷史上第一部地方黨史專著。全書共四編十四章，概述了公主嶺地方黨組織建立的歷史背景，全面記述了一九四五年九月中國共產黨進入公主嶺建立黨的領導機構到一九四九年九月中華人民共和國成立前，公主嶺地方黨組織開展革命活動的歷史。書中還附錄有中共公主嶺市（懷德縣）委活動大事記、重要歷史事件、民族英雄和縣委書記簡介、公主嶺烈士英名錄四個篇章。公主嶺地方黨史以其獨特的個性，成為中國共產黨領導全中國人民開展新民主主義革命歷史畫卷的一個有機組成部分。

《中國共產黨公主嶺歷史（第一卷）》，記載的是公主嶺地方黨組織領導公主嶺人民奮鬥的昨天。當我們靜靜地檢索這段歷史，感慨於中國共產黨革命先驅播下的馬克思主義火種，感念杜重遠等愛國志士的抗日精神，感動於馬占山、馮志剛、趙澤民等抗日英烈激起的公主嶺兒女抵抗侵略的血性，感恩於第一個在公主嶺建立民主政權和黨組織的姜鳳藻、蘇梅等老前輩，開啟了公主嶺歷史嶄新的一頁。正是這一代代中國共產黨人在公主嶺這方黑土地上，領導公主嶺人民前赴後繼開展革命活動，趕走了侵略者，結束了殖民統治，砸碎了封建枷鎖，建立了人民政權。他們用鮮血和生命詮釋了對共產主義革命的堅定信念，譜寫了可歌可泣的英雄壯歌。這段歷史告訴後人，公主嶺因有了先驅者的孜孜求索才鑄成大觀。先烈們的流血犧牲永勵後人，人民群眾的力量撐起了朗

朗晴天。

《中國共產黨公主嶺歷史（第一卷）》叩問著我們的今天。當我們接過這面旗幟，就擔負起了過去與未來的責任。我們這一代共產黨人只有讓黨旗更紅、人民更信賴、社會更進步，才能無愧於先烈，無愧於歷史，無愧於使命。公主嶺地方黨史既賦予現實以意義，又需要現實來承載。而現實是一種動態的存在，「變」的是時間的流逝，「不變」的是空間的凝固。在這種時空動態變化中，我們及時總結經驗教訓，固化為典籍，給現實以指導，給後人以借鑑，地方黨史文化才有了現實的意義，才有了史籍更好發揮作用的空間。

▲ 《中國共產黨公主嶺歷史（第一卷）》封面

《中國共產黨公主嶺歷史（第一卷）》指引著未來。修史存史，以史為鑑，資政育人，是加強新時期黨建工作的需要，也是公主嶺市建設中等城市的需要，更是造福公主嶺人民的需要。當前，公主嶺已駛入了建設中等城市的快車道，前所未有的政治氛圍、前所未有的政策機遇、前所未有的困難和挑戰，呼喚和鞭策著公主嶺百萬人民要有大作為和大發展。今天是未來的歷史，歷史是過去的今天。事業興衰，人生沉浮，都在今天留下新的印記，成為歷史。歷史文化厚重的公主嶺，必然以今天的紮實奮鬥，留給未來一段更加輝煌的歷史。公主嶺的明天一定會更加美好。

公主嶺首次評選文化名人

公主嶺文化源遠流長。美麗的山河大地鐘靈毓秀，文人輩出。改革開放以來，更是人文薈萃，才俊濟濟。

二〇一三年年末，在市委宣傳部組織領導下，公主嶺市文化名人評選工作正式啟動。由市文廣新局、廣電局、《公主嶺報》、作家協會、詩詞學會、書法家協會、美術家協會、民間藝術家協會、音樂家協會、舞蹈家協會、攝影家協會自下而上推薦三十一名人選，由市委宣傳部彙總。《公主嶺報》、公主嶺電視台開設文化菁英專欄和節目，進行宣傳報導，以廣泛聽取社會意見。二〇一四年十二月十日，評選委員會評定出二十名同志為「公主嶺市文化名人」。十二月十二日在《公主嶺報》刊登名單公示。歷時一年，結果揭曉。入選的文化名人，既有影視明星，又有文苑新秀；既有專業文化工作者，又有業餘從藝人員；既有普通市民，又有公務人員；既有退休幹部，又有在崗職工。二〇一五年三月三十一日，在公主嶺市文化科技創意產業園舉行了隆重的頒獎儀式。

這項工作必將進一步推動全市文化建設，激勵文化工作者為圓民族復興之夢而努力奉獻才智。

首次「公主嶺市文化名人」名單（按姓氏筆畫排序）：

▲ 公主嶺市文化名人獎盃

王岱山　朱俊奎　劉平平　劉春榮　閆雪玲

李玉剛　李學文　李國文　張健平　遲英梅

陳功范　陳曉敏　陳淑雲　陳默然　周奎武

趙世斌　姜文藝　柴德有　奚　望　崔慕良

　　光陰流轉，往事並不如煙；文化留痕，永遠扣人心弦。嶺城百萬人民不會滿足於昨天的成績，不會停下書寫文化歷史的腳步。公主嶺人將在祖國的華天麗日下，為實現偉大的民族復興之夢，為實現公主嶺崛起之夢，繼往開來，一路前行，創造新的燦爛和輝煌。

▲ 公主嶺市首次文化名人評選活動頒獎儀式

第三章──

文化名人

　　塞外關東公主嶺，與九州萬方一樣，中華文化傳統源遠流長。美麗的山河大地，鐘靈毓秀，文化名人輩出。改革開放以來，更是人文薈萃，才俊濟濟。文化名人是公主嶺文化的珍貴名片，他們身上凝聚的精神和氣質，還有他們的作為，讓公主嶺的文化顯得分外光華燦爛。

克勤克儉知縣——張雲祥

▲ 張雲祥畫像（鄒本財 繪）

張雲祥，生卒年月不詳，四川成都府華陽縣人，懷德縣首任知縣。據《懷德縣志》記載，懷德縣原是清朝靠近柳條邊的封禁之地，境內荒原萬頃。嘉慶七年（1802年），清廷實施「馳流民、出邊禁」政策，開始有「流民」來到東北開荒種地。道光元年（1821年），奉清廷「收價放荒」令，山東、山西、河北、天津等地鄉民聞訊入境定居，逐漸形成村落和街市。同治五年（1886年），清政府在八家子鎮設經歷所，隸屬奉天昌圖廳，對「流民」進行統一戶籍和收稅管理。光緒三年（1877年），由於從關內流入東北的人口漸漸增多，八家子鎮周邊「丁口號稱十萬餘眾」。昌圖廳奏請朝廷，奉旨改八家子鎮為懷德縣，縣名取自《詩經》中「懷德維寧，宗子維城」及《論語》中「君子懷德，小人懷土」兩句。朝廷選派幹練敬業的安東原知縣張雲祥任懷德首任知縣（候補知府理事銜官階六品）。

張雲祥到任後，組織當地官吏和民眾發展生產，整頓吏治，修建縣衙，新建捕署、監獄。因朝廷撥給的修建經費嚴重不足，張雲祥帶頭捐助養廉銀一〇〇〇兩，縣內士農工商為之感動，紛紛踴躍捐款資助城建。張雲祥施行政務公開，公布各地捐錢數額，接受民眾監督。縣署建成後，撰寫和鑿刻《監修刊記》，設立「記功碑」，將捐款事項「勒石記如右」。為了鞭策自己，張雲祥親自撰寫碑文，請來工匠刊刻成《問心碑》，立於縣衙大堂之前。正面碑眉刻有「克勤克儉」四個字，碑文上首刻著「問心」兩個大字。前款是「光緒三年改設縣署」；正文是「問心無愧古人所難，余何敢以此自命？蓋因數十年來遇事

則返心自問，頗有所得。茲值堂成銘以自勉。」落款是「西蜀錦官城張雲祥撰書」。背面碑眉刻有「謹守清廉」四個字，碑文記載了修建縣署募捐的原因、捐款者和數額，既是表彰「見而樂捐」人員，也便於民眾監督捐款的使用去向。

《問心碑》直到解放初還立在老縣衙院內，二十世紀五十年代因縣衙大院改為工廠，《問心碑》從原址移走。一九八二年全國第二次文物普查時，因是乾隆六十年（1795 年）後所建，不屬於重點文物，故仍放置於工廠院內。一九九二年，吉林省文化廳撥出部分保護經費，不足款項由懷德鎮機關幹部捐助，建造了安置《問心碑》的無愧亭（「無愧亭」三字由當時的省考古所所長方啟東親題），還在亭子的旁邊建造了一座稍小但同樣形制的古鐘亭，將原普濟寺鐘鼓樓遺存的一座大鐵鐘懸掛於內。

張雲祥在任期間，興修水利，發展農業；修築縣城，改善民生；創立學堂，振興文教；懲奸治貪，清除匪患，施行德政；惠利百姓，深受擁戴。所經官私、親疏諸事，無不面碑靜思，捫心自問。因受士民仰慕和尊重，以致調任新職時，百姓「赴省欲留」，捨不得讓張雲祥知縣離開。

張雲祥離任時間，有兩種說法。一為光緒十年離任說，依據是現存懷德縣文廟學署碑後所刻「光緒十年五月管懷德縣事張雲祥捐廉葺修……光緒十年七月吉日立」。以此推論，張知縣在懷德任期八年。二為光緒八年離任說，依據《懷德縣志》載：光緒三年任，光緒八年調出，任期六年。另據遼寧省懷仁縣志載：光緒八年（1882 年）正月，張雲祥接任懷仁（今遼寧桓仁縣）縣令，九月離任。據此，張雲祥在懷德縣任期六年比較準確。

二〇〇九年六月，吉林省詩詞學會主辦的「公主嶺詩鄉之旅暨關東詩陣2009 年年會」召開。全國各地六十八位詩人蒞臨公主嶺，參觀了《問心碑》。《公主嶺風韻》大型詩集收錄此次創作的詩詞。此後，《問心碑》題材的詩詞創作，得到了全國詩友的響應，共收到來自十六個省區一四〇位詩人二八〇多首詩詞作品。《問心碑》詩詞起到了「以詩促廉」的作用。四平市反腐倡廉教

育基地在公主嶺市懷德鎮正式掛牌，《問心碑》展室對外開放。四平市和公主嶺市兩級紀委開展了「《問心碑》前問自心，為黨為民行勤廉」系列教育活動，組織所轄六個縣（市）區黨員幹部二〇〇〇餘人前來參觀，激勵廣大黨員幹部以「樂於謀事、恥於謀私」為標準嚴格要求自己。

遼東三才子之一──榮文達

榮文達（1848 年-1903 年），字可民，號亮夫、塞上散人。懷德縣懷德城人（今公主嶺市懷德鎮）。榮文達與遼寧省遼陽的房毓琛、新民的劉春琅並稱「遼東三才子」。

榮文達幼年聰穎殊長，塾師不能授以課，是故就學於七〇〇餘里外的遼陽王臣先生。王奇其才，不受束修。當時因家貧，父勤輒不給往返路費，以乞食為常。同治元年（1862 年），榮文達十五歲時為村塾師。同治五年（1866 年），榮文達十九歲時，昌圖（遼寧省昌圖縣）初設廳治，請學額廳試，張正生司馬得榮卷大奇曰：「吾為國家得真才矣！」光緒十九年（1893 年），癸巳始中副貢，入京國子監讀書，經古諸作，傳抄殆遍，大有洛陽紙貴之慨。每試金台書院，輒列前茅，故累試報罷，而名動京師，南方學者咸重之。

榮文達經史、詩文、書畫諸學無所不窺，皆能溯本求源，深造有得。其四弟文昭，舉孝廉方正，季弟文祚，舉與鄉試，皆為榮教化所致。少任俠，慕朱家、郭解之為人；弱冠與遼陽董伯醇交，始返求實踐，以宋儒為宗。嘗曰：聖人首重知恥，人禽之判只此而已。性和易，待人以誠，不逆詐、不憶不信，犯而不校，謹守道學範圍，不敢蕩逾一步；而不修邊幅，疏懶成性，髮經月不櫛，面數日不盥，敝衣汗垢，履踵決而束以繩，邀遊於名公巨卿、文人學士之中，坦然自若。然狷介自持，蒙藩之贈裘，崇文山相國、胡少宗伯之招致，皆婉謝之。終身進退必准於義理，渭非足於中，無待於外者欽初。

光緒十年（1884 年），榮文達以拔貢考取盛京宗室學漢教習，三年期滿，「引見以知縣分省試用，或勸之仕，慨然曰，牧令撫一邑民耳，人苟存心濟物，稱力而施安，必以令為」。

光緒二十九年（1903 年），榮文達受大吏聘為奉天大學堂總教習，五月患病，光緒三十年（1904 年）卒，時年五十六歲。存有詩集《鹿萃齋集》。榮文

達是公主嶺市有文字記載的最著名詩人，其代表作有《遼東懷古（八首）》：

（一）

幽營半壁劃星躔，溟渤紆日出鮮。

禹跡有經辟東北，舜封無石勒山川。

島夷猶想名皮地，肅慎難尋貢矢年。

本是強秦威不到，誰藏太子助窮燕。

（二）

雄才漢武拓疆寬，汕淜遙書太史官。

菟郡虛名分四界，虎神遺俗紀三韓。

安邊太守宣威易，出塞將軍讓美難。

莫道渡遼征戰苦，敢憑劍客靖烏丸。

（三）

石祥延裡起陰謀，鸞輅旄頭我豈侯？

五國妄爭遼水長，一星遲殞首山秋。

偏隅坐大如豺豕，朴俗難忘是盜牛。

來去寓賢虛設館，一帆仍上海天舟。

（四）

鹿侯吞黿啟鮮卑，封往遼東事已奇。

名士眼驚命世器，隱流胸有霸王資。

江南一馬猶修貢，山上雙龍詎足師。

何用夢祥嫌齧臂，有人捫蝨指軍麾。

（五）

將軍三箭氣飛霜，駐蹕山驚草木荒。

鴨水醻杯澆海表，鳳城詩筆怨遼陽。

基開鴻範流傳遠，物產狼毫文字長。

但祝惡氛鯨浪息，屏藩東道進名香。

（六）

遼水蒼涼起暮雲，遼山木葉悵秋墳。

秦歌宮諷官家事，梁籍亭燔太子文。

拊背朔方雄五代，亡唇南國悔雙分。

無家恥作西藩客，殿瓦醫閭幾夕曛。

（七）

雄豪起舞酒杯傾，金主詩詞識汴京。

五色雲中天子氣，萬人江上女真名。

黃龍最恨書生計，白馬猶嚴太子兵。

莫更冬青尋二帝，瞬看五國亦荒城。

（八）

驅除諸部事如塵，失計前朝鑑更真。

葉赫間謀余戰壘，松山哀詠屬詩人。

九邊犴獄長城壞，一水鴻溝大廈淪。

天遣鎬豐佳氣滿，蔥蔥煙樹萬年春。

▲ 榮文達作品

禮部郎中——趙晉臣

趙晉臣（1862 年-1929 年），字酒唐，吉林省懷德縣懷德鎮人。幼年聰慧，機敏過人，師從懷德名宿孫岳東先生，謹從師命，學穎悟勤，博覽群書，孜孜矻矻，遂學有所成。光緒七年（1881 年）十九歲時中生員，光緒十四年（1888 年）鄉試時考中舉人。「邑人引以為榮」，「入都門試金台履冠，其曹名藉甚，曾以舉人朝考大挑一等」，吏部以知縣選用，趙辭官未赴。

光緒二十五年（1899 年），趙應昌圖府太守陳濟蒼之聘，到榆林書院任教，由於教法高深，其治下學有成就者甚多。光緒三十年（1904 年），停止科舉制度，吏部納賢，趙被賜封為禮部郎中，做官三年。其間目睹朝政腐敗，江河日下，民眾怨聲載道，遂棄官歸鄉。自號「漠隱」，足不出城。時懷德縣設國民會議，知縣姚詩馨請其出任議長，趙婉言謝絕。應聘到國民會議者，誠服趙之卓識，紛紛造訪，趙以體弱多疾為由，拒不見客，「城中官吏罕見其面」。

趙晉臣書法功力深厚，名噪一方。他與故舊往來，不問家計，只切磋書道，研究王羲之、趙孟、顏真卿、柳公權等各體，能遺其貌，得其神，邑內知名紳董得其書作，不啻拱璧焉。趙有六子，皆從其父學書，鍥而不捨，作品皆佳。父子七人各有獨創，懷德地方學子均摹趙氏字體，成一方書風，一家出七位書法家，此乃空前。

趙晉臣對文學頗有研究。他著有《耕禮堂家乘》一卷、《雜文》若干卷、

▲ 趙晉臣墨蹟

《詩經孫吏部師政選印》三卷，纂修《懷德縣志》十六卷。詩作自禮部供職時起，時值國際紛爭，朝政日蠹。趙目睹時日，一有感觸輒寄詠歌，以舒其胸中鬱結之氣。辛亥革命以前，其詩多淑性陶情之作；辛亥革命以後，其詩又變為「麥秀黍離之遺音」，著有《詞一師竹齋吟草》八卷，內心世界，詩文多有表露。現選錄《詞一師竹齋吟草》中詩作一組：

塞上古城懷古（八首）

（一）

建修何日毀何年，興廢難憑父老傳。

杖策登臨尋故事，恨天片石紀燕然。

（二）

艮維王氣鬱山川，耶律完顏迭起年。

此去黃龍百餘里，故應鎖鑰重雄邊。

（三）

臨黃建號眾酋並，百有三城壯翰屏。

滿萬兵來如破竹，千秋遺恨海東青。

（四）

故國銷沉故壘荒，猶餘殘鏃蝕風霜。

柳條邊外城相屬，強半遼金血戰場。

（五）

渡海通金約取燕，女真孰與契丹賢。

歲翰金幣知多少，黃土猶埋趙宋錢。

（六）

冷月荒郊走碧磷，何人為吊老胡墳。

劇憐五國冰霜域，二帝猶羈客死魂。

（七）

彈丸遼左固金湯，金室南遷故未荒。

一字和林張撻伐，遼庭城堡幾滄桑。

（八）

東盟東部首歸仁，公主烏孫誼最親。

不必受降城更築，於今游牧半耕屯。

愛國擁黨英烈——杜重遠

　　杜重遠（1897年-1943年），吉林省懷德縣人（今公主嶺市），中國實業家，知名抗日愛國人士。出生於貧苦農民家庭。一九〇五年，入當地私塾讀書，學習刻苦。一九一一年，考入省立兩級師範附屬中學。其間，參加學生反帝愛國運動。一九一七年，考取官費留學日本，入東京高等工業學校學習陶瓷製造專業。一九二二年，他組織東京留學生進行反帝示威遊行。同年春節，被推選為回國代表輾轉瀋陽、北平（今北京市）、天津等地開展反帝宣傳。

▲ 杜重遠

　　一九三五年五月，由於《新生》週刊刊登《閒話皇帝》一文，日本帝國主義藉機挑釁，國民黨當局竟屈從日本帝國主義要求，勒令《新生》停刊。同年六月，在《新生》週刊將被反動當局查封的嚴峻時刻，杜重遠依然撰文揭露敵人的陰謀，並堅定地表示：「最後勝利不是屬於帝國主義者，到底是屬於被壓迫人民啊！」同年七月九日，杜重遠被反動當局判處一年兩個月徒刑，成為轟動中外的「新生事件」。他被關押到上海漕河涇第二監獄後，各界愛國人士紛紛探監，魯迅也為此向當局提出抗議，鼓舞杜重遠繼續在獄中進行抗日救國活動。入獄不久，他與中共地下組織取得連繫，開始懂得一些馬列主義基本原理和中國革命道理。一九三五年十月，他響應中國共產黨抗日民族統一戰線的主張，託人帶信給楊虎城、張學良，呼籲團結抗日。一九三六年春，國民黨當局懾於輿論壓力，將他移至虹橋療養院軟禁。同年四月，張學良特到上海探監，兩人密談了促蔣抗日問題。同年八月，楊虎城又借治牙病機會住進虹橋療養院，與他朝夕相處，共商抗日救國大計。一九三六年九月獲釋後，他立即前往西安與張、楊晤談，推動了「西安事變」的發生。事變爆發的第三天，杜重遠在江西遭到軟禁，並被押送到南京，直到蔣介石獲釋。「西安事變」和平解決

後，他與宋慶齡、沈鈞儒等人一起被中國共產黨推薦為聯合政府負責人。一九三七年「七七」事變後，他冒險奔走於武漢及西北各地，開展抗日宣傳活動。一九三七年九月，他在《抗戰》專刊上撰文介紹了周恩來的生平並刊載了周恩來、徐向前等人的言論，這是國內首次對二人進行詳細報導。一九三八年，他在武漢、香港等地多次會見周恩來，逐步樹立起對共產主義的堅定信念。

一九三九年，杜重遠被邀請去新疆創辦新疆學院並任院長。他為此竭盡全力，聘請茅盾、薩空了、張仲實等人任教，還邀請趙丹、高滔、于村、王為一等人從事文藝宣傳活動，並在內地購買了被稱為「文化列車」的三卡車書籍。與此同時，他在新疆學院開講中國共產黨統一戰線課，組織「新疆學生暑期工作隊」進行抗日宣傳，並經常在《反帝戰線》上發表宣傳進步思想的文章，因此遭到新疆督辦盛世才的嫉恨。一九四〇年，杜重遠被軟禁在家。次年五月十八日，盛世才先捏造「漢奸」、「託派」的罪名將他逮捕，後又施以三十多種酷刑，逼其承認是「蘇聯間諜」、「祕密共產黨員」，但他始終堅貞不屈。一九四四年六月，盛世才派人在食物中放毒，使他腸肺爛穿，大量嘔血便血。然後，盛又令人給他注射兩支烈性毒藥，將其運至東花園數丈高牆上，再從牆頭推下殺害，並毀屍滅跡。杜重遠時年僅四十六歲。

新中國成立後，中共中央曾專門派出考察團到新疆尋找其遺骨，但沒有找到。一九八六年，其著述結集為《杜重遠文集》出版。

杜重遠的一生是矢志於振興中華、抗日救國、英勇戰鬥的一生。他是我們黨在新民主主義革命時期一位患難與共的忠誠朋友，是忠貞不渝的愛國主義者，是革命知識分子的典範。一九八三年五月三日，在杜重遠犧牲四十週年之際，中華人民共和國民政部授予他「烈士」稱號。一九八三年九月，鄧小平為他題詞：「杜重遠烈士永垂不朽」，鄧穎超為他題詞：「革命左派先驅，愛國擁黨英烈」，王震為他題詞：「杜重遠烈士愛國主義精神永垂不朽」。

著名經濟學家——關夢覺

關夢覺（1912 年-1990 年），滿族，吉林省懷德縣（今公主嶺市）人。關夢覺曾任報紙主筆、雜誌編輯、經濟研究所所長、黑龍江省教育廳廳長、吉林大學教授兼經濟管理學院名譽院長和校學術委員會副主任、吉林省經濟學會理事長、吉林省社聯副主席、中國世界經濟學會顧問、中國《資本論》研究會副會長、全國政協委員、政協吉林省委員會副主席、民盟中央常委、民盟吉林省委員會主任委員等職（一九八八年升任全國政協常委、民盟中央副主席）。

關夢覺教授是我國著名的經濟學家、教育家。他學問淵深，博學多才，治學態度極為嚴謹。關夢覺長期從事政治經濟學、《資本論》、經濟學說史、經濟地理、中國經濟問題、世界經濟、國際貿易等課程的教學和研究。他的著譯豐富，特別是在政治經濟學和世界經濟的研究領域，成就卓著。

關夢覺教授一九一二年十二月出生於吉林省懷德縣的一個滿族家庭。一九二九年考入東北大學經濟系。不久日寇侵華，東北淪陷，他被迫隨東北大學遷往北平（今北京市）就學，於一九三三年畢業。國家多難之秋，民族危亡之際，深受愛國和革命思潮薰陶的關夢覺親眼看見國土淪喪、親人和同胞慘遭塗炭。決定進行國際經濟問題研究。一九三八年，關夢覺在武漢參與創辦東北進步團體「東北救亡總會」的機關刊物——《反攻》半月刊。在這個刊物上，他發表了大量抗日救亡的文章。一九三八年四月，他參加了由郭沫若主持的軍委政治部第三廳，撰寫文章，宣傳抗日。一九三九年五月至一九四一年二月，關夢覺在任重慶《時與潮》雜誌編輯期間，除繼續發表大量關於國際問題的文章外，還翻譯了許多外國進步學者剖析日本和德國法西斯經濟矛盾的文章。還翻譯了蘇聯著名經濟學家葉・瓦爾加的《兩個制度》一書。一九四一年三月，他為了躲避特務追蹤，離開重慶，奔赴洛陽。到洛陽後，任中國工業協會（簡稱「工合」）晉豫區經濟研究所所長。在任期間，他在進行了大量調查研究的基

礎上寫出了不少論文和調查報告，反映了勞動人民悲慘的生活狀況。他還兼任
河南大學經濟系副教授，講授政治經濟學和中國經濟問題。一九四三年一月，
關夢覺赴西安任國民參政會經濟建設策進會西北區辦事處總幹事。半年後被聘
為陝西商業專科學校教授，講授政治經濟學、國際貿易和經濟地理課程。從一
九四四年冬起，他還兼任《秦風工商日報》聯合版主筆（社論委員），每隔一
天撰寫一篇關於經濟問題和國際問題的社論。一九四四年中國民主同盟西北總
支部祕密成立後，他任宣傳部副部長。一九四六年四月《秦風工商日報》被國
民黨反動派查封前，關夢覺離開西安，返回東北。當時正值內戰爆發之際，他
化裝成商人，冒著生命危險，克服重重困難，於同年十月進入東北解放區，最
終到達哈爾濱。

　　進入解放區後，關夢覺先後任東北行政委員會社會調查所副所長、嫩江省
（後改為黑龍江省）教育廳廳長。這期間，他除了寫一些調查報告和教育方面
的論文外，還翻譯了《第二次世界大戰秘聞錄》並於一九四八年由東北新華書
店出版。一九五〇年三月，關夢覺調到瀋陽任民盟東北總支部秘書長兼東北人
民政府監察委員。在任期間，他在報刊上發表了許多經濟學方面的論文，並翻
譯了英國著名經濟學家約翰·伊頓的《政治經濟學教程》和《英國經濟問
題》。一九五四年九月，關夢覺重返教學崗位，任東北人民大學（後改稱吉林

大學，下同）經濟系教授
兼系主任，講授政治經濟
學、世界經濟和《資本論》
等課程。同時，他還兼任
校社會科學委員會主任委
員，主編《吉林大學學報
（社會科學版）》。從一九
五四年九月到一九六六
年，他在《吉林大學學報

▲ 二〇一三年十二月十五日紀念關夢覺誕辰一〇〇週年暨
學術思想研討會在吉林大學召開

（社會科學版）》、《新建設》、《經濟研究》、《紅旗》等刊物上發表的論文和在吉林、遼寧、上海等地出版社出版的著作，有幾十種之多。

　　一九七六年以後，年近古稀的關夢覺教授仍然筆耕不輟。在短短的幾年裡，他在《光明日報》、《經濟研究（專輯）》、《社會科學戰線》、《世界經濟》、《紅旗》等報刊上發表了有關社會主義現代化建設、政治經濟學和世界經濟方面的論文多達幾十篇。一九七八年和一九七九年，他應邀參加了《政治經濟學辭典》和《世界經濟》（原教育部統編教材）的審稿、定稿工作。在此期間，他除了參與全國一些學術團體的領導工作和參加有關學術會議，不辭辛苦

▲　《陳雲同志的經濟思想》封面

地去外地講學和向有關部門提供經濟政策方面的建議外，還接待了來自西歐、北美和日本等國的多位經濟學家。一九八一年三月，他以中國經濟學家代表的身分，參加了在杭州召開的國際世界經濟討論會。一九八二年，他主編了《政治經濟學疑難問題探討》（由吉林人民出版社出版）。一九八三年他又完成了新著《陳雲同志的經濟思想》（由知識出版社出版）。一九八五年十月，他赴日本作了短期考察和學術交流。一九八六年三月他主編的《社會主義政治經濟學研究》一書出版，這本長達五十餘萬字的專著，對我國經濟改革中出現的社會主義政治經濟學的若干重要理論問題作了富有針對性的探討，許多觀點卓有見地。在社會主義政治經濟學的研究對象問題上，關夢覺在《社會主義政治經濟學的研究對象與有計劃的商品經濟範疇》（《社會主義政治經濟學研究》，一九八六年出版）一文中，旗幟鮮明地反對把生產力作為政治經濟學的研究對象，堅持認為政治經濟學的研究對象，包括社會主義政治經濟學的研究對象，都是生產關係，而不是生產力，在這一點上不能作任何其他解釋。他認為，雖然社會主義政治經濟學不直接研究生產力，卻要緊密連繫生產力，是為了發展生產力。這就是政治經濟學研究對象中的辯證法。他還形象地比喻說，如果政治經濟學既研究生產關係，又研究生產力，猶如同時追逐兩隻兔子，結果哪一

隻也追不上。他認為，如果政治經濟學把研究生產力放在首位，等於取消了這門基礎理論科學。他指出，把生產力作為政治經濟學的研究對象，是幾十年前的舊觀點在二十世紀八十年代的復活，是一種倒退。

▲ 關夢覺教授銅像揭幕儀式在吉林大學舉行

關於社會主義時期的主要矛盾問題，關夢覺很早就提出了正確的觀點。早在中國共產黨第八次全國代表大會召開以前，他在《農業生產合作社的生產力和生產關係問題》（《新建設》1956年第7期）一文中，就對我國社會主義改造時期生產關係與生產力之間的矛盾，進行了獨創性研究，明確提出了高級社的社會主義生產關係是先進的，而生產力卻相對落後的觀點。在當時全國合作化的高潮中，這一具有真知灼見的觀點理所當然地在學術界引起了特別的關注。後來，中國共產黨第八次全國代表大會政治報告決議明確指出，我國社會主義時期的主要矛盾是「先進的社會主義制度同落後的社會生產力之間的矛盾」。在中國共產黨第八次全國代表大會精神鼓舞下，關夢覺進一步論述了我國社會主義時期的主要任務是發展生產力。他在《論我國現階段的生產力與生產關係問題》（吉林人民出版社1957年版）一書中明確指出，鑒於國內的主要矛盾已經發生變化，由主要矛盾決定的我國的主要任務也必然相應地由「解放生產力」轉變為「發展生產力」。在當時，獨立地提出這樣的觀點，是難能可貴的。在以後的二十多年中，關夢覺一貫地擁護和維護黨的路線，表現出理論上的堅定性。直到一九八一年，黨的十一屆六中全會決議重新肯定了中國共產黨第八次全國代表大會決議以後，關夢覺又在《吉林日報》發表了《社會主義經濟建設中的撥亂反正與繼往開來》一文，結合我國社會主義建設的歷史經驗，對社會主義時期的主要矛盾和主要任務又作了進一步的闡述。

耄耋之年筆未停——崔慕良

　　崔慕良（1935年-　），筆名老莫，公主嶺人，祖籍江蘇豐縣，一九五九年畢業於東北師範大學中文系，退休前任職於公主嶺日報社，吉林省作家協會會員、中國寓言研究會會員。

　　崔慕良文學成就主要有雜文、寓言和小說。任職公主嶺日報社期間，配合新聞報導，寫了大量針砭時弊的雜文，十年時間創下「老莫」這個名號。這些雜文後被結集為《雜談》。其中《紅眼不是病》，一九八九年獲省內十家報紙雜文聯賽三等獎；《諞丑》一九九一年在中國報紙研究會組織的評選中獲優秀作品獎。寓言作品結集為《寓言百則》出版，並於二○○八年獲中國寓言研究會「金駱駝」寓言創作三等獎。二○一四年，他的五則寓言入選《中國當代寓言精選》。著有長篇小說《蓮花泡》、《問心碑》、《柳絮》、《本命年》，中篇小說集《人轉山轉》和《崔慕良短篇小說集》。

　　崔慕良小說屬鄉土小說，具有濃郁的鄉情、鄉俗、鄉音。每部作品出版都引起廣泛關注。一九九八年，省文學院組織召開了《蓮花泡》作品研討會，省內二十餘位專家參加。老作家丁耶對該作品給予了較高評價：「堪比《白鹿原》。」一九九九年，《蓮花泡》獲第四屆東北文學長篇小說提名獎。長篇小

▲ 崔慕良

說《問心碑》取懷德縣原縣長趙澤民率領警民抗日這一有影響的歷史事件為題材，並對歷史進行了重構和藝術的再創造，弘揚了中華民族的愛國主義精神，成功地塑造了趙澤民有血有肉、令人信服的愛國志士和清官形象。對公安局局長汲義方、監獄長郎英山、馬車伕龍德等英雄人物群體描寫也十分感人。小說對背景的渲染、情節的展開和矛盾的設置也別具匠心。難能可貴的是，作者對歷史情況和地域風貌的藝術還原，對關東語言資源的充分利用，使這部小說具有了濃郁的地域文化特色，與《蓮花泡》的藝術風格一脈相承。二○一三年吉林省文學院、吉林省企業家文藝聯合會、公主嶺市作家協會和懷德鎮政府在故事發生地懷德鎮聯合召開《問心碑》研討會，該作品受到與會領導和專家的肯定。《人轉山轉》分而為各自獨立的中篇，合而為內容聯貫的長篇，是人物多

▲ 長篇小說《問心碑》封面

中心寫法的一次嘗試，收到比較好的效果。結集出版前多篇作品在《四平日報》連載，產生了廣泛影響。結集出版後，多篇作品又被《小說月刊》、《中外故事報》、《生活》週刊轉載。其中《幫拐行》參加《中國作家》筆會，獲中篇小說三等獎；《未了情緣》參加二〇〇九年中國散文學會「新視野」筆會，獲小說類二等獎。

　　崔慕良年逾八旬，堅持創作幾十年，至今仍筆耕不輟。他計劃在有生之年，完成長篇小說《老龍灣紀事》（寫日本開拓團掠奪農民土地和農民反掠奪的故事）、長篇小說《糧棧》（寫日本掠奪糧食的故事），加上已出版的《問心碑》，將為「懷德舊事」三部曲劃上無遺憾的句號。

▲ 《崔慕良短篇小说集》封面

退出政壇入文壇──周奎武

▲ 周奎武

周奎武（1937年-　），公主嶺人，中華詩詞學會會員，公主嶺市詩詞學會主要發起人，現任公主嶺市詩詞學會顧問。他出生在公主嶺市雙城堡鎮的一個農民家庭。在家境十分困難的情況下，父母仍堅持讓他讀書。一九五四年，周奎武以全區第一名的成績考入中學。後自學中專、大專課程，還到中央新聞學院進修。

他詩文作品頗豐，曾在《人民日報》、《解放軍報》、《光明日報》、《人民政協報》、《求是》、《半月談》、《新華社電訊》、《中華詩詞》、《華夏吟》、《人民中國》等國家級報刊上發表作品一〇〇多篇。

一九九五年全國婦聯發起《紀念中國母親》大型徵文活動，周奎武寫了散文《媽媽送我入金屋》，回憶母親送他上學、陪他讀書的感人情景，被評為三等獎，編入《母恩難忘》大型圖書。此書全國發行三萬多冊，「兩報一刊」均作了報導。二〇〇八年，中國文化促進會、中國華商文化交流會、世界華人文化交流會，分別推薦《媽媽送我入金屋》參加世界華人詩文大賽。該作品在此次評比中榮獲國際華人優秀作品獎。《世界名人錄（中國卷）》《世界華人文學藝術界名人錄》刊登了周奎武的事蹟和作品。

公主嶺市第一本大型詩集──《公主嶺風韻》，由周奎武任副主編。他還負責編輯第一編「懷德古風」。為查資料，他四處奔波。他曾蹲在市檔案館抄閱詩文一個月，後又三校其稿，最後決定選用十一人八十六首詩詞，為豐富公主嶺市詩歌創作歷史做出了巨大貢獻。

多年來，周奎武始終堅持傳承、弘揚中華傳統優秀文化。二〇〇八年十月，他以市詩詞學會的名義向公主嶺市委請示，並提出創建詩詞之鄉的實施方案。市委以正式文件轉發《市詩詞學會關於創建中華詩詞之鄉的方案》。他身體力行，按市委文件要求組織實施：組織建立基層詩詞學會分會；舉辦二十多期詩詞創作培訓班；組織全市萬人詩詞大賽等。在他的帶領下，創作隊伍不斷發展壯大，骨幹會員達一〇〇多人，撰寫出一批優秀詩詞作品，在國家級報刊上發表三〇〇餘首，在省、市、縣級報刊上發表一萬餘首，其中獲獎作品二六〇餘首，出版詩詞、詩歌集二十餘部。二〇〇九年十月三十日，吉林省詩詞學會授予公主嶺市為「中華詩詞之鄉」。二〇一〇年十月二十一日，中華詩詞學會授予公主嶺市「中華詩詞之鄉」榮譽稱號，這是吉林省第一個「詩詞之鄉」。市委授予周奎武創建活動特殊貢獻獎。同年十月，全國地方詩詞工作協調委員會‧首屆全國詩詞創作與發展論壇，授予公主嶺市詩詞學會「全國詩詞工作先進單位」榮譽稱號。

周奎武還榮獲中國社會主義文藝學會授予的「中華詩詞文化傳承人」榮譽稱號，中華人民共和國文學研究院、當代作家協會授予的「建國六十週年中國作家文學終身成就獎」，中國當代文化促進會和中國詩詞社授予的「當代九十位傑出詩詞家」榮譽稱號，並被中國詩詞研究院聘為研究員。二〇一二年和二〇一三年又獲全國詩賽兩項大獎。

周奎武退休後，筆耕不輟，發表各類詩詞作品近千首，出版個人作品專集《子牛躬耕》、《跨越者之歌》、《古城新歌》及志書、列傳、文學書籍二十餘部。曾榮獲全國好新聞三等獎，省志書編撰一等獎，市萬人詩詞大賽一等獎。一九九六年，他應邀出席在北京召開的華夏千載端陽詩會，並在會上介紹創作經驗。二〇一〇年，在「首屆全國詩詞創作與發展論壇」上，他應邀發言。二〇〇九年，他榮獲國際詩詞大賽優秀作品獎。二〇一〇年，獲《中華詩詞》京華筆會優秀獎，全國首屆「華藝林」詩詞大賽特等獎，中華人民共和國文學研究院授予他「中國優秀共產黨員文藝貢獻成果獎」。

咬文嚼字蘊真功——張文秀

▲ 張文秀

張文秀（1937 年- ），東北師範大學本科畢業，副教授，曾任公主嶺廣播電視大學副校長、省訓詁學會理事、省語言學會會員、省詩詞學會會員、公主嶺市詩詞學會理事、市作家協會名譽主席、市美術家協會名譽主席、市書法家協會顧問。為弘揚詩詞文化傳統，張文秀曾在市老年大學詩詞班授課，其在漢語言文字方面造詣受到一致好評。

張文秀六歲時母親辭世，七歲時父親又故去。由其叔父、嬸母負責撫養照顧。不幸的是，他十二歲時叔父又去世，嬸母帶著不滿三歲的妹妹改嫁。此時，張文秀成了地地道道的煢煢孑立、形影相弔的孤兒。張文秀學習異常勤奮，不到三年時間就讀完了小學。初中畢業，就被新聞單位「啃青」。四年後，他沒唸高中就直接考入東北師範大學中國語言文學系。「文化大革命」期間，他沒有轟轟烈烈地「鬧革命」，卻鑽到小樓裡，研究甲骨文、鐘鼎文、小篆，並研讀了部分先秦諸子百家作品。張文秀文學功底和古文基礎都是那時打下的。張文秀在藏書、讀書、寫書方面是出名的。只買書一項就花費兩三萬元。日本出版的島邦男的《殷墟卜辭綜類》和香港中文大學的《甲骨文釋例》，每本書的價格都遠超他的消費水平，至於《全唐詩》、《佩文韻府》等書就更貴了。他都是咬緊牙關買的。他的工具書和資料書非常多。儘管已年近八十歲，現在仍然起早貪黑地看書、查資料。他不僅眼勤，也常思考、常動筆。這些年他與人合編並出版了五本書，在各種學報上發表了五十餘篇學術論文，在報刊上發表了一○○餘首詩詞。

張文秀早年創編過二人轉《一朵大紅花》、《模範評給誰》，並在長嶺縣演

出。近三十年，先後公開出版《小學語文教材教法》（東北師範大學出版社1981年出版），參與編撰《中國文學史簡編（上、中、下）》（北方婦女兒童出版社1954年出版）、《國家公務員知識大百科》（警官教育出版社1998年出版）。在各種學報上發表學術論文五十餘篇，如《從「祭」字字形談小學識字教學》（上海教育出版社）、《「惡臥」異釋》（1986年發表於《吉林師大學報》）、《再釋「惡臥」——兼答魏怡、嗜文二同志》（1987年發表於《常德師院學報》）、《「復關」異釋》（1993年發表於《吉林電大學報》）、《「長煙一空」異釋》（1993年發表於《吉林電大學報》。本文的研究成果被《詞源（第二版）》採用）、《「有要於時」異釋》（1994年發表於《吉林電大學報》）、《中國古代文學的啟發教學》（1996年發表於《吉林電大學報》）、《關於整體認讀音節》（1998年4月發表于吉林教育學院《小學生閱讀報》）等。另有詩詞百餘首及小說、散文幾十篇在刊物上發表。在《公主嶺報》發表介紹中國古代文化常識方面文章近十篇，如《中國古代的天文》、《中國古代的州縣》、《中國古代後宮的嬪妃》等。張文秀因在普及古代文學知識方面貢獻卓著，一九九五年被公主嶺市政府授予一等功。

二〇一二年，他起早貪黑，幫助安康醫院單純志院長完成了四〇〇萬字的《國學基本常識》（吉林出版集團有限公司出版）。近幾年，經常參加市裡的文化公益活動，是一位在文化界很受尊敬的老者。

▲ 《小學語文教材教法》封面

▲ 《中國文學史簡編》封面

▲ 《國家公務員知識大百科》封面

踏遍文山人未老——王岱山

▲ 王岱山

王岱山（1942 年-　），公主嶺人，畢業於東北師範大學中國語言文學系，中華詩詞學會會員。王岱山退休前一直從事教育工作，曾擔任過公主嶺師範、梨樹師範、四平師範三所學校的校長，並榮獲「優秀校長」稱號。很早便加入了中國作家協會吉林分會、中國寫作學會。他待人接物彬彬有禮，為人處世謙讓和氣。有責任意識、擔當意識，也很有詩人風度。「腹有詩書氣自華」，在他身上有充分體現。

一九七九年春天，風華正茂的王岱山創作了長篇敘事詩《寶鏡湖》。由吉林人民廣播電台配樂播放後，聽眾反響強烈。不久，詩人應電台之約，將《寶鏡湖》改編成廣播詩劇。該詩劇由長春電影製片廠演員劇團和吉林省歌舞劇院民樂團聯袂演出，獲得極大成功。一九八二年，該劇入選全國廣播劇交換會，在中央人民廣播電台和各地方人民廣播電台多次播出。《寶鏡湖》還被發表在刊物上。時代文藝出版社出版了同名敘事詩集，吉林美術出版社出版了同名連環畫。

一九八五年，吉林人民廣播電台舉行建台四十週年慶典，《寶鏡湖》被列入永久保留節目名單。《參考消息》刊登了國外學者對該作品的評論。詩人的名字和這部長篇巨著被載入《四平之最》和《懷德縣志》。三十年後，這部詩劇仍沒有銷聲匿跡。中央人民廣播電台將其重新製成華語電子版，由「央廣之聲」在網上向海內外公開發行。誕生在公主故里的《寶鏡湖》，在不斷載譽的同時，也為家鄉贏得了榮耀。為此，《公主嶺報》破例刊發原詩以作紀念。

王岱山曾發表關於中華詩詞的演講，充分體現出他廣博厚重的學養。他說，中華詩詞是一個廣泛的概念。廣義的中華詩詞，應包括一切舊體詩詞和新

詩，狹義的中華詩詞則只指舊體詩詞。舊體詩是指「五四」以前的詩，如《詩經》、《楚辭》、漢樂府詩、魏晉南北朝時期的文人詩等。唐朝以前的詩為古體、古風，這樣的舊體詩在藝術形式上，除押韻外，對格律要求不嚴。入唐才出現格律詩，稱近體、今體，又派生出詞。沈佺期、宋之問通過實踐，研究奠定了律詩體裁樣式，有七言八句的七律、五言八句的五律及七言、五言四句的絕句，還有十句或十句以上的排律。王岱山認為格律詩三要素包括：講押韻、調平仄、工對仗。而隨著漢語語音的發展變化，今天只強調押唐興宋定的一百零六古韻（平水韻），顯然不合時宜，應該與時俱進，承認並給予十八（十四）今韻的地位。古漢語音節分平、上、去、入四聲，現代漢語音節分陰平、陽平、上聲、去聲。古今四聲數量雖同，但其平仄並不一致，主要表現在古入聲已消失，分散在現代漢語的四聲中。也就是說，有些入聲字，古讀是仄聲，今讀卻或平或仄，入詩後讀起來往往體現不出聲音格律之美。所以，今人寫詩應既承認平水韻的歷史地位，又要以今韻為主。對仗忌一律言對，意對其實也可，半對半不對亦可。他的這些研究觀點，得到了一些詩友的認可，已引起詩詞界的重視。

他還撰寫了數百首格律詩和詞，分別發表在中華詩詞論壇、中華風雅頌論壇、東北論壇及各省市報刊。他多次參加國家級詩詞大賽，均獲獎；多次參加國編、省編詩詞集徵稿，均入選。在公主嶺市「中華詩詞之鄉」命名大會上，王岱山獲得了「先進個人」稱號，受到了市委、市政府的表彰。

王岱山是我國首批破格評定的高級講師。他在從事業餘文學創作的同時，一直堅持學術研究、著書撰文，弘揚和傳播中華文化。

四十年前，他參加編著《讀講詩歌四百首》，為我國中師語文教學做出了貢獻。為了滿足中小學語文教學需要，他還編著了《古代詩詞今譯》一書。為了給師範生提供古典詩詞鑑賞課教材，他更是夜以繼日地耕耘，終於在一九九二年出版了《李清照詩詞詮譯》。至今，這本書仍是我國學術界研究李清照詩詞的重要參考資料。該書曾榮獲四平市社會科學研究成果一等獎、吉林省寫作

科研成果一等獎，被山東省濟南市李清照紀念館永久收藏。

二○一○年公主嶺電視台為配合「中華詩詞之鄉」創建工作，開闢了《春山詩話》節目。節目組不但邀請王岱山錄製了《寶鏡湖裡的大世界》，還專門採訪錄製了《真正讀懂李清照的人》，為傳播詩詞這一傳統文化助力。特別值得一提的是，他還撰寫了歌行體長詩《李清照歌並序》，在《吉林日報》發表，受到詩詞界同仁讚賞。王岱山參加在李清照故里舉辦的「二安杯」全國詩詞大賽，榮獲一等獎，作品被收錄到《二安遺韻》一書。為紀念建國六十五週年，他創作律詩《贊紡織專家鄧建軍》。該詩被發表在《光明日報》頭版。

多年以來，王岱山還堅持撰寫有關弘揚中華傳統文化的文章，其中有數十篇先後發表在各類報紙雜誌上，成為大眾讀者的精神食糧。

王岱山雖已退休十年，但仍筆耕不輟。走進王岱山的精神世界，會發現：他是一位德高望重的教育工作者，神聖的講壇，曾經濃縮了他人生的精彩；他是一位傑出的詩人學者，詩文的園地，曾經綻放過他用生命培育的花朵；他心如止水，永遠不驕不躁；他老驥伏櫪，志在千里，正一路放聲歌唱，歌唱公主故里，江山多嬌！

▲ 王岱山獲獎證書

▲《古代詩詞今譯》封面

▲《文跡詩痕》封面

小城筆墨大家風 —— 陳曉敏

陳曉敏（1945 年- ），別名陳墨，公主嶺人，曾任懷德縣文聯秘書、公主嶺市文化館副館長、公主嶺市美協主席、四平市美協副主席、遼河書畫研究會會長、公主嶺市美術家協會終身名譽主席。二〇一三年，被公主嶺市文聯授予「德藝雙馨藝術家」稱號。

▲ 陳曉敏

陳曉敏自幼酷愛書畫，早年隨父習書，入學後師從徐廷士、高俊傑、張連祥學西洋畫，後拜吉林省著名畫家高盛連先生為師學習中國畫。因天資聰穎且勤學苦練，遂畫藝大進。他主張「先繼承傳統後創新，集詩書畫印於一身」。作品曾多次參加各級美展並獲獎，入編《中國現代美術家名人大辭典》、《中國當代美術家名人錄》、《當代書畫家篆刻家辭典》、《中國美術書法界名人名作博覽》、《當代書畫家福壽作品大觀》、《中國書畫作品精選》、《當代花鳥畫精選》、《世界當代書畫篆刻家大辭典》、《世界當代著名書畫家真跡博覽大典》。一九九〇年在長春舉辦《陳曉敏書畫展》；一九九五年，國畫《富貴白頭》獲得在日本東京舉辦的第三屆世界書畫展銀獎；一九九七年作品入編《中華陳氏書畫藝術博覽全書》，同年獲「世界書畫藝術名人」證書；二〇〇三年，國畫《關東正月》入選《中國當代名畫名家精品大典》；二〇〇四年，國畫《蘭》入選全國《梅蘭竹菊中國畫圖錄集》；二〇〇五年，國畫《萬事大吉》入編《首屆中國畫金雞獎作品集》，並獲佳作獎；二〇〇六年，國畫《義犬護庭》入編《全國中國畫大賽 —— 狗年

▲ 陳曉敏書法作品

▲ 陳曉敏繪畫作品

畫狗作品集》。

　　陳曉敏作畫大蠡於胸，恣肆汪洋，厚積傳統，率性筆墨，人物、山水、花鳥皆工。走筆且快且慢，腕動時疾時緩，筆墨間既老辣見拙，又飄逸出新。觀氣質，看構思，察筆墨，沒有三五十年的艱辛努力，難成今日神思奇詭、意到法隨、遊刃有餘的功力。他作畫張弛得法，形神兼備，密可見厚重雄渾，疏可致清朗明麗。每臨義賣之舉，他的畫都頗得眾心，頗受青睞。

　　陳曉敏從不計辛勞，大暑天汗流浹背仍不停地揮灑筆墨。老驥壯志，他有求必應，更兼一派蹈厲昂揚的勁頭，令畏苦畏熱的年輕人汗顏。他嗜畫如命，畫就是他生命的唯一。

上班時不讓畫，那就在心裡默畫；外邊沒機會，就在家裡畫。改革開放後，他有了用武之地，積極投入到各種服務性的畫事中去。不知有多少個白晝貪夜，他都熱心地為當地各級組織搞宣傳、辦展覽，並且一貫地不計報酬，任勞任怨。多次為福利院義賣作畫、寫春聯，送文化到社區、軍營、警營、學校、企業。他恪守「讀萬卷書，行萬里路」的理念，組織書畫家以書會友，以畫會友，到各地遊歷，切磋技藝，捨短取長，交友聯誼。

▲ 陳曉敏繪畫作品

陳曉敏在詩書畫印上一直追隨白石老人的風格。他的詩多為畫而作。研習書法是每日必有之課，楷學蘇、趙，隸習曹、張，行、草各家都有研習。書法得大家之精髓，行見羲之之精，草得張、懷之神，運筆拙中有金、行中有潤，常見法度於自家的性情之中，超然中別具心裁，迥異於常態之外，內見洞達骨力，外見豪情神逸，自成一格。他寫字常常是表象氣宇寬廣，筆力雄渾放達，筆底氣象萬千。他書畫才情並舉，畫畫極專一用心，即興作花鳥畫更是他的長處。他對歷代文人名士先賢有特殊的情感，常常手不釋卷。遠至八大山人、鄭板橋、任伯年、吳昌碩，近到齊白石、王雪濤，都是他學習的對象。在和大師們跨越時間隧道的傾心交流中，陶冶性靈，豐富自我，拓寬胸襟，堅定信念，昇華精神。繪畫的最高層次為寫。他的小寫意花鳥，都是寫出來的，散發著濃厚的書香逸氣。這些作品在他筆下呈現的是神清氣定、酣暢淋漓、自然渾成，都和諂媚流俗不相搭界。即使是草草之筆，那也不是簡單的勾畫。創作的技法，融入其中的文人情懷，都是一種美學本質的流露，更是中國畫筆墨精神的抒發。那是一種把對藝術的深刻理解融入自身血液中，形成自身風格後的自然真情的流淌。他的花鳥畫讓人從心裡往外歎服，這不是用傳承就能解釋的，其中很重要的一個因素是個性天賦使然。陳曉敏亦善於治印，金石味十足。

中國「第一村主任」——張洪傑

張洪傑（1945 年- ），公主嶺市人。吉林省曲藝團國家一級演員，曾任公主嶺市吉劇團團長。在吉林省曲藝團工作期間，他編導的《麻將與撲克》、《快點兒，快點兒》等作品受到觀眾熱烈歡迎。在影視劇中他出演過很多重要角色，有中國「第一村主任」的稱號。

張洪傑認為「戲比天大」，演員到任何時候都不能對不起角色、對不起觀眾。近些年來，他所參演的影視劇好評如潮，他對藝術的追求得到了最好的回報。在排演三十集電視連續劇《老牛家的戰爭》時，張洪傑看完劇本後哭了好幾次，下決心就是拼老命也要演好這個角色。他經常在錄製完成後仍停留在角色中，不能自拔。在電影《村官普發興》中他飾演普發興。為了更生動地表現主人公，張洪傑多次對

▲ 張洪傑

▲ 張洪傑《村官普發興》劇照

劇本提出修改意見，甚至不怕和編劇、導演爭吵。在首映式上，雲南省委領導說：「你們誰還能計較張洪傑的東北口音？他把普發興演活了，不僅形似，神似，魂更似！」電影《村官普發興》在英國電影節上獲獎。張洪傑專程赴英國領獎。在《老米家的婚事》中張洪傑和宋丹丹演對手戲，宋丹丹在首映式上評價張洪傑是「二流的知名度、三流的酬金、一流的演技」。

張洪傑參演的電影作品有：《九香》（飾演尤屠夫，獲長影「小百花」優秀男配角獎）、《喜蓮》（飾演大哥世財）、《紅月亮》（飾演村主任）、《快樂老家》（飾演二姨父）、《男婦女主任》（飾演村主任）、《幸福時光》（飾演老張）、

《龍過鼠年》（飾演老洪）、《冰峪溝》（飾演男一號牛鄉長）、《冰壩》（飾演秦老松）、《志願者》（飾演老校長）。

參演的數字電影作品有：《親親我的土地》（飾演男一號村主任）、《胖嫂進城》（飾演男一號王年）、《一塊兒過年》（飾演男一號村主任）、《村幹部過大年》（飾演村主任，獲中國電影百花獎最佳男演員獎）。

參演的電視劇作品有：央視一九九四年版《三國演義》（飾演木鹿大王）、四集電視劇《走進張德山》（飾演男一號張德山）、十八集電視劇《蒼涼厚土》（飾演村主任）、十五集電視劇《今天是個好日子》（飾演男一號陳滿金）、二十集電視劇《天地養我》（飾演男主角村主任）、二十集電視劇《黃河渡》（飾演男一號村主任）、二十集電視劇《快樂能活100年》（飾演男一號王喜亮）、二十三集電視劇《台灣海峽》（飾演老兵阿五）、二十集電視劇《民工》（飾演鞠永旺）、二十集電視劇《北方警察》（飾演啤酒劉）、二十集電視劇《紅燈綠燈》（飾演交警馬平安）、二十集電視劇《農民代表》（飾演集團黨委書記）、二十集電視劇《愛情20年》（飾演車間主任許殿元）、二十集電視劇《種啥得啥》（飾演許老歪，同時為片頭歌曲作詞）、一〇〇集系列生活輕喜劇《城裡城外東北人》（飾演男一號鄭老萬）、二十四集電視劇《插樹嶺》（飾演村副主任牛得水）、三十三集電視劇《我們的八十年代》（飾演車間主任嚴昌泰）、三十集電視劇《曬幸福》（飾演男一號）、三十集電視劇《老牛家的戰爭》（飾演男一號老牛）、二十集電視劇《食為天》（飾演劉老摳兒）、二十二集電視劇《好歹一家人》（飾演老孟頭兒）、二十四集電視劇《永遠的忠誠》（飾演余本福）、四十五集電視劇《最後征戰》（飾演劉清泉）。在二十四集電視劇《我的土地我的家》中，張洪傑飾演張老存，該劇在二〇一三年榮獲第二十九屆中國電視劇「飛天獎」長篇電視劇獎一等獎；二〇一四年該劇還榮獲第十三屆精神文明建設「五個一工程」獎。

▲ 張洪傑居家照

國家一級演員──姜文藝

　　姜文藝（1948 年-　），公主嶺人，國家一級演員。一九七六年至二〇〇三年在公主嶺市吉劇團當演員，二〇〇四年開始在公主嶺市戲劇創作室工作。一九八三年參演的拉場戲《女鞋匠》在吉林省二人轉會演中獲表演二等獎，一九八九年參演的拉場戲《老男老女》在吉林省首屆藝術節中獲表演一等獎。

　　多年來，姜文藝表演藝術日趨成熟，在三十多部影視劇中擔當重要角色。近年來，姜文藝參演農村題材的戲比較多，並得到觀眾的認可。他從小在農村長大，有豐富的農村生活體驗，什麼苦活累活都經歷過。農村的生活是他的財富。所以，飾演每一個角色都得心應手。比如《聖水湖畔》中的村黨支部田支書、《陽光路上》中的村委會主任王大任、《歡樂農家》中的村委會主任等。這些真實反映農村基層幹部工作和生活的作品，他都熟悉、都喜歡，也更容易進入角色。

　　談起他的演藝經歷，姜文藝總是說，「要低調做人，我就是一個平凡而普通的人」，「要用真心面對每一位觀眾，不能因為出了名而目中無人」，「觀眾是上帝，是衣食父母，沒有他們的認可，我什麼也不是」，「人出名是來自於觀眾的信任，沒有觀眾的認可，我就走不到今天，我要誠懇面對公眾，否則將一事無成」。每當在大街上被別人認出，他都是笑臉相迎，並熱情地和觀眾握手，讓他們感到溫暖。

　　姜文藝參演的電視劇作品有：《抬頭看天外》（飾三叔）、《希望的田野》（飾李得勝）、《美麗的田野》（飾張三）、《聖水湖畔》（飾田書記）、《歡樂農家（二）》（飾村主任）、《喜慶農家》（飾村主任）、《金色農家》（飾於喜田）、《女人當官》（飾白支書）、《插樹嶺》（飾老蔫子）、《特別的愛》（飾汪青山）、《紅雪》（飾團長）、《陽光路上》（飾王大印）、

▲ 姜文藝（右二）與其他演員合影

《石榴紅了》（飾劉守田）、《鳳凰起舞》（飾齊三順）。

參演的小品作品有：《父母心》和《越喝越明白》（這兩部作品都是與高秀敏合作）；二〇一一年吉林省春晚小品《抗洪炊事班》（與《炊事班的故事》原班人馬洪劍濤、姜超、毛孩兒等合作）。

參演的電影作品有：《石頭村發財記》（飾演村主任黃九）、《逆水而行》（飾演村主任）、《一江明燭》（飾演村委會主任）。

▲ 電視劇《女人當官》姜文藝飾村支書劇照

▲ 電影《逆水而行》姜文藝飾村主任劇照

▲ 姜文藝獲獎證書

只研濃墨為詩鄉 —— 趙世斌

趙世斌（1949 年- ）公主嶺人，中華詩詞學會會員、長白山詩社社員、關東詩陣版主、公主嶺詩詞學會會長。學生時代愛好讀書，喜歡古典文學。二十世紀八十年代開始在報刊上發表格律詩。受當時吉林省舉辦「唐宋詩詞培訓班」的啟發，一九九〇年和周奎武、楊彤俊等發起並創建了公主嶺市第一個民間詩詞團體——公主嶺市詩詞學會。會員近百人，以機關幹部和教師為主體。成立大會隆重熱烈，收到來自全國八個省三十多個市縣詩詞組織發來的賀詩、賀信。一九九一年創辦了學會會刊——《響鈴詩詞》。趙世斌

▲ 趙世斌

任主編。《響鈴詩詞》已經出版七輯。二十五年來，公主嶺市的詩詞創作隊伍不斷發展壯大，作品質量也顯著提高。二〇〇八年八月，他在網上得知中華詩詞學會關於創建「中華詩詞之鄉」信息後，首先提出公主嶺市創建「中華詩詞之鄉」的建議，積極推動公主嶺詩鄉建設，獲得市委領導支持後全力投入創建活動。在二〇〇八年至二〇一〇年創建「中華詩詞之鄉」期間，他配合周奎武不遺餘力地廣宣傳、抓隊伍、打基礎。指導基層部門單位成立詩詞學會分會，培訓會員三〇〇多人次。還直接參與了公主嶺市第一本大型詩集——《公主嶺風韻》的組稿和編輯。詩詞之鄉建成以後，趙世斌並沒有就此停步，又樹立了新的目標。按照中華詩詞學會「擴大隊伍、提高質量」的要求，堅持「精品立會、創新興會、嚴謹治會、團結強會」的方針，做了大量艱苦細緻的工作。五年間，全市實現了詩詞「六進」，即「進工廠」、「進農村」、「進學校」、「進社區」、「進機關」、「進軍營」，活躍了城鄉文化，助推了經濟發展。詩詞學

會常年有活動，做到了「天天有新詩，周周有活動，月月發專版，季季有專題」。在內容上力求豐富多樣，積極圍繞重大節日、重大事件組織創作，以當地改革發展成就為題開展活動，凝聚正能量，讓身邊好人好事入詩。還會同有關部門先後開展了全市「萬人詩詞大賽」和全市機關幹部「圓中國夢·贊家鄉美」詩詞大賽，推動了公主嶺各個領域詩詞隊伍的發展。在吉林省出版的詩詞刊物中，公主嶺市作者創作的作品一直占百分之十以上。全市的中華詩詞學會會員達三十人，五年間創作詩詞六五○○多首，其中在省級以上刊物發表一○○○多首，出版個人詩詞專集八部。

▲ 《爽之齋詩文選》封面

繼出版《爽之齋詩文選》後，他又創作了近千首應時新作。二○○八年，《享受奧運二首》獲全國「我們的網絡」詩歌大賽古體詩三等獎。二○一一年，《晨練太極拳》榮獲「炎黃杯」國際詩書畫印藝術大賽一等獎。為紀念建黨九十週年創作的楹聯「驚天偉業紅船始，強國春潮綠野來」獲《中國楹聯》二○一一年度對聯大賽二等獎。二○一二年，他創作的《上海世博園》獲第十屆「中華頌」全國文學藝術大賽一等獎。二○一四年八月，他的部分作品被收入《當代中華詩詞庫》。

「小花淑蘭」──鄭桂芳

鄭桂芳（1949 年-　），公主嶺人，中國戲劇家協會會員，
省、市戲劇家協會會員、理事。著名評劇宗師、花派創始人花
淑蘭的得意門生，著名京劇表演藝術家、「滇」派創始人關肅
霜的弟子，著名評劇表演藝術家花月仙的義女。

▲ 鄭桂芳

　　鄭桂芳天資聰明。一九六〇年至一九六八年在懷德縣評劇科班學習評劇。
她的演唱酷似老師花淑蘭，被譽為「小花淑蘭」、「關東一枝花」。她的表演真
摯灑脫，戲路寬，既善演花旦、閨門旦、老旦，還善演青衣小生、彩旦和刀馬
旦。她的嗓音高亢激昂、明亮清脆、行腔委婉、韻味純厚，高音有如瀑布之傾
瀉，低音有如小溪之纏綿。她文武兼備，曾得到著名京劇表演藝術家關肅霜的
親授和肯定。

　　她的代表劇目有《謝瑤環》、《牧羊圈》、《半把剪刀》、《茶瓶計》、《黛
諾》、《三節烈》、《花打朝》、《小二黑結婚》、《秦香蓮後傳》、《菱花嫂》、《牢
獄產子》和小生戲《劉伶醉酒》。

　　鄭桂芳曾在七十多出戲中扮演主要角色，曾榮獲全國獎項二次、省市級一
等獎四次，分別被省、市政府授予「優秀青年演員」稱號。一九八九年在兩次
全國振興評劇交流演出中，重新改編的傳統摺子戲《牧羊圈》、《劉伶醉酒》
獲優秀表演獎。時任中顧委副主任宋任窮以及文化部副部長高占祥一致稱讚鄭
桂芳的演唱藝術是「很好地繼承和發展了花派藝術，特別是吐字上深有功力，
是難得的藝術人才」。

　　鄭桂芳是一個在藝術追求上從不滿足的人。她從十二歲起學戲，曾拜第一
代坤角劉玉霞為師，打下了紮實的京劇基本功底。她還做過部隊播音員。當時
播音室內存有黃梅戲、越劇、柳琴劇、河北梆子等劇目唱片，這讓她可以時時
陶醉在戲曲音樂的海洋裡。她的腦海中，建立起了集多種旋律於一體的無形曲

庫。另外，鄭桂芳還學過白派、新派，並追隨京劇大師關肅霜學過武戲。一九七七年，她調入長春評劇院，表演藝術得到了昇華。

▲ 鄭桂芳劇照

在花淑蘭眾多弟子當中，鄭桂芳享有「花派藝術掌門人」之稱，但她並沒有因此而滿足，仍一步一個腳印地攀登著藝術的高峰，青衣、小生、彩旦、老旦、小花臉、花臉……她都要試試，而且演什麼像什麼。聰慧的藝術天賦和刻苦的自我磨煉，再加上對戲曲藝術的熱愛和敬業精神，使她在《白蓮花》、《謝瑤環》、《花打朝》、《牧羊卷》、《半把剪刀》、《楊三姐告狀》、《劉伶醉酒》等數十出劇目中成功地塑造出不同行當、不同風格、性格迥異的人物。

退休之後，鄭桂芳對評劇的熱愛絲毫未減。在繼承花派藝術精華的同時，她也一直在努力尋求新的突破。在長春評劇院新排大戲《宰相胡同》中，主人公陳雲清所有的唱腔，都是鄭桂芳與作曲家史林一起設計的。她認為時代不同了，觀眾對藝術的欣賞需求也不一樣了，演戲不能落後於時代要求。她的創作思路總是很活躍，在設計唱腔過程中，既牢牢把握人物性格特徵，又不失流派特點。哪個地方用垛板，哪個地方用反調，哪些地方的唱腔高亢、低婉，她總有自己獨到的見解，並當即唱出旋律來，令作曲家史老師感嘆道：「我失業嘍！」

談起大戲《宰相胡同》，鄭桂芳感觸頗深。她說：「《宰相胡同》主人公的原型『小巷總理』譚竹青就生活在我們的身邊，她的先進事蹟非常感人，能夠出演這個角色我很榮幸。其實，陳雲清也是我一心想要嘗試塑造好的舞台形象。」她表示，一提到主旋律作品，人們往往容易聯想到「高、大、全」的概念化形象或是生硬的說教式人物。如何才能塑造出深入人心的人物形象，如何給觀眾以震撼人心的感情衝擊力，這都需要演員認真思考。「太程式化和臉譜化，就會令陳雲清這一光輝形象受損。而此次扮演陳雲清，對於我來說，也是新的台階。要想在藝術上不斷提高，就要不斷自我加壓才行。」

二○○八年一月二十四日上午，由長春評劇院主辦的一場別開生面的評劇盛會拉開了帷幕，長春評劇院國家一級演員、中國著名評劇花派藝術家鄭桂芳喜收新徒張開妍。拜師儀式上，畢業於花淑蘭藝術學校的年僅十六歲的評劇新秀張開妍面對恩師，恭敬地跪在地上三叩首。鄭桂芳雙手將孩子扶起，將個人演唱資料放到小開妍手中。師徒二人緊緊相依。

　　評劇事業受到了嚴重摧殘，鄭桂芳所在的長春評劇院同樣沒能倖免。然而鄭桂芳的心從來就沒有離開評劇舞台。她和恩師花淑蘭、眾師姐妹以及眾多同仁，一直在為評劇的復興努力著。恩師花淑蘭病重時，念念不忘的就是評劇藝術的繼承和發展，多次囑託鄭桂芳要當好花派領頭人。拜師儀式上，花淑蘭大師的愛人王景山說：「鄭桂芳在五十多位花派弟子中雖然不是最年長者，可是她的藝術是得到師父肯定的，稱她是花派掌門人和『小花淑蘭』是正確的。鄭桂芳和張開妍的師徒關係，是評劇花派弟子中兩個『第一集團軍』（花淑蘭弟子和花淑蘭藝術學校學生）中兩個第一的最佳結合。」

　　在拜師儀式上，鄭桂芳新徒張開妍落落大方地走上台匯報演唱了花派名劇《半把剪刀》「尋子」選段。她高亢激昂的演唱令在場的同行讚歎不已，紛紛報以熱烈的掌聲。大家欣喜評劇花派藝術後繼有人，祝福鄭桂芳師徒藝術再攀高峰。在長春市文化局主辦、長春評劇院承辦的迎新春評劇名家名段演唱會上，鄭桂芳師徒正式登台亮相，張開妍聲情並茂的演唱讓春城觀眾欣喜，鄭桂芳與國家一級演員姜建東合作演唱的《劉伶醉酒》令觀眾如痴如醉。演唱會最後，鄭桂芳攜師妹孫偉、弟子馮恃宏、弟子張開妍聯袂演唱了《黛諾》「找紅星」。

▌潑墨書龍創始人 —— 柴德有

▲ 柴德有

　　柴德有（1951 年- ），筆名戲墨閒人，曾任吉林省白城市書法家協會理事、東北國畫院副院長、中國書法家協會吉林分會會員、中國老年書畫研究會會員、中國影視家協會書法專業委員會和美術專業委員會理事、中國名人書畫家協會常務副主席、北京紅樓佳韻書畫院院長。

　　柴德有九歲師從歐陽正文學習書法，五十多年來堅持鑽研中國書法，形成遒勁有力、氣韻沉雄的風格，既有軍人的風骨和剛毅，亦有大漠荒原的粗獷和豪放。他揮毫如行雲，運墨似流水，尤其近些年來，他走出

▲ 柴德有潑墨一筆成龍書法作品

書房，到祖國各地進行創作。他創作的榜書潑墨龍書法作品被海內外收藏家收藏，並被中國黃帝陵管理局、博物館作為珍品永久性收藏。他的書法作品在國內外多地展出，並被《吉林日報》、《吉林畫報》、《文化藝術報》、《解放軍報》、《延安日報》以及吉林電視台、中國網等多家媒體報導，被譽稱「中國潑墨書龍創始人」。二〇一二年六月潑墨龍字被編入《中國古今龍字書法大字典》。二〇一四年二月十二日，他受邀到中南海潑墨書寫龍字。

▲ 黃帝陵管理局永久收藏柴德有作品證書

▲ 二〇一四年三月柴德有在黃帝陵潑墨書龍

國家一級編劇 —— 陳功范

▲ 陳功范

　　陳功范（1952 年- ），中國曲藝家協會會員、國家一級編劇，吉林省著名二人轉劇作家。曾任公主嶺市戲劇創作室主任，公主嶺市吉劇團團長，東北大地藝術團團長。曾榮獲吉林省政府頒發的「長白山文藝大獎」，吉林省委宣傳部、吉林省文聯、吉林省人事廳、吉林省文化廳頒發的「吉林省特殊貢獻獎」，榮獲國家文化部頒發的創作一等獎、吉林省文聯頒發的創作一等獎、吉林省文化廳頒發的創作一等獎。

　　多年來，陳功范創作了上百部二人轉、拉場戲作品。東北二人轉《老男老女》、《牆裡牆外》、《窗前月下》、《包公鍘侄》、《夫妻串門》等劇目應邀赴京參加全國調演，並多次獲獎。

　　「小品王」趙本山的起家，還有陳功范的功勞。二十五年前，趙本山在鐵嶺藝術團工作，為沒有「叫座節目」而一籌莫展。後來，經人推薦得到陳功范創作的小品《牆裡牆外》劇本。加上趙本山發揮自身小品表演功力，創造了小品連續公演二三〇〇多場的紀錄。從此，鐵嶺藝術團紅遍關東大地。趙本山小品《我想有個家》準備上春晚，但修改十六遍仍未通過。情況緊急，趙本山打電話對陳功范說：「請您趕快來救駕吧！再通不過，今年春晚就上不去了。」陳功范立刻啟程赴京，經過四天修改，導演組一審定稿。趙本山成名之後，曾率全團來公主嶺市拜謝陳功范。陳功范的名字和作品，也因趙本山在舞台上的多次演出而廣為人知。近三十年，他筆耕不輟，二人轉、拉場戲、小品等二〇〇多部經典腳本被搬上舞台。

　　陳功范創建的公主嶺市東北大地藝術團，自二〇〇四年六月組建以來，演出足跡已遍布吉林、遼寧、黑龍江、內蒙古、河南、河北、湖南、湖北、江

西、江蘇、安徽、浙江、重慶、四川、廣東、廣西、福建、雲南、海南、山西、陝西等二十多個省、市、自治區。在該藝術團的近三〇〇〇場演出中，劇場演出不超過一〇〇場，其餘都是在村頭、集市、廣場演出，直接面對普通百姓。在外地的一次廣場演出，觀眾竟達三萬多人，場面相當壯觀。該藝術團演出沒有向觀眾收取過一分錢，走出了一條「企業買單，老百姓看戲」，利益雙贏、活躍群眾文化生活的可行之路。

東北大地藝術團先後應邀參加吉林電視台舉辦的「吉林省養豬十大狀元」頒獎晚會、吉林電視台《東北戲曲》開播慶典文藝晚會、吉林電視台《關東大舞台》開播慶典文藝晚會、吉林省紀念改革開放三十週年「山花爛漫時」大型文藝晚會；為吉林電視台《農村俱樂部》錄製十八台晚會節目，為《鄉村大戲院》錄製六台晚會節目，為《歡樂大東北》錄製八台晚會節目，並應邀為第八屆長春農博會舉辦專場大型文藝演出。

▲ 陳功范獲獎證書

嶺城文博活字典——李國文

▲ 李國文

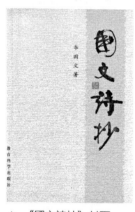

▲ 《國文詩抄》封面

　　李國文（1952年- ），生於公主嶺市古鎮懷德。一九七七年到懷德縣文工團工作，一九八○年調入懷德縣文化局，一九九八年任公主嶺市文體局副局長，二○一二年退休。中華詩詞學會會員、中國民俗攝影協會會員、吉林省攝影家協會會員、吉林省錢幣學會會員、公主嶺市文聯副主席、公主嶺市攝影家協會主席、公主嶺市收藏協會主席。

　　在文化戰線辛勤工作的三十五年中，李國文多次組織並率團參加國家和省級文藝會演，獲得全國小戲會演組織獎、全國百優小品大賽組織獎和四次省級文藝會演組織獎。一九九○年，李國文按省文化廳有關部署，主抓「公主嶺古錢幣陳列室」籌建工作。該項目填補了吉林省文博工作的兩項空白，獲得吉林省首屆文博科研成果二等獎（一等獎空缺）。二○一○年至二○一二年，李國文組織並全程參加了全國第三次文物普查公主嶺市區域實地調查、標本收集、整理拍攝及文本編撰工作，被吉林省文化廳授予「吉林省第三次全國文物普查工作先進個人」稱號。二○一四年，他的攝影作品《影像記憶——家庭婚姻故事（組照）》入選中國攝影家協會、中國計劃生育協會聯合舉辦的「生育關懷·誠信計生」全國攝影展，被評委會評為「銅質收藏作品」。作品在《中國攝影報》「展廳」欄目發表。

　　在多年的基層工作中，他刻苦鑽研，求真務實，成績斐然，被譽為「嶺城文博活字典」。

一九八六年，他及時妥善地依法處理「二十家子猴石古墓」事件，為保護國家一級文物「鴨形陶壺」做出重大貢獻（該壺現收藏於四平市歷史博物館，為鎮館之寶）。一九九四年，為配合四長高速公路基建工程項目，李國文全程參加了有「吉林半坡遺址」之稱的肖家屯遺址一至三期發掘工作，保存了一批有關公主嶺市農耕文化起源的珍貴資料。文物能開啟人的心智和眼界。受懷德《問心碑》啟發，二〇〇三年起，他自主開展遺存古碑碣資料蒐集、拓製工作，足跡遍布四平地區，發掘保存了一大批不可再生的寶貴文史資料。其中懷德《問心碑》、《文廟學署竣工碑》碑拓被《公主嶺市志》、《公主嶺文物志》刊用；《鴨綠江碑》碑拓被吉林省方志館永久收藏；《吉林將軍長公德政碑》、《赫爾蘇驛站殘碑》、《何烏山保墓誌碑》等碑拓，被伊通滿族文化研究會採用。

經年沉澱，厚積薄發。含章育鞠，種收豆瓜。

▲ 李國文鑑定猴石古墓出土的鴨形壺

二〇〇四年三月，李國文主持籌建公主嶺市愛國主義教育展館歷史部分。二〇〇九年五月主持編撰懷德《問心碑》廉政教育展館歷史部分文稿，並主持繪製了《懷德八景圖》。二〇一一年，李國文被中央電視台第四頻道《走遍中國》欄目組聘為民俗顧問。二〇一四年七月，李國文主講的「嶺城農耕史」專題，入選中共吉林省委宣傳部、吉林省社會科學界聯合會主辦的「長白山講壇『精彩一講』網上講座」視頻展播活動，榮獲三等獎。二〇一五年，李國文因多年堅持宣傳家鄉公主嶺市獨特的地域歷史文化而被中共吉林省委宣傳部評為「理論宣講先進個人」。李國文有《古錢幣淺說》、《神遊汲古醉詩香》等古錢幣及書畫鑑賞專題論文在《博物館研究》等專業期刊發表。他喜愛詩詞創作，有格律詩集《茶餘雜韻》、《國文詩抄》刊行。代表作《南山祭祖辭》，律韻悠揚，詞句凝煉，情真意切，弘德銘善。計五五〇字，刊石存世。

▲ 李國文拓印《問心碑》文字

吉林省民間故事家──朱俊奎

朱俊奎（1955 年- ），劉房子街道文化站站長，吉林省民間文藝家協會會員、吉林省民俗學會理事、吉林省民間故事家。

在漫長的歷史長河中，公主嶺經歷了歷代王朝的興替，產生了大量美麗而又神奇的民間故事。為了繼承和發揚這一非物質文化遺產，朱俊奎從一九八〇年開始蒐集民間故事。當年，國家藝術科學重點項目──中國民間文學三套集成編纂工程啟動。公主嶺市在電影公司禮堂召開大會，對非物質文化遺產搶救工做作了總動員。作為劉房子文化站站長的朱俊奎，自然責無旁貸。因為有前

▲ 朱俊奎

一階段蒐集民間故事的經驗，他開展這項工作非常順利。他騎著自行車，跑遍了全鎮的一一七個屯，記錄下口述民間故事五百多篇、民間歌謠二十首、民間諺語三百餘條。

《公主嶺民間文學集成‧故事卷》收錄他的作品六十三篇，《吉林省民間文學‧故事卷》收錄他的作品二十篇，另有數十篇發表在國內民間文學報刊上。

一九九四年，聯合國教科文組織與中國民間文藝家協會來吉林省考察，朱俊奎的事蹟獲得考察團專家的好評，並發給榮譽證書。同年，民間文學作品《王三兒遇仙記》榮獲吉林省民間文學「關東三寶獎」第三屆優秀作品獎。

朱俊奎對民間故事的濃厚興趣，主要來自於叔叔朱連元的影響。朱連元雖然只有小學三年級的文化水平，卻有滿肚子的故事。他天生的好記性，聽完了就能講出來。朱連元的二伯母十分偏愛他。他要聽故事，二伯母就給他講。長大以後，他到祖國的許多地方，經過不斷地吸收、融合，故事內容更加豐富。他能講比較完整的故事四〇〇多個。一九八九年被吉林省民間文藝家協會命名為「民間故事家」，又被稱為「鄉土故事大王」，名揚海內外。二〇一三年，朱俊奎為叔叔朱連元蒐集整理出版民間故事專輯《老虎媽子》，收入各類故事二三六篇，計七十餘萬字。

　　二〇一三年，朱俊奎還參與了吉林省文聯、省文化廳、省檔案局、省地方志編委會、省民族研究所、省民俗學會主辦的《村落民俗文化志》編纂工作。

　　二〇一四年，朱俊奎開始撰寫民俗作品《關東器物溯源》第一輯、《關東百匠》第一輯。兩套書均內容較多，涉獵面很廣，朱俊奎正以不服老的精神，辛勤奔波，日夜筆耕。

▲ 朱俊奎獲獎證書

春秋走筆寫人生——張健平

張健平（1960 年-　），公主嶺人，公主嶺市文聯副主席兼秘書長，公主嶺市書法家協會主席，吉林省書法家協會理事，中國書法家協會會員。

在嶺城公主大街中段，有一處門匾書刻「倚翰堂」的所在。室內裝飾古樸典雅。一個磚雕影壁迎門而立，幾件青銅仿品擺在博古架上，數幅書法作品掛於十分恰當的地方。凝神書案、墨池，濃郁的書香筆韻撲面而來。這就是張健平的工作室。

▲ 張健平

張健平出生於文化世家。父親是教師，喜歡藝術；母親讀過私塾，能寫一手漂亮的毛筆字。受父母影響，張健平從小就與書法結緣，並有幸受到名師史明和張濟雲先生的指導，讀書期間已小有名氣。高中畢業後應徵入伍，在完成文職工作之餘，練筆不輟，有序地研習王羲之、柳公權、文徵明等大家書體，書藝不斷進步。

一九八三年底，張健平從部隊復員，被分配到公主嶺市環衛處工作。一九九八年，他籌建了健平書畫社，從此投身書法藝術，成為職業書法工作者。十五年來，倚翰堂不僅是張健平春秋走筆的地方，也是一大批書法愛好者談天說地、交流書藝的場所。

功夫未負有心人。在同城書友的激勵下，在外埠名家的指點下，張健平的書法水平突飛猛進。一九八四年，他的書法作品入選吉林省第一屆書法展；一九八七年，入選吉林省第二屆書法展，一九八九年入選全國第四屆書法展，成

為公主嶺市入選國家級書法展第一人。一九九二年，張健平光榮地加入了中國書法家協會，填補了公主嶺市一直沒有中國書協會員的空白。二〇〇二年，獲吉林省第一屆臨帖書法大展金獎；二〇〇三年，獲吉林省千人書法大展金獎；二〇〇七年，獲吉林省群眾文化群星獎書法一等獎；二〇一三年，獲吉林省第四屆臨帖書法大展金獎。在嶺城，他先後為新世紀廣場、新火車站、一中、八中、實驗中學、市文體活動中心、省農科院畜牧分院、省榮院、市第二福利院、公主嶺烈士陵園等單位的大量石刻書丹。他的書法作品先後被長白山碑廊、吉林省檔案館、吉林省美術館等部門收藏並刻石。他還先後代表吉林省參加浙江、海南、江西、重慶、寧夏等地的書法交流展，作品入選「遼河情」百名書法家作品聯展、全國著名書法家邀請展、「好太王碑」國際書法邀請展等。

▲ 張健平獲獎證書

▲ 張健平書法作品

張健平雖是職業書法工作者，但時刻不忘服務、報效社會。他擔任公主嶺市文聯副主席兼秘書長、市書法家協會主席期間，始終不忘文聯工作，重視發展提攜會員，並努力著手創建「中國書法之鄉」。為了普及書法藝術，培育新人，他為市老年大學書法班授課，到溫州商城書法培訓班講座，給中小學書法教師作輔導。他還藉助媒體宣講中華文化，傳播書藝，表現出豐厚的學養和高超的筆墨造詣，聞者好評如潮。他還帶領書友開展送春聯活動，將書法文化送到部隊、學校、鄉鎮、社區，乃至千家萬戶。

張健平是一個樂觀向上的人，他深知藝無止境。他將繼續走筆春秋，不斷提高自己的書藝，不斷充實自己的人生。

軍旅作家──石鐘山

石鐘山（1964 年-　），著名小說作家兼電視劇導演。他的作品多以軍旅生活為題材，藝術風格豪放。

▲ 石鐘山

石鐘山出生在公主嶺市龍山鄉。一九八一年離開家鄉應徵入伍，當了一名空軍雷達兵。當兵伊始，他便開始了文學創作，最初寫詩、寫散文，後來專寫小說。一九八四年，《解放軍文藝》發表了他的小說處女作《熱的雪》，從此，他的作品頻繁出現在各種文學刊物上。

一九八九年，石鐘山到解放軍藝術學院讀書，專門學習文學創作，使他逐漸脫離了無意識寫作狀態，而變為積極有意識的創作，其創作水平大幅提高，邁進了著名軍旅作家的行列，成為武警總部政治部專業作家。

此後，他創作了「兵味」十足的小說《大風口》、《新兵三事》、《兵舍三味》等，被譽為新時期軍旅小說中的經典之作。截至目前，已出版中短篇小說集四部及多部長篇小說，共計五〇〇餘萬字。

石鐘山是一位從士兵隊伍中走出來的作家，豐富多彩的士兵生活是他創作的源泉。邊防哨卡、普通連隊和機關營房，都是他描摹的對象。軍營裡的一草一木，軍隊中從士兵到將軍，無一不被他用細膩的筆觸刻畫得活靈活現。他作品中的人物是拿槍的兵更是有思想的人，無不洋溢著兵趣兵味和人性。石鐘山在作家圈中，是善於弘揚主旋律的高手。他認為，主旋律是社會的主流和正能量，弘揚主旋律不是空喊口號，而是對社會主流形象而豪邁的描寫，是播撒在人們心靈的清新劑和興奮劑。

石鐘山計有多部小說被改編成電視劇，除《父親進城》被改編成《激情燃燒的歲月》外，還有《父母大人》、《父親的情感生活》被改編成電視劇《軍

歌嘹喨》，小說《幸福像花樣燦爛》被改編成電視劇《幸福像花兒一樣》。這些電視劇熱播時，以獨特的藝術魅力征服了廣大觀眾。

石鐘山的作品曾獲《十月》、《人民文學》、《上海文學》等刊物獎。他的短篇小說《國旗手》獲《小說月報》第八屆百花獎，並被編入中學語文課本。他的小說《快槍手》被好萊塢拍成電影《絕命快槍手》，享譽影壇。

石鐘山是一位多才多藝的作家，在創作小說的同時，還涉足演藝。他先後導演的作品有：《幸福有多遠》（2008年）、《天下兄弟》(2008年)、《所謂婚姻》（2008年）、《幸福在路上》（2009年）、《軍禮》（2009年）、《幸福的完美》（2009年，並飾演石科長）、《軍旗飄揚》（2010年）、《生死歸途》（2011年）、《山裡紅》（2011年）、《石光榮和他的兒女們》（2012年）、《石光榮戰火中的青春》（2012年）。

石鐘山必將創作出更加優秀的作品，為家鄉增光添彩。

▲ 《母親，活著真好》封面

▲ 《石光榮和他的兒女們》封面

▲ 《幸福像花樣燦爛》封面

舞出藝苑一片天——劉平平

劉平平（1970 年- ），女，公主嶺
人。畢業於吉林藝術學院，中國舞蹈家協
會會員，吉林省舞蹈家協會理事，公主嶺
市舞蹈家協會副主席。一九九六年身為公
主嶺職教中心舞蹈教師的她，代表四平地
區參加省公開課大賽，獲全省第一名。二
〇〇三年至二〇一三年，她編排的少兒舞
蹈《卓瑪》、《七月火把節》、《碧波孔雀》
等多次在各級舞蹈比賽中獲獎。二〇〇九
年，舞蹈《唐古拉風》在上海舉辦的國際
舞蹈大賽中獲第二名。二〇〇〇年至二
〇〇三年，舞蹈《西域風情》、《天竺少

▲ 劉平平

女》、《小牧民》、《草原英雄小姐妹》參賽，連續四年榮獲吉林省小舞協杯大
賽金獎。

　　寒冬時節，劉平平舞校的排練大廳卻溫暖如春。一個個小舞者如蝶翩飛，
一列列少年起舞弄影。劉平平時而躬身示範，時而發號施令，盡顯舞者的風
采。

　　劉平平自幼天資聰穎，小學時就與歌舞結緣，每當學校上音樂課、學舞蹈
時，她都十分上心，動作有模有樣。那時她尚不知舞蹈藝術的真實含義，卻在
蹦蹦跳跳中表現出樂舞天分，成為小夥伴的領舞者。老師的鼓勵，同學的喝
采，在她心中留下深深的烙印，也激發了她將來學舞蹈的志向。長大後，家長
並不支持她的志向，可她卻愈加堅定了自己的主張。一九八九年七月，她畢業
於四平幼兒師範學校，擔任舞蹈教師。經過幾年的工作實踐，她深感現有的知

識和舞蹈功底，遠不能滿足教學及自身發展的需要。她毅然克服家庭及經濟方面的重重困難，再次全身心地投入到舞蹈專業的學習中。二〇〇四年，劉平平以優異的成績畢業於吉林藝術學院。學而知不足、教而知困。舞蹈藝術隨社會的發展而發展，她仍感藝術方面尚有缺憾，二〇〇八年再度去北京舞蹈學院進修。近二十年的不斷學習、實踐、進修，成就了一個人的志向和理想。劉平平終於從一個學舞的幼童，華麗轉身為一個具有紮實舞蹈功底、具有深厚文化素養的教師、舞者。

劉平平除擔任職教中心舞蹈教師外，還創立了舞蹈工作室，研究舞蹈教學及其藝術發展與舞台演藝的應用。出於教學實踐的需要，早在一九九九年，劉平平就開辦了舞蹈學校，致力於舞蹈在社會生活中的普及推廣，重點是少兒舞蹈的啟蒙教學。二〇一四年，學校開設大、中、小三個層次班級，學生四〇〇餘名。學校創建之初，事務都由她一人打理，但她從不言苦。隨著學校的不斷發展壯大，她幾易校址，只想為學生創造一個良好的學習環境。眼見一茬茬舞苑小苗茁壯成長，她感到莫大的欣慰。

▲ 劉平平演出照

一些孩子入學是服從家長的意願，對學舞蹈沒興趣。她就像哄自家孩子一樣，和她們交流，用電視影像教學資料和舞姿激發學生學舞的慾望。好的獎勵，差一些的鼓勵。慢慢地，學生及家長都喜歡上了這個劉老師。

隨著學生人數的增多，劉平平的授課壓力也隨之增大，但劉平平從不敢懈怠，總是親身教授。學生家長說：「一些基礎動作讓小老師教，你歇一歇吧！」可她說：「我甩手，不放心，基礎必須打好。」在那些揮汗如雨的日子裡，她千萬次地糾正學生的神情、動作，只為讓學生們體味到每個舞蹈動作的精妙。

一些孩子從小在舞校學習，長大後有考藝術院校的想法，但文化課繁多，發生衝突，想放棄。劉平平就引導孩子合理安排文化課、專業課，還用自己的經歷鼓勵孩子。一大批孩子考取了藝術院校，成為舞蹈方面的專業人才。

多年對舞蹈藝術的孜孜追求使劉平平成為公主嶺市舞蹈界的佼佼者。她在少兒舞蹈教學、培育舞蹈人才、培養師資力量等方面成績斐然。

十幾年來，在任教學校，劉平平培養師資千餘名。這些畢業生多數在公主嶺市各中小學擔任舞蹈教師，普遍受到好評。部分教師升學、進修，在舞蹈教育及藝術發展方面均取得了突出的成績。劉平平舞校累計培訓幼兒三〇〇〇餘名。舞校學員先後有三十餘名分別進入瀋陽音樂學院、北京電影學院、吉林藝術學院、東北師範大學等高等院校，畢業後有的任電視台主持人，有的成為舞蹈演員，有的成為高校舞蹈教師。

劉平平組織學生積極參與舞蹈實踐活動，先後在國內、省內各種賽事中獲獎二十餘次。

繼續深入研究舞蹈教學，注重舞蹈在社會生活中的普及推廣，仍是劉平平追求的目標。她正通過自身的奮鬥和努力，為公主嶺市舞蹈事業的發展及文化事業的繁榮做出新的貢獻。

▲ 劉平平獲獎獎盃

塞外風情任剪裁 —— 閆雪玲

▲ 閆雪玲

閆雪玲（1975 年- ），女，公主嶺人，東北師範大學漢語言專業畢業，吉林省著名剪紙藝術家，吉林省工藝美術大師。

閆雪玲自幼和母親學習剪紙，一直致力於滿族剪紙的傳承和研究，在繼承傳統剪紙藝術的基礎上，大膽創新，首創套色剪紙技法，形成了具有地域特色的表現形式。她的剪紙作品與滿族習俗密切相關，山林狩獵、庭院祭祀、花轎迎娶、日暮樵歸等畫面都散發著泥土的芬芳，具有典型價值的傳統美術表現形式和滿族文化的鮮明特徵，得到了國內民俗專家及剪紙界的認可。

閆雪玲的剪紙，已成為一張藝術名片。二〇〇九年以來，她的作品獲國際銀獎二次、銅獎一次，國家級金獎四次、銀獎十二次、銅獎三十次，省級獎二次。六幅作品被中國農業博物館、中國婦女兒童博物館等國家級博物館收藏。二〇〇九年，《祝福》在第五屆國際剪紙藝術展中榮獲銀獎。二〇一二年，《長白山神》在第三屆中國剪紙藝術節暨第二屆蔚縣國際剪紙藝術節中獲銀獎。二〇一一年，《蝴蝶媽媽的傳說》在第二屆中國剪紙藝術節暨蔚縣國際剪紙藝術節中榮獲銅獎。二〇〇八年，《關公》獲得全國首屆關帝文化書畫藝術品大賽工藝品類一等獎。滿族剪紙獲得二〇一四年全國「終身學習活動品牌」。一〇〇多幅剪紙作品被《中國民族雜誌（海外版）》、《光明日報》、《吉林日報》等國家和省級報刊刊用。中央電視台《走遍中國》欄目及吉林電視台等媒體，對其藝術經歷做過多次採訪和專題報導。二〇〇九年在公主嶺市文化館舉辦「新中國成立 60 週年個人剪紙展」，二〇一四年四平市文化局為閆雪玲舉辦個人剪紙展，受到省文化廳領導高度評價。二〇一四年吉林省人民政府新聞辦、

证　书

经吉林省工艺美术大师评审工作委员会评审

并报吉林省工艺美术大师评审领导小组批准，授

予 闫雪玲 同志吉林省工艺美术大师荣誉称号。

吉林省工艺美术大师评审工作委员会
吉林省工艺美术协会
二〇一三年十二月三十一日

▲ 閆雪玲獲得「吉林省工藝美術大師」榮譽稱號證書

收　藏　证　书

收博证字第10195号

闫雪玲（先生/女士）:

您捐赠的剪纸作品《拉鼓》《长白山脚怪事多》《乡村新貌》，

被中国农业博物馆收藏。

特发此证，并表谢忱。

中国农业博物馆
2010年7月14日

▲ 閆雪玲作品收藏證書

吉林省教育廳、吉林省人民對外友好協會共同主辦的「國際友人看吉林」活動中，來自六個國家由三十餘位國際友人組成的採風團來公主嶺參觀閆雪玲的滿族剪紙。大家被她獨具特色的滿族剪紙所吸引，被璀璨的吉林民間藝術所震撼。她的多幅作品被國家級博物館、國際友人收藏。剪紙作品四次到德國、印度和瑞典等地交流展出。本人及作品入選《新中國成立 60 週年有影響的剪紙藝術家》一書。套色剪紙作品《薩滿九女神》獲第十二屆中國民間文藝山花獎、民間工藝美術作品獎。

　　滿族文化是中華文化的重要組成部分。為了記載滿族先民與自然界相依共存的生命狀態和文化形態，近年來閆雪玲一直專注於滿族薩滿神話剪紙，創作的《薩滿十神》剪紙受到了國內民俗專家的重視，一〇〇幅《薩滿女神》也正在創作中。民族文化需要傳承和發展。為了更好地傳承剪紙藝術，使剪紙藝術後繼有人，二〇一二年，閆雪玲在當地中心小學開設剪紙課。一〇〇〇餘名學生掌握了剪紙基本技法，大部分同學能獨立創作，其中劉鑫玥等四名同學作品榮獲二〇一二年「首屆全國兒童剪紙展」銀獎；龐啟航等三名同學作品榮獲四平市二〇一三年「迎新春春聯、剪紙、掛錢大賽」一等獎。二〇一四年，在公主嶺青少年活動中心，她培訓了一〇〇名美術教師，推動了各學校的剪紙課開展。她還在公主嶺三個鄉鎮培訓三〇〇名農村婦女學習剪紙，豐富了農村文化生活，弘揚了民間文化，拓寬了農民增收渠道。

國家一級演員──李玉剛

　　李玉剛（1978 年-　），公主嶺
人，中國歌劇舞劇院國家一級演員，
著名青年表演藝術家。

　　李玉剛十八歲考入吉林省藝術學
院文藝編導專業，因家貧棄學，十九
歲踏上了打工之路。在餐館做過服務
員，在歌舞廳打過雜並登台演唱。在
一次演出中，主辦方安排李玉剛和一
位女歌手合唱《為了誰》，因為女歌
手沒有到場導致演出無法進行，李玉
剛靈機一動，自己用男女聲轉換完美
地完成了演出，贏得滿堂喝采。二
○○六年，他登上了央視《星光大道》
的舞台。二○○九年二月二十三日，
李玉剛正式加入中國歌劇舞劇院。二

▲ 李玉剛

▲ 李玉剛演出劇照

○一二年九月，李玉剛被文化部評為「一級演員」。

　　李玉剛作為一個出生在農村的青年，時刻關注著農村。從一九九九年起，
就開始資助山區六個面臨失學的孤兒和一個孤寡老人。在二○○八年的汶川大
地震中，他不僅自己慷慨解囊，捐出十一萬元，還代表「剛絲」及工作人員共
捐出十六點二萬元。二○一○年，玉樹災害中，他捐資十萬元。吉林省遭遇水
災，他捐資十萬元。

　　二○一二年，男扮女裝的李玉剛首次登上央視春晚舞台，帶來經典作品
《新貴妃醉酒》。他扮相俊美，聲線高挑，舞姿優美，震驚了全國觀眾。在各

大網站發起的春晚最喜愛的節目票選中，《新貴妃醉酒》的成績遙遙領先。

二〇〇九年七月二十八日，「盛世霓裳——2009 李玉剛悉尼歌劇院個人演唱會」在悉尼上演。當晚近二〇〇〇名中澳觀眾欣賞了這位來自中國的青年表演藝術家的「絕藝」。他是繼宋祖英之後第二個登上悉尼歌劇院開個唱的中國人，李玉剛以男扮女裝的表演再次震驚有著三十九年歷史的悉尼歌劇院。

二〇一〇年八月二十九日，李玉剛「鏡花水月」全球演歌會日本東京站華麗落幕，來自日本的藝界友人、日本五大媒體及日本和中國的觀眾，全體起立為李玉剛的精彩表演喝采。演出結束後，中國駐日本大使程永華接見了李玉剛一行。程大使表示，李玉剛把中國傳統藝術帶到日本，為中日兩國文化藝術交流做出了很大貢獻，希望李玉剛繼續努力，在推動中日兩國文化交流中再立新功。

▲ 李玉剛和家鄉秧歌隊在一起

網絡小說作家——奚望

　　奚望（1979 年- ），公主嶺人，筆名舞馬長槍，知名網絡小說作家、暢銷書作家、編劇、吉林省作家協會會員。除了酷愛文學，他還熱衷於戶外徒步探險，喜愛中國傳統文化。在生活中他不斷追尋、探索，以一種獨特的創作手法構築起一個與眾不同的文學空間，把人文、歷史、玄學、術數等諸多元素巧妙地融入作品中，把讀者帶入一個亦真亦幻、懸疑探險的文字世界。二〇〇九年，因創作《東北謎蹤》、《大清龍棺》、《天靈地寶》、《大清龍棺之汗王秘藏》、《盜訣》等八部暢銷書而走紅網絡。

　　奚望的文學創作經歷並非一帆風順。奚望初到北京時從事藝術設計，只能在緊張的工作之餘嘗試著寫懸疑探險類小說。在這個過程中，最大的壓力來源

▲ 奚望

於自身。創作需要耐得住寂寞，特別是在夜深人靜的時候，別人進入了夢鄉，自己卻要一個人思考、寫作。功夫不負有心人。二〇〇九年，他的第一部長篇小說《東北謎蹤》在網絡上與讀者見面，網絡點擊率直線飆升，並得到國內多家專業媒體的一片好評。二〇一一年，小說《大清龍棺》問世。他決定從此以寫作為職業，在寫作中感受快樂，在寫作中體味人生。隨後，《天靈地寶》、《大清龍棺之汗王秘藏》、《盜訣》等一部又一部小說相繼完成，不但為他的創作生涯打牢了堅實的基礎，也為他的寫作題材開闢了新天地。

目前，奚望正在創作一部關於科學與宗教文化的解密懸疑小說，擬定名為《創世圖》。這部小說有對《道德經》起源的追溯，有對華夏文明史的描寫，也有對《易經》文化深邃的思辨，更有在中西方哲學上的交匯與碰撞。這是一部與以往寫作風格迥然不同的新作品。

二〇一四年末，奚望的小說《大清龍棺》電影版權轉讓成功。目前，已正式全面啟動運作。投資方時代眾樂影業公司表示，影片《大清龍棺》的投資在人民幣一億元左右，採用全 3D 拍攝，要把這部電影全力打造成中國的《國家寶藏》和《奪寶奇兵》。劇本已邀請小說原著作者舞馬長槍（奚望）參與改編，在原作的基礎上加入創新元素，重新組織小說的素材，拍成強力衝擊視覺、給人全新感覺的系列作品。影片計劃在二〇一六年開機，預計在二〇一七年公開上映。

第四章

文化景址

前塵往事，並不如煙；滄海桑田，歲月留痕。考古發掘告訴人們，遙遠的四五〇〇年前，先民們就在公主嶺地域開荒拓土，創造塞外農耕文化。沿水棲息，築城群居，大大小小的古城遺址，又十分生動地說明，這裡也有繁榮的城郭文化。肅慎矢，烏號弓，渤海郡，遼金州，在黑土地上，曾經刻下深深的華彩印記。

肖家屯遺址

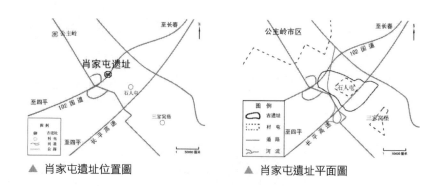

▲ 肖家屯遺址位置圖　　　　　　▲ 肖家屯遺址平面圖

　　一九九二年，當長平高速公路設計者繪製完藍圖，測量人員在大地上打下第一根柱樁時，按《文物法》要求，吉林省文化廳就組織考古工作隊對高速公路一三三公里路段進行全面勘察，發現文化遺址二十一處，最後確定八處發掘點，其中公主嶺轄區內有三處。

　　一九九四年六月，在公主嶺市郊區的肖家屯工地，一處完整的原始村落遺址，以奇特的面貌展現在世人面前。

　　遺址在肖家屯乾涸的古河道北側平地上，面積有十五萬平方米，屬於新石器時代和青銅器時代的原始村落遺址。在東北，當時除遼寧阜新查海新石器時代遺址被譽為「華夏第一村」外，吉、黑兩省在這方面還沒有實質性進展。

　　在試掘的一〇〇〇平方米考古工地上，人們見到了一座屬於新石器時代的長寬只有六米多的橢圓形淺地穴房址。門開在南面，有斜坡門道通向室內，室中央設一橢圓形灶，室內地面鋪一層防潮的炭灰。室內零散地置放著陶罐、紡輪、石斧、石鏟、石錛、石耜、石鏃、石砸器、刮削器及一些石器半成品。在房址及周邊區域內發掘出十幾把用殘的「亞腰型石鏟」。一個被火燻黑的破碎陶罐置放在用石塊支起的灶上。灶的附近有榛子、山核桃和橡子等堅果。這是一幅鮮明的帶有某些悲涼色彩的遠古人類生活圖景，房子的主人似乎剛剛離

去。省考古研究所副所長王俠十分感慨地說：從人類的幼年一步步走到現代化的今天，不知要付出多少代價啊！現在如果有人問公主嶺發達的農業從何處起步的話，我們可以毫不猶豫地告訴他，肖家屯遺址就是最好的證明。

肖家屯遺址的發掘成果，引起了國內外考古界的極大關注。一九九四年十月，俄羅斯邊疆區考古研究所五位考古專家，在吉林省考古研究所領導的陪同下，專程來肖家屯遺址現場考察。考察後，俄羅斯考古專家從東北亞新石器時代考古譜系確立上，對該遺址給予了充分肯定和高度評價。

一九九四年第一次發掘後，出於保護的目的，考古部門沒有對遺址再進行發掘，直至二○○五年八月，為了配合 102 國道改擴建，又進行了第二次搶救性發掘。

第二次發掘從二○○五年八月十日起至九月十日止，共開十三個探方，面積一○○○多平方米。發掘出完整半地穴式房址一處及大批陶片和石器。石器以打製為主，種類豐富。器型有亞腰石鏟、肩節石鏟、石鏃、石矛、石劍、石鐮、石磨盤、石磨棒等。陶器以夾砂陶為主，器型多為直腹筒形罐，其中以刻劃「之」字紋和其他以刻劃紋為主的複合紋飾的陶器最為重要。

這些發現進一步說明：早在新石器時期，生活在這裡的古代先民們就用原始的生產工

▲ 肖家屯遺址發掘現場

▲ 肖家屯遺址房址

▲ 陶鬲

▲ 陶鬲足

▲ 石矛

▲ 陶紡輪

▲ 磨盤磨棒

▲ 磨盤磨棒

▲ 亞腰型石鏟

▲ 亞腰型石鏟

具——石鏟、石鐮開闢著這塊富庶的土地，在漁獵和牧歌中繁衍生息，以勤勞和智慧創造文明，用頑強的生命力和豐富的創造力為現代公主嶺的繁榮昌盛砌下了一塊塊基石。

　　吉林省文物考古研究所領導和吉林省考古學會專家在視察肖家屯遺址考古發掘工地後認為：肖家屯遺址中含有的新石器時期帶「之」字紋飾陶片和亞腰型石器的地層堆積以及豐富的同時期文物的發現，為吉林省今後瞭解和進一步研究新石器時期的文化類型譜系分期提供了重要的考古資料，在考古學、歷史學界有重要的意義。

　　在二〇〇八年十一月文物出版社出版的吉林省文物考古研究所成立二十五週年紀念專刊《田野考古集萃》裡，省文物局領導在《吉林省文物考古的世紀回顧與展望》序言中明確了吉林省新石器時代的文化編年與譜系框架，將肖家

▲ 亞腰型石鏟正面

▲ 亞腰型石鏟正面

▲ 亞腰型石鏟反面

▲ 亞腰型石鏟反面

屯遺址確定為新石器時代晚期遺址，距今約四五○○年。遺址中所出土的「亞腰型石鏟」為該區域內新石器時代中晚期廣泛使用的農耕工具。這一論斷，從理論上將公主嶺地區的農耕史提前至四五○○年前。

肖家屯遺址是考古專家公認的非常重要的東北古代的原始村落遺址，被譽為「吉林的半坡」，它為吉林省進一步研究新石器時期文化類型譜系分期提供了重要的考古資料，對北方民族的古代史研究亦有著不可估量的學術價值。

▲ 俄羅斯專家在肖家屯遺址考察

大青山遺址

　　大青山遺址位於公主嶺市雙龍鎮大青山村水泉山的向陽坡上，水泉屯坐落在遺址當中。水泉山東西狹長，西端向南延伸，形成一個較大的弧形地帶。遺址附近丘巒起伏，溝壑縱橫。一條寬約十米、深五米的大溝在遺址南緣東西延伸。水泉屯西一條順山坡而下的大溝從西北直達東南，與遺址南緣大溝相交。在這條順山而下的大溝底部有一泉眼，終年流水不涸，似為當年居民的唯一水源。據傳三四千年前，此泉水飛濺，達數尺之高，頗為壯觀，「水泉山」由此得名。遺址地表為黃褐色土，距地表約一至二米，深處為細砂層，其下為岩石層。地表文物可分為石器和陶器兩大類。

　　石器皆為磨製，其中一石斧通體磨光，製作精緻，形體工整。中部較兩端

▲ 大青山遺址

圓凸，上端平頂，下端緩收成弧形雙面刃，橫剖面呈橢圓形，長十八釐米，上寬五釐米，中寬八釐米，刃寬四釐米。另有形體稍大者。

陶器按陶質可分為泥質和夾砂兩類。泥質陶係用花崗岩風化土燒製而成，故陶質含大量細砂。泥質陶又可分為兩種，一種未經特殊加工，陶色皆為暗紅色，有平底器，有橋狀板耳、鬲足等；另一種在器物內外壁或僅在外壁有一層較均勻的厚約〇點五毫米的細泥表皮，其中又可分為兩部分。一部分表皮細膩，器物加工製作較精細，陶色多為紅色，少量呈暗紅色或紅中泛黃，陶色皆較均勻。其中有一種外表飾紅色陶衣，皆為素面，手製，可辨器形有平底器，緣略外折、尖唇、飾小瘤狀耳，侈口尖圓唇器物口部等。另一部分器物製作及表皮加工略顯粗糙，陶色有暗紅色、灰黃色、紅黃色等，陶色不純，內壁呈黑褐色，此為燒製過程中自然形成。器物有鬲足、橋狀板耳。上述各種陶質鬲足皆為圓錐狀，外表可見實足跟，實足跟一般在五至六釐米左右，整個鬲足顯得短粗。板狀橋耳一般長約四至五釐米。夾砂陶多為紅色、暗紅色和黃灰色，以紅陶最多，暗紅色所見不多，黃灰色最少。

大青山遺址的紅色陶衣呈深紅色，色彩鮮豔，有光澤，與長春農安田家坨

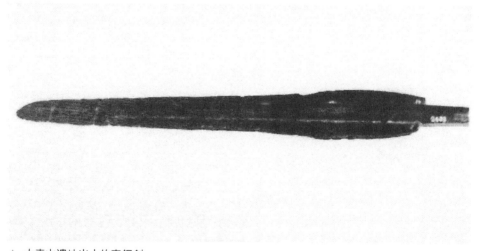

▲ 大青山遺址出土的青銅劍

子遺址和漢書二期文化遺址的紅色陶衣很相似。儘管大青山遺址與這些文化遺存的關係尚需探討，但綜合各方面的因素來看，該遺址的紅衣陶亦當屬鐵器時代。另外，二十世紀七十年代在水泉屯西南約三十米處曾發現古墓葬一座，隨葬器物中有一把青銅短劍（現藏于吉林省博物院）和一半圓形銅環。

公主嶺市境內發現的文化遺址中，大青山遺址展現了較為豐富的文化內涵。一個重要的特點就是夾砂陶和泥質陶並存。上文已經提到，這種泥質陶係用花崗岩風化土燒製而成，陶質中含大量若米粒狀細砂，故又有人稱其為砂質陶。而夾砂陶則是在這種泥質陶中摻和了一些大小不等的砂粒而成。兩種陶質的共同特徵是：質地比較疏鬆；陶色多呈紅褐色，往往雜有褐色斑駁，製作比較粗糙，一些器物可明顯看出手捏痕跡；多為素面，少數飾以簡單的劃紋、按壓紋、戳印紋等。綜合陶質、陶色、器型等因素來看，泥質陶演變先後順序當大致如下：不經細緻加工者較早，器壁有一層表皮而略顯粗糙者次之，表皮加工較精細者最晚。就泥質陶而言，在器物上的這種不同，反映了製陶工藝的進步。在時間上，它可能反映了同一文化類型的不同發展階段，其上限不早於青銅文化，下限已進入鐵器時代。

大青山遺址和出土的大量文物說明，當時的居民已開始原始農業的定居生活，製作較精細的石器、陶器，在一定程度上反映了當時的生產力水平。陶鬲的使用，是飲器上的一大進步，與罐、鼎等飲器相比，不但增大了容量，也增大了受火面積。陶器上細泥表皮和紅衣彩繪工藝的出現，表現出當時居民的智慧和對生活的追求。通過此處遺址，不但可以使世人看到大青山古代居民生產和生活的一斑，還可以看到他們不斷創造物質文明的歷史畫面。

猴石古墓葬

▲ 猴石古墓保護有功人員合影

猴石古墓葬發現於一九八六年五月二十六日。這是一處典型的石棺墓，殉葬器物中陶器數量較多，大部分為冥器，且多數殘損。銅器計有銅斧、銅鑿、銅錐、銅削（殘）、銅環（殘）、銅泡扣（殘）。石器計有石鏃、帶孔石球、帶穿孔礪石。珮飾有瑪瑙珠、松石管、玉片等。此外，在木炭中還發現一顆牙齒。一個月後，又在浮土中清理出綠松石管兩枚、綠松石珠一枚和帶孔玉飾墜一片。

四平市文化局和公安局的領導專程來到公主嶺市，在二十家子滿族鎮政府小會議室召開了表彰會，對在猴石古墓出土文物保護中做出貢獻的人員給予表彰，並分別為兩名同志頒發了獎狀和五○○元獎金。

猴石古墓出土的鴨形陶壺被評定為國家一級文物，在四平市博物館保存和展出。

▲ 鴨形陶壺與乳釘杯　　　　　　▲ 猴石古墓出土的珮飾

秦家屯古城遺址

秦家屯古城位於秦家屯鎮東南一〇〇餘米處，四周為平地，西北有一海拔約二〇〇米的低矮土丘；源出此丘嶺東側小河子的三條支流，至古城西南合而為一，沿古城南牆角由東向西流去。

▲ 秦家屯古城址位置圖

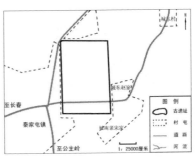

▲ 秦家屯古城址平面圖

古城大體呈長方形，城垣除西牆已遭破壞外，其他保存較好。實測東牆長一〇二八米，西牆長一〇〇七米，南牆長六七二米，北牆長六七三米，周長三三八〇米。北牆的垂直高度為六點三米，較東、西、南三面牆要高出〇點五米左右，城垣頂寬約一點五米，基寬十六米。

古城有四門，四面各一，寬六米至十米不等。門外都設有甕城，東西甕城的門口均向南開，南北甕城的門口均向東開。東甕城位於東牆的北段，北距東北角樓三六〇米。南甕城位於南牆西段，西距西南角樓二九四米。西甕城位於西牆北段，北距西北角樓三九四米。北甕城位於北牆東段，東距東北角樓三一〇米。東西甕城北側的牆均向南轉折，其長度分別是五十五米和六十六米，東甕城的南牆已被破壞，西甕城南牆長十五米。南北甕城的西牆均向東轉折，其長度分別是五十三米和五十二米，南甕城東牆已殘破，北甕城東牆長三十二米。

在西城門和西甕城門口之間的門道上，鋪有長方形青磚，西城門口內壁還有用磚砌抹門洞的殘跡。門道上和甕城內，散布著大量的磚瓦碎片、陶瓷殘片和火燒土塊，這種現象一直綿延到西甕城門外十餘米的地方，而在其他三處門址和甕城之間都沒有發現上述現象。

正對甕城門口，都築有一座稍高於牆頂的馬面。現在，南牆馬面已損壞殆盡，東牆和西牆馬面也遭到破壞，唯有北牆馬面保存較好。馬面距城門口的距離均不相等，南馬面距南城門二十米，北馬面距北城門三十二米，東馬面距東城門七十四米，西馬面距西城門六十四米。馬面向外突出城垣的部分，呈半圓形，其高出城垣部分，東、北馬面殘留的直徑都是十二米，南馬面直徑十五米，西馬面較小，直徑是八米。

城的四角都有角樓建築。現在，角樓的上層建築已不存在，只留下略呈橢圓形而又高出城垣一至二米的台基，四個角樓中以西北角樓最為完整，較其他三個角樓顯得格外高大險要，其最大直徑十二米，垂直高度八米。

城垣外面，殘留著三道護城河的痕跡。西牆外的護城河有兩道壓在屯落與公路之下，南牆外接近西南角樓一帶的護城河因長年被洪水衝擊，痕跡亦難辨認，而東、北牆外的護城河痕跡十分明顯。由裡及外第一道護城河寬十四米，第二道河寬九米，第三道河寬十一米。第一道和第二道護城河之間相隔一條七米寬的土脊，第二道與第三道護城河之間相隔一條十一米寬的土脊。

城址為夯土築造，從斷層暴露出來的夯層看，其土質有凝固黃土、黃褐土和淤泥灰土。凝固黃土質地堅硬，多在牆的下部，高出地面約二米，二米以上

▲ 秦家屯古城遺址一角

出現凝固黃土和黃褐土相雜的現象，有的地方則純為黃褐土。凝固黃土上層厚五釐米，黃褐土層厚二至六釐米。在這兩種土層相接處，有炭灰、石英顆粒和經火燒後而完全炭化的穀物等。

這兩種土層疊壓的情況很多，前者為十二層，而後者竟達二十一層。淤泥河土是取自河泥後經日曬風化而成，多附在城牆外壁。

由於南牆西段和西牆南段臨近河水，而地勢又較低窪，城垣容易頹傾，因而有多次維修和加固的痕跡。西牆靠近西南角樓一段，牆的外壁已沉削大半，其上部摻雜於夯土層中的磚瓦殘片、陶器殘片、瓷片、獸骨和紅燒土都暴露在外面，這種情形在西甕城處也有。在東牆和西牆的夯土層中，常發現五至七釐米直徑的朽木柱洞，排列不規則，這很可能是維修和加固城垣時留下來的板築痕跡。

城內遺跡較多，在南門到北門之間，有兩條略隆起於地表高低不平的南北向土崗，土崗上遍布著磚瓦殘片以及陶片和瓷片，這兩條土崗，很可能是當時的房屋建築地。在此崗的北端距北城門口五〇〇餘米處，有較土崗高出地表約〇點八至一點五米的大土包，分南、北相向而立，其東西長約八十米，南北寬約一五〇米。在這裡，除有大量的青磚灰瓦外，還發現有遼三彩瓷器殘片，以及相當多的宋代定瓷殘片，特別是有數量不少的綠釉琉璃瓦、瓦當以及其他綠釉建築物件、飾件。秦家屯古城曾作為遼金兩代的信州城，推測當時是府衙或節度使居住所在。另外，在城內西南角，也有一圓形土包，直徑二十四米，高出地面二米左右，這裡的地表散布著獸面紋瓦當、帶花沿的瓦等，還有數量豐富的白瓷片，估計也是一處較大的建築地。

城垣之外，有一座高大的土台，位於北牆東端，西南距東北角樓處一八〇米。這座土台是圓形，從頹坍的殘跡尚可辨認台基的邊緣。其直徑二十六米，殘高一至三米不

▲ 秦家屯古城西側保護標牌

等，地表上散布著大量的長方磚、板瓦和筒瓦。長方磚表面刻有五行平行的溝紋，殘長十八釐米，寬二十釐米，厚○點七釐米；瓦為紅色，板瓦的背面印有布紋，殘長二十五釐米，寬十六釐米，厚○點四釐米。這裡散布的為數甚多的紅色板瓦和筒瓦，在城內和城外其他遺址中很少發現。土台的東北部，地表還密布著獸面紋瓦當和大量的磚瓦殘段。據說這裡為古代信州操閱兵馬之所在，當地人稱為「點將台」。

一九六二年吉林省博物館在調查此城時，曾在城內大土包處試掘了一條長五米、寬一米的深溝以瞭解地層關係。第一層為耕土層，厚約三十釐米。在這一土層中，出有青灰色磚瓦、白瓷片和鐵礦渣。第二層為文化層，從距地表三十釐米以下至一七○釐米處，出土同樣類型的瓷片。距地表五十釐米處發現了大量的磚瓦碎片、紅燒土、炭灰和獸骨等。從紅燒土和炭灰堆積之厚來看，似是火焚後的倒坍堆積。五十釐米以下，有三層較明顯的鐵礦渣堆積，每層鐵礦渣之間又夾著木炭灰，鐵礦渣和炭灰厚十釐米至十二釐米左右。

城內地表到處散布著極為豐富的磚瓦殘塊和陶瓷片等遺物。陶片以泥質灰陶居多，細泥紅陶次之。飾紋有蓖紋、壓印紋、刻劃紋和附加堆紋等。器型多為盤、盆、碟、罐、壺、甕類。

瓷片以白釉泛黃瓷居多，開片，流釉，具有遼、金兩代燒製瓷器的特點。這類器物多為盆、盤、碟、碗等。另外，宋代定瓷片所見並不少，胎質釉色等均較遼金白瓷精細白皙。這類器物壁較輕薄，飾以壓印，刻畫花、草、魚等紋飾。白瓷中還有用綠褐色彩料描繪紋飾者，紋飾內容為花草枝葉，十分近似於宋代北方磁州窯器物。

近幾年來，城內出土了大量器物，有宋代「元中通寶」、「皇宋通寶」等年號的銅錢，牛、馬、豬骨骼殘片和遼三彩碗等。陶器有青灰色陶盆、陶撲滿。

瓷器有定瓷花草魚紋碗，碗內壁四周突起六條等距的豎脊，豎脊與碗沿相接處露出豁口。還有刻飾蓮花圖案的瓷盤、印飾蓮花與荷花組合圖案的小碟。

此外，尚見一影青暗花小碗，口微侈，有芒，影青釉微帶白色，碗心暗印折葉蘭花紋。

銅鐵器與裝飾品亦出土不少，有銅缽、銅洗、銅注壺、銅造像、銅鏡、六耳鐵鍋、鐵鋤、刀及馬具等。

銅器多為黃銅鑄造。銅洗外緣唇呈八弧，注壺體近球形，有蓋，柄上附一銅環連接蓋上之鏈，下有扁平的三個矮足；銅造像頭戴寶冠，身著披帛，袒胸赤足，拱手執念珠，足踏雙層台座，形象十分生動。

城內出土銅鏡種類繁多，其中有形體較小的六邊形銅鏡，鏡身厚重，半圓鈕，鏡背飾四個人物，兩兩相對，左右二人形體較大，上下二人較小，大人端坐，底部之小人跪呈茶酒。從此鏡的製作風格看，似為遼代器物。金代典型的雙魚紋銅鏡城內亦曾多次出土，其魚紋姿態矯健，間以水藻、波浪，更顯得生

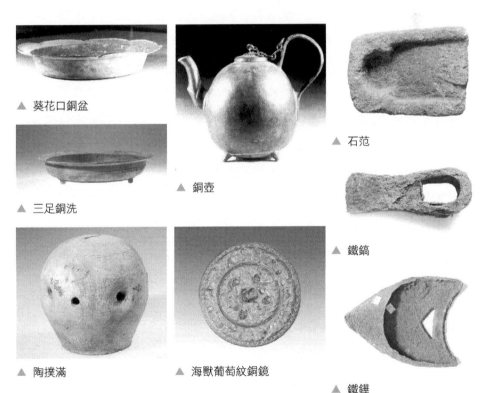

▲ 葵花口銅盆

▲ 三足銅洗

▲ 銅壺

▲ 陶撲滿

▲ 海獸葡萄紋銅鏡

▲ 石范

▲ 鐵鎬

▲ 鐵鏵

動活潑、工藝精美。還有一枚童子花卉鏡，也頗見其時代的藝術特色。

秦家屯古城是遼、金兩代信州所在地，史書曾有所考證。《大清一統志》載：「信州故城在科爾沁左翼東南三百八十里，今有城……土人呼為信州城。」《遼東志》亦有記載：「開原北到信州三百一十里」，「開原北，陸路信州城。」上述所記信州城的方位和里數正為秦家屯古城，因此，秦家屯古城為遼、金兩代的信州無疑。

關於信州的建置年代及其歷史沿革，所見著述較少。《遼東志》中記：「信州彰聖軍，下節度。本越喜故城，渤海置懷遠府，今廢。聖宗以地鄰高麗，開泰初置州，以所俘漢民實之。兵事屬黃龍府都部署司。統州三，未詳。縣二。武昌縣，本渤海懷福縣地，析平州提轄司及豹山縣一千戶隸之；定武縣，本渤海豹山縣地，析平州提轄司並乳水縣人戶置。」

《金史・地理上》：「信州，遼開泰七年建，取諸路漢民置，戶七千三百五十九。縣一，武昌，本渤海懷福縣地。鎮一百八十戶。」

《遼史》、《金史》的記載說明信州始建於遼代聖宗開泰初年，州治之民，多為通過戰爭手段所掠漢民，這種性質的州在遼代屬頭下州類。另外，通過上述記載，也可以看出信州在遼代較金代所轄範圍相應大一些、地位高一些，遼時統三州二縣，而到了金代只統一縣一鎮。

《東北通史》在渤海諸州遷徙表中，記述了渤海時的懷遠府，遷徙到今秦家屯，即遼、金兩代的信州城，易其懷遠之名而稱為信州。由此可知信州其時即有人居住，這次大遷徙，時當遼太宗天顯三年末，即西元九二八年，較遼聖宗開泰元年（1012 年）要早八十餘年。遼人經營此地八十餘年後，方築城置州。

遼末天慶八年（1118 年）左右，信州為金所攻占。金王朝沿遼制，以其地仍為信州不改。當時的信州，為宋出使金上京會寧府陸路上的必經之地。

此城廢棄的年代為元代。元代興起之後，所略遼金故城多毀棄不用，史書已多有記載，但究竟毀於何年，尚不清楚。

紅旗村石刻

在公主嶺市南郊五千米的環嶺街道紅旗村東約一○○米處，有一古代墓地。墓地北高南低，未見封土。周圍地勢起伏不平，南五十米處有一條東西流向的溝渠。

墓地上存有一組石刻，石人、石羊各一對。此外尚有石函一件，石碑頂蓋一件。石人、石羊呈南北排列，石羊在南，兩兩相對。兩石人相距四米，兩石羊相距

▲ 紅旗村古墓群石人位置圖

二米，石人、石羊相距九米。石函置於兩石羊之間，石碑頂蓋置於兩石人中

▲ 石刻群全景

間。據說，這些石雕曾被多次挪動。

　　石人高二點一米、寬〇點六五米，青石雕琢，採用圓雕刀法。頭戴幞頭，身著方領寬袖朝服，腰束寬帶，抱持笏板，足登方頭翹尖朝靴，面部扁平，鼻直口方，神情肅然。雕像衣紋流暢，比例適當，為漢裝文臣。東側石人雙目已模糊不清，衣裝也有部分被風雨剝蝕。石羊均由青石雕琢，作俯臥式，頭向北。採用線刻與圓雕結合的刀法。東側的一隻長一點六米、高〇點八米、寬〇點四米，雕琢精細，造型逼真，角、嘴、眼、毛均較鮮明。角較長向前彎曲，耳下垂貼於頭部。頭部線條細膩，面部溫順，二目突出。石羊身用線刻刀法，從脊背施斜紋分向兩側，顯示羊毛的質感。羊尾造型寬大，貼於臀部。四肢未雕出。西側的一隻雕琢粗糙，長約一米、高約〇點七米，角及四肢突出，角向前彎曲，四肢蜷曲。眼、毛、尾等模糊不清。

▲ 石人（一）　　▲ 石人（二）　　▲ 石羊

　　石函及石碑頂蓋均由花崗岩雕成。石函長一點二米、寬〇點七五米、高〇點八米，槽長〇點九五米、寬〇點五米、深〇點二五米。石碑頂蓋狀似屋頂，底部有淺槽，長〇點六五米、寬〇點五五米、高〇點三五米，淺槽長〇點五米、寬〇點四米、深〇點一米。其上用順刻雕出溝槽表示瓦件。石函係出於墓中，內盛骨灰罐或骨灰盒。據載，石函源於佛教，係從「舍利函」演化而來，而「舍利函」係用大小不同的涵蓋重重相套而成。

　　這組石雕造型古拙，線條簡明，採用線刻與圓雕結合的刀法，較好地表現

了人物的身分及氣質，達到了一定的藝術效果。和公主嶺市境內毛城子鎮與長嶺縣交界處的太平溝石雕群相比，此組石雕缺少石虎。兩座墓葬主人的身分是有差別的。從造型風格上看，兩組石雕都具有古樸、凝重的特點，且都採用線刻與圓雕結合的刀法，但此組中石人更為高大，雕刻不及太平溝石人精細，領口、袖頭及佩物也有某些差別，未佩劍鞘。兩組石雕中的石羊從造型和長度上看均很相似，似出自同一工匠之手。總之，兩組石雕從形體上看並無明顯差別，只是局部稍有不同，當是同一時代遺物。

另外，在這組石雕東約五十米處，地表散布許多磚頭、瓦塊和陶、瓷器的殘片，面積約八〇〇平方米。從此處再向東約五十米，又有一處類似遺址。這兩處遺址與墓葬周圍的遺物完全相同。磚、瓦均為泥質，灰色，質地細膩，多素面，少量飾附加堆紋，輪製。瓷片以白瓷為主，釉色白中泛黃，有細開片，釉不到底。這兩處遺址面積均較小，磚、瓦等建築用品殘塊較多，陶、瓷片較少，很可能是一處建築遺址，但無疑與墓葬石雕同代。

根據石刻的形象、風格，結合墓葬周圍及其東西兩處遺址的遺物分布分析，這組石刻應是金代貴族墓葬神道前所設之物。

二十世紀末，遺址西側農家蓋房挖地基時出土大碗一隻，黃釉不到底，細小開片，伴有流釉，具有金代瓷器的特點。後經省專家鑑定，為國家二級文物。

▲ 金代瓷碗正面

▲ 金代瓷碗背面

柳條邊

　　柳條邊是清朝統治者在北方地區建築的一道邊界壩壕。西起遼寧省山海關，北迄吉林省舒蘭市亮子山。它像一條巨龍，翻山越嶺，橫貫吉林、遼寧兩省，在東北大地上延綿一三二〇千米。此邊由梨樹縣赫爾蘇門進入公主嶺市境內，而後在伊通縣景台鄉五檯子村出境。這條柳條邊是公主嶺市境內的一處重要清代遺跡。

　　關於柳條邊，史書上有明確記載。其修築方法與以往歷代邊壕不同，先是用土堆成寬、高各一米的土堤，然後在其上每隔一點六米插柳條三株，各株之間用繩連接橫條柳枝，即所謂「插柳結繩」。土堤的外側，挖掘深二點六米、底寬一點六米、口寬二點六米的邊溝，以禁行人越渡。柳條邊初建於順治年間。順治年間所建部分稱之為「老邊」，其範圍主要在遼瀋地區，大體沿襲了

▲ 柳條邊遺址

明代東邊牆走向和範圍。西起山海關，北到開原東北的威遠堡，再從威遠堡向南經鳳城至海，長度九七五千米。康熙年間，為了適應其統治需要，又曾三次展邊，即民間流傳的「三展皇邊」。擴展部分稱之為「新邊」，所經地段主要在今吉林省，南起開原威遠堡，北到吉林省舒蘭市亮子山，長度三四五千米。

清朝初年修築柳條邊有著重要的政治目的和經濟目的，是鞏固清朝統治的一項措施。清軍入關初期，關內的鬥爭形勢極其複雜，階級矛盾、民族矛盾和統治階級內部矛盾交織在一起，使清朝的統治極不穩定。這種複雜的鬥爭形勢，迫使清統治者不得不考慮到鞏固和加強他們的根據地。遼河流域和

▲ 柳條邊走向示意圖

吉林地區是滿族的發源地，從先秦起他們的祖先就生活在這裡，以後雖多易其名，並有暫時流動和遷徙，但一直輾轉在白山黑水這塊遼闊富饒的土地上。明時，女真的三部之一——建州女真，遷到了婆豬江（即今渾江）、蘇子河（今新賓）流域，以此為根據地並開始了統一中國的大業。在滿族統治者看來，這裡是「祖宗肇跡興王之所」、「我朝龍興重地」，正如乾隆皇帝在《老邊詩》中所說：「征戰縱圖進，根本亦屬防。」為了維持東北地區這個滿族聚居區，防止滿族漢化，便把這一地區劃為特殊地帶，嚴禁其他各族人尤其是漢人入內，以防損害「龍脈」。

清初，柳條邊也用作行政區域和經濟區域的分界線。《奉天通志》載：「清起東北，蒙古內附，修邊示限，是畜牧遊獵之民，知所止境，設門置守，以資震懾。」乾隆皇帝《柳條邊》一詩也明確說：「取之不盡山木多，植榆因以限人過。盛京、吉林各分界，蒙古執役嚴誰何。」可見，修築柳條邊，除具有和蒙古科爾沁諸部牧區劃分界限之目的外，同時，也是為了區分盛京、吉林、內蒙古等幾個行政區。據調查顯示，威遠堡是一步三界的地方，出威遠堡邊門是吉林界，門里歸奉天開原縣，道西屬西豐縣。此外，廣大的東北地區盛產人

參、貂皮、東珠、鹿茸等特產。其產地之廣泛、產品之豐富，是其他地區難以企及的。修築柳條邊劃分裡外兩個經濟區域，並將大部特產區圈在邊內，用封堆、劃界等方式劃出禁區、禁地，有利於清統治者獨占這些特產。

為了更有利於控制東北的交通要道，沿柳條邊走向，最初設置二十一座邊門，康熙展邊後減為二十座，其中「老邊」部分十六座，「新邊」部分四座。這些邊門設置在交通要道上，形勢險要，扼守咽喉，易守難攻。邊門設防禦衙門，有文武章京二人和兵丁數十人，職責是掌管邊門啟閉，稽查行人出入。

除邊門外，還沿邊之走向，置許多邊台。從法特東十二里頭台起，法特哈門市二台，往東每隔數里一台，一直排到十台，然後再從一台排至九台，稱「上十台」，「下九台」。每個邊台設千總三到四員，下轄台丁一五〇名至二〇〇名。台丁由漢人入旗籍者充當，俗稱「邊台人」。《奉天通志》載：「台丁、站丁之南人，係康熙間平定逆藩吳三桂俘虜，編管盛京部，撥往邊台、驛站，充當苦役。」可見，最初的台丁是由吳三桂殘部充當的。台丁的主要職責是每年二月和八月，修壕補邊，並於每年十月向朝廷進貢山貨。

柳條邊設置後，封建統治者制定了許多禁律，阻止邊內外的各族人民互相往來、採參、捕珠、開墾等。清政府明文規定，凡出入邊門進行生產的各族居民，均需持有印票，從指定的邊門憑票核准出入，否則就以「私入禁地」論罪。為了更有效地控制人們出入，又進一步規定：凡車馬或攜帶東西出入邊門必須繳納關稅。如車馬出邊門納二〇〇文，入邊門納四〇〇文。甚至婚喪嫁娶出入邊門也不能免稅。以威遠堡為例，在邊門防禦門前的牌子上寫道：「衙門重地，國課攸關，有敢故違，定行究辦。」可見，邊門又成了勒索人民的封建關卡。

清政府這樣嚴格地控制邊門，主要用意仍在於防止各族人民尤其是漢人出山海關，進入東北，以損害其「龍脈」。為此，順治、康熙年間曾屢次頒布禁令。但是，一張禁令和千條重典終究阻擋不了各族人民出關的浪潮。各族人民，尤其是漢族人民，被生活所迫，置禁令於不顧，自康熙年間始，私自入關

者數眾。到康熙十三年（西元 1684 年）「來此刨參者不下萬人」。實際上，這時柳條邊的限制作用已不太大了。乾隆初年（西元 1745 年），御史和其衷上疏說：「……乃聞近年以來……附近邊門數里，尚有邊柵，離邊門稍遠者，多成坦途。」這種「多成坦途」的柳條邊，連乾隆皇帝都說：「其設還與不設同。」可見，至乾隆時，柳條邊已荒廢失修，形同虛設了。乾隆八年（西元 1743 年），天津、河間等府大旱，飢民大批從山海關、喜峰口、古北口等地北往，清政府恐惹起變亂，破例「准流民出口就食」。次年（西元 1744 年），直、魯、豫各省又大旱，清政府也援例允許飢民出關覓食。以後，至嘉慶時，政府雖仍頒布禁令，但同時又在部分地區宣布廢弛。道光時，由於帝國主義列強入侵和各族人民不斷起義，清政府「部庫支絀，各城俸餉，十不及一」。為了解決財政上的困難，不得不寄希望於移民墾荒收入。道光二十年（西元 1840 年），朝廷終於做出決定，取消封禁政策。這樣，封禁達一八〇年的東北地區弛禁了。隨之，柳條邊亦失去了其原來的作用，徹底廢弛了。從十九世紀

▲ 中國社會科學院學部領導考察柳條邊遺址

末到二十世紀初，東北地區進入了經濟開發的時代。

柳條邊的廢弛是歷史發展的必然結局，它雖盛極一時，但又很快失去作用，在歷史上銷聲匿跡了。多年後的今天，作為歷史的陳跡，已經壕平柳損，面目皆非，完全失去了當年的風貌。這條傷痕纍纍、屢受創痛的巨龍，經歷一場激戰後，靜靜地棲息著。公主嶺市境內柳條邊作為這條巨龍身軀的一部分，西接梨樹縣境內的赫爾蘇門，東至伊通縣境內的景台鄉五檯子邊門，跨過本市境內二十家子滿族鎮、南崴子街道、環嶺街道，經高檯子村、二十家子村、六家窩堡村、紅旗村、吉林省原種繁殖場、縣果樹農場，在公主嶺市長達二十五千米。這段柳條邊有些地方已被夷為平地，有些地方已變為鄉道，但大部仍留有明顯印跡。在市果樹農場東有一段保存較好，土壕深約二米、底寬約一點五米、口寬約二米，壕外有高、寬各約一米的土棱，係當時植柳結繩之處。掘開土層，有時可碰到一些已腐朽的柳樹根須，粗者直徑可達三十至四十釐米。這條柳條邊大約有〇點五千米。二十家子滿族鎮高台村六組前鄉道旁也有一段保存較好，邊壕深約一點五米、底寬約二米、口寬約三米。壕旁土棱高約一米，基寬約三米。這段柳條邊大約有一千米。在二十家子滿族鎮通往該鎮解放村一組的柳條邊，也有清晰的地段，壕深一至二米不等，寬約二米，土棱高約〇點五至一米，寬約一至一點五米，高低不一，凹凸不平，有些地方已闢為耕地，壕邊棱上均長滿荒草。在壕北可發現一些較大的土堆，高度約一至二米，堆基直徑達三至五米，可能是當時為劃禁區而築的封堆。封堆間距不等，有的十餘米，有的數十米。因無山脈、河流，此段邊壕較平直，未設邊門，也未發現邊台。

歲月流逝，滄海桑田。在柳條邊廢弛一七〇餘年後的今天，東北地區已發生了翻天覆地的變化，昔日滿族統治者不許其他各族人民染指的「龍興重地」，變成了各族人民共同繁衍生息的融合樂園，昔日人煙稀少、滿目荒涼的千里曠野變成了稻米飄香的萬頃良田。柳條邊作為歷史的陳跡，已經成為人們撫今追昔、研究歷史的實物材料。

公主陵遺址

公主嶺市區北郊有一道東西走向的丘陵。據達遠所繪《九鳳朝陽山地圖》所示，丘陵由九嶺構成，俗稱九鳳嶺，從西至東依次為：龍鳳嶺、鳳鳴嶺、鳳陽嶺、鳳泉嶺、鳳凰嶺、鳳和嶺、鳳雲嶺、鳳翔嶺和鳳尾嶺。九嶺依山傍水，是為風水寶地。坐落在環嶺街道新橋村境內為九嶺中最高的鳳凰嶺（海拔二八〇點四米），嶺下有古墓一座，名為公主陵。

據《懷德縣志》記載，古墓頂端為圓錐形。墓高一點八米，寬一點五米，墓基座高〇點四米，一律青磚築成，其下有地穴，穴內放置靈棺。穴有隧道通向墓前饗殿。饗殿為磚石結構，殿堂內寬四點五米，長九米。墓和饗殿的四周，有青色磚牆環繞，饗殿前的圍牆處，開有正門和側門。西圍牆外面靠南的地方另建有廟宇一座。二十世紀五十年代，該古墓被拆毀，現已無存。

公主陵所葬何人？歷來說法不一。民間傳說墓中係蒙古族達爾罕王之獨女，名曰響鈴公主。因愛慕府中車伕而違抗父命。父親告訴女兒，只要車伕成功射虎，便答應親事。暗中卻以鉛灌刀鞘。車伕因拔刀不出，幾經虎傷，又被伏箭所射，斃命。公主聞之大慟，自絕於車伕身旁。後與車伕分葬兩墓，東西並列（傳說中的車伕墓在公主陵西北約十五千米處的龍鳳嶺上，今朝陽坡鎮黑山嘴子村後）。

一九五四年五月，著名作家胡昭根據民間傳說創作了長篇敘事詩《響鈴公主》，並於一九五六年由遼寧人民出版社

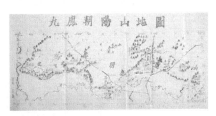

▲ 九鳳朝陽山地圖

▲ 公主陵遺址位置圖

出版發行了單行本（宋源文配圖）。於是，響鈴公主的故事也因此廣為流傳。

▲ 公主陵正面

▲ 公主陵側面

▲ 公主陵後面

研究陵墓規模，就可確定墓主的等級。在清代，公主墓和格格墓是有嚴格區別和等級限制的。九鳳嶺下這座古墓的規模和格局，同建在科左中旗大瓦房的清太宗（皇太極）第三女、科左中旗第一代多羅郡王奇塔特（祁塔特）之妻固倫端靖公主之墓，以及建在遼寧省法庫縣的清世祖（順治）從兄簡親王濟度的第二女（由世祖撫養）、第三代達爾罕王班第的妻子固倫端敏公主之墓相同。三地公主墓前都建有饗殿，殿堂寬敞，青磚圍牆環繞，開有正門和側門。查清史，清太宗皇太極繼位後，於崇德元年（1636 年），始仿明制，皇帝女兒開始稱為「公主」，並規定，皇后（中宮）所生之女稱「固倫公主」，妃子所生之女及皇后的養女稱「和碩公主」。

查清史，清高宗乾隆皇帝的第三女，名字叫耐日勤吐賀其揚貴。乃雍正九年（1731 年）七月為孝賢純皇后嫡出，封為固倫和敬公主。乾隆十二年（1747 年）三月下嫁科爾沁左翼中旗達爾罕親王羅布藏袞布第三子色布騰巴爾珠爾（也譯為色布騰巴勒珠爾或色布騰巴拉珠爾），生一子。乾隆五十七年（1792 年）六月逝世，享年六十二歲。

從一六三六年清太宗皇太極初封到一九一一年清王朝滅亡的二七五年間，

科爾沁左翼中旗札薩克和碩達爾罕親王共世襲罔替十一代、十二任。歷任達爾罕親王因娶了皇家的固倫公主、和碩公主而成為清皇家固倫或和碩額駙（駙馬）的有六位，其中第五位達爾罕親王色布騰巴爾珠爾，為第四任達爾罕親王羅布藏袞布的第三子。乾隆十七年（1752年），襲科爾沁左翼中旗札薩克和碩達爾罕親王。

▲ 公主陵側面

色布騰巴爾珠爾，初授一等台吉，命在御前行走。乾隆八年（1743年）八月，封為輔國公。乾隆十一年（1746年）尚固倫和敬公主（耐日勤吐賀其揚貴），授固倫額駙。

▲ 《響鈴公主》封面

▲ 《響鈴公主》扉頁

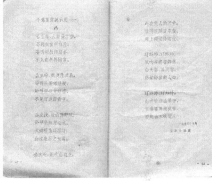
▲ 《響鈴公主》尾頁

乾隆十八年（1753年）四月，授色布騰巴爾珠爾哲里木盟副盟長。因其當時住在京師，尤其哥哥喇什納木扎勒代署盟旗事務。

乾隆二十年（1755年），以從征噶爾有功，賜雙俸。不久因誤用阿布爾薩納駐守伊犁，阿布爾薩納叛亂，因而色布騰巴爾珠爾以罪削親王和旗札薩克（其兄第四任達爾罕親王羅布藏袞布的第二子色旺諾爾布襲第六任科爾沁左翼

中旗札薩克和碩達爾罕親王）。

乾隆三十二年（1767 年）復封親王（和碩毅親王）。七月，由額駙、親王授理藩院尚書。

乾隆四十年（1775 年）卒於軍中。乾隆四十一年（1776 年），金川平，覆命圖形紫光閣。勳子鄂勒哲特穆爾額爾克巴拜降襲郡王。

▲ 色布騰巴爾珠爾紫光閣畫像

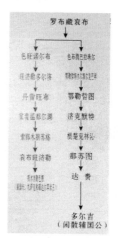

▲ 羅布藏袞布世系圖

清高宗乾隆皇帝曾留有《科爾沁固倫和敬公主額駙達爾罕親王侍宴》詩作二首：

（一）

塞牧雖稱遠，姻盟向最親。

嗣徽彤管著，綿澤礪山申。

設候嚴暄沓，清塵奉狩巡。

敬誠堪愛處，未忍視如賓。

（二）

世篤姻盟擬晉秦，宮中教養喜成人。

詩書大義能明要，嬀訥叢祥遂降嬪。

此日真堪呼半子，當年欲笑漢和親。

同來侍宴承歡處，為憶前弦轉鼻辛。

查閱清代地圖，科爾沁左翼中旗邊境「南至柳條邊牆五百五十里與吉林為界」，即光緒三年懷德未設縣前，新柳條邊牆以北土地為科爾沁左翼中旗所屬。

縣域內所存同治九年（1870年）榴月（5月），於八家子（今懷德鎮）南三道崗關帝廟無名氏所立《關帝廟碑》和由潛修居士長安子撰文，山左羅順字翔雲所立《關帝廟碑》兩座碑文亦為佐證。

另據相關史料，在民國年間，第五任達爾罕親王色不騰巴爾珠爾後裔達賚貝子之子輔國公多爾吉還派安墾局局長李景陽、地局幫辦溫玉堂，先後到懷德為府上收過租賦。

以上資料證明，當時懷德縣境內的土地所有權屬第五任達爾罕親王色不騰巴爾珠爾後裔多爾吉府上，在這裡修建的陵墓亦應是多爾吉的祖陵。據輔國公多爾吉講：「懷德縣的公主陵是和敬公主陵，乃色布騰巴爾珠爾所娶的清廷公主。死後依據『算命』和『看風水』，確定靈柩應葬於其領地科爾沁草原，而公主嶺係九鳳朝陽，九峰內中峰最高，左右各峰成階梯形，為之朝拜，此處實為科爾沁境內地勢之冠，故和敬公主靈柩就葬於中峰腳下了。」

▲ 公主陵遺址碑

懷德《問心碑》

　　公主嶺市懷德鎮政府後院有一碑亭，亭內立有古石碑三座，其中《問心碑》最為顯眼。這座石碑是清光緒四年（1878年），懷德縣署衙落成後，由首任知縣張雲祥在大堂正前方影壁處所立。碑文曰：

問心

（光緒三年改設縣署）

問心無愧，古人所難，余何敢以此自命。蓋因數十年來遇事則返心自問，頗有所得。茲值堂成，銘以自勉。

西蜀錦官城張雲祥撰書

　　《問心碑》碑額正面上首刻有「克勤克儉」，背面上首刻有「謹守清廉」。陰面碑文曰：

　　「改修縣署、新建捕署、監獄一切工程，原領銀伍仟陸百兩，合中錢口口口仟陸百吊。因工料浩繁，領不敷用，鋪商書役見而樂捐，開列於口。

賞換花翎在任候補知府昌圖府理事同知管懷德縣事張雲祥　捐廉銀口口口整，合中錢叁仟伍百吊

　　本街公議會　捐中錢叁仟叁百柒拾貳吊陸百捌

▲ 懷德《問心碑》碑亭　　▲ 《問心碑》正面（李國文拓印）　　▲ 《問心碑》背面（李國文拓印）

拾貳口

    黑林鎮　　　捐中錢壹仟叁百貳拾捌吊

    朝陽坡　　　捐中錢陸百陸拾肆吊

    楊家大城　　捐中錢肆百柒拾肆吊

    六房　　　　捐中錢壹仟捌百貳拾肆吊捌百文

    快班　　　　捐中錢叁百肆拾貳吊

    壯班　　　　捐中錢陸百捌拾肆吊

    共出工料合中錢叁壹仟柒百捌拾玖吊肆百捌拾貳文」

因年代久遠，碑身下沿部分剝落，碑文下部共缺少 8 個字。經研究換算得知，光緒四年一兩白銀折中錢三吊半。完整碑文應為：

「改修縣署新建捕署監獄一切工程，原領銀伍仟陸百兩合中錢壹玖仟陸百吊。因工料浩繁，領不敷用，鋪商書役見而樂捐，開列於後。

賞換花翎在任候補知府昌圖府理事同知管懷德縣事張雲祥　捐廉銀一仟兩整合中錢叁仟伍百吊

    本街公議會　捐中錢叁仟叁百柒拾貳吊陸百捌拾貳文

    黑林鎮　　　捐中錢壹仟叁百貳拾捌吊

    朝陽坡　　　捐中錢陸百陸拾肆吊

    楊家大城　　捐中錢肆百柒拾肆吊

    六房　　　　捐中錢壹仟捌百貳拾肆吊捌百文

    快班　　　　捐中錢叁百肆拾貳吊

    壯班　　　　捐中錢陸百捌拾肆吊

    共出工料合中錢叁壹仟柒百捌拾玖吊肆百捌拾貳文」

張雲祥，字集亭，四川成都府華陽縣人。據《安東縣志》載：「張雲祥，四川華陽人，軍功。光緒二年二月任。見名宦。」「張雲祥，四川華陽人。光

緒元年，聿委開辦安東，耐勞勤幹，寬而不苛。二年置縣，首蒞斯位。時邊境初開，民氣不靖，爭訟者絡繹，公立為解決，案無留滯，民心帖服。三年秋去任，石刻『問心』二字，立於青龍山下（在八道溝門），以示無愧，且以教民自反云。」

據《丹東市志》載：清同治十三年（1874 年），作為候補知縣的張雲祥曾與知府恆泰一起，在丹東安子山（今安民山）設局開辦土地升科和納稅等事項。

光緒二年（1876 年）東邊地開禁，正月二十四日，朝廷准奏安東設縣，張雲祥以軍功保舉，首任知縣。

光緒三年（1877 年）懷德設縣，張雲祥任知縣。關於何時離任現有兩種說法。一為光緒十年離任說，依據是現存懷德縣文廟學署碑後所刻：「光緒十年五月管懷德縣事張雲祥捐廉葺修。光緒十年七月吉日立。」並據此推論張氏懷德任期八年；二為光緒八年離任說，所依《懷德縣志》載：光緒三年任，光緒八年調出。任期六年。

據《懷仁（今遼寧恆仁）縣志》載：張雲祥光緒八年（1882 年）正月接任懷仁知縣，八年九月離任。

另據《金州志》載：一八四三年寧海縣升為金州廳後，設海防同知。張雲祥於光緒十年（1884 年）至光緒十一年（1885 年）任金州廳海防同知（從五品）。

張氏之後履歷不詳，待考。

館藏《懷德縣鄉土志》記稱：張公「首膺斯任，諸制皆擘盡焉，廉以持己，誠以待人，不移言興革，而民陰受福。」「行政簡而不擾，上不應酬，下無需索，民眾無不稱頌之。」光緒八年（1882 年）夏，「新任之牌已懸示矣，屬民聞知，赴省籲留，雖經駁飭，而上憲仍默順於情，未行撤任。是年十二月十八日，委查事件，九年三月二十七日回任。十一年二月初八，始行交卸，公在任七年，士庶樂業，民教相安。」

▌偏臉城古城址

偏臉城古城址位於雙城堡鎮偏臉城村，東南距雙城堡鎮區二點五千米，北距石發高屯一點五千米，西南距後歐家屯二千米，城址四周地勢平坦。

此城面向西南，周長一四〇〇米，近正方形，東牆長三五〇米、西牆長三四〇米、南牆長三四〇米、北牆長三四九米。基寬十一米至十四米，頂寬二米左右，高二米有餘。城門有二，南北對立，門道寬六米，不見甕城。城牆係用黑、黃二色土夯築而成，夯層十二至十八釐米不等。在城址的四角，都築有角樓，角樓台基呈圓形，上部直徑六米、高四米。另外，城址的東西牆各有馬面三個，馬面間距八十一

▲ 雙城堡偏臉城古城址位置圖

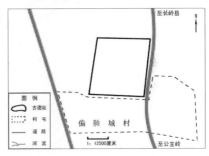

▲ 雙城堡偏臉城古城址平面圖

米，南北牆各有馬面兩個，相距一六〇米。馬面呈半圓形，突出於城垣，徑長五米、寬十一米。

城內地表散布著較豐富的陶片、瓷片、布紋瓦和青磚殘片，尤以西北部更為集中。陶片為細泥灰陶，器物的口沿翻捲程度較大，鼓腹平底，底上有輪製形成的旋圈痕。紋飾繁多，主要有篦紋、壓印紋、附加堆紋。有的器物附加堆紋飾兩道。瓷器為白釉瓷，器底外部掛釉不到底，從所見瓷片的形制特徵看器型一般較小。

城址內還有一種缸胎罐，黑色釉，釉面十分光亮。口沿外侈，無頸，豎橋耳鏈接口沿和肩部。

二十世紀九十年代初，該古城中曾出土一件完整的金代黑釉鼓腹小口大甕，現保存在市博物館。

偏臉城古城和黃花城古城同處一鄉，現雙城堡鎮名稱由此得來。此城的建築年代當與黃花城古城相近，同為遼、金時期。

▲ 偏臉城出土金代大甕

古錢幣陳列室

一九九〇年初，根據吉林省文化廳的意見，公主嶺市文化局接受了籌建古錢幣陳列室的任務。經局務辦公會研究決定，此項工作由當時的局業務科長李國文牽頭，併負責陳列大綱、文字說明撰寫、展品審定和拓片的製作；由市文化館提供展出場所；由市文物管理所負責經費、展品籌集和佈展。

在省文化廳、省考古研究所、四平市文化局、省文物商店、省博物館及陝西、河南、山東、河北等七個省區文物部門的大力支持下，經近一年的努力，公主嶺市古錢幣陳列室正式建成。吉林省文化廳分管文物工作的副廳長吳景東、四平市文化局長孫喜田、吉林省文化廳文博處處長郭文魁、吉林省文物商店經理李玉成、吉林省博物館副館長蘇鈞發和公主嶺市政府顧問於海等領導出席了開幕式。

公主嶺市古錢幣陳列室的建立，填補了吉林省文博工作的一項空白，受到上級文博部門和省內外文博專家的好評。該項目於一九九二年被評為「吉林省首屆文博科研成果」二等獎（一等獎空缺）。

▲ 古錢幣專題陳列室開幕展

▲ 古錢幣陳列室（一）

▲ 古錢幣陳列室（二）

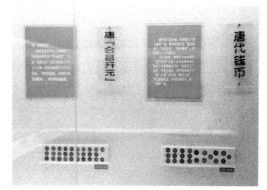

▲ 古錢幣陳列室（三）

▲ 古錢幣陳列室（四）

▲ 保德銅貝

▲ 安藏空首幣

革命烈士紀念地

公主嶺烈士陵園

坐落在嶺城北郊九鳳朝陽山上，占地四萬平方米。奔騰不息的小遼河，在山腳下流韻撥琴；四季常青的松柏樹，在陵園裡擁碧凝翠。這是在解放戰爭和抗美援朝戰爭中犧牲及空軍某部飛行員計二〇二名烈士長眠的地方。一九四九年十一月修建，二〇一三年五月重新設計，八月徵地破土動工，二〇一四年九月竣工。

重修後的陵園莊嚴肅穆。陵園前設停車場，內有陵門一座，重檐三楹，鐫刻輓聯四幅。

其一　圓夢宏圖舒望眼

　　　重修陵苑供回眸

其二　丹心已哺千年碧

　　　熱血猶凝萬載紅

其三　青山慶幸陪英烈

　　　綠水含悲慰鬼雄

▲ 重建烈士陵園正門

其四　心繫江山忘一己

　　　　德存百姓永千秋

陵門正面門楣刻有「英烈千秋」碑文，背面門楣刻有「功昭日月」碑文，兩側門楣分別刻有「萬古長青」、「彪炳史冊」、「流芳千古」、「福澤萬世」碑文。

　　陵門內為謁陵區。四十米長的浮雕牆上刻有公主嶺解放戰爭場面。右互旗形副碑，上刻烈士名錄。左陳旗形副碑，上刻紀念性文章《重修陵園供回眸》。

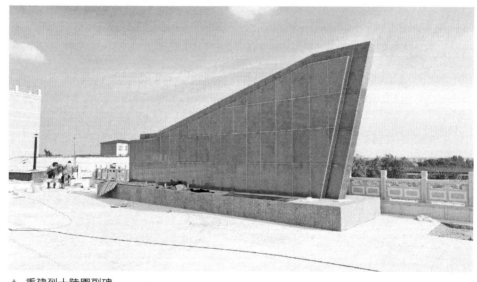

▲　重建烈士陵園副碑

　　拾階而上是祭奠廣場，十九點四七米高的紀念碑巍峨矗立其間，象徵一九四七年公主嶺解放。紀念碑正面鐫刻毛主席手書「為國犧牲，永垂不朽」八個金字。背面上刻「浩氣長存」。下面刻文：

向在抗日戰爭中犧牲的英雄們致敬

向在解放戰爭中犧牲的英雄們致敬

向在抗美援朝戰爭中犧牲的英雄們致敬

向在社會主義建設中犧牲的英雄們致敬

中共公主嶺市委

公主嶺市人民政府

▲ 公主嶺烈士陵園紀念碑

▲ 公主嶺烈士陵園全景

▲ 懷德烈士陵園紀念塔

▲ 懷德烈士陵園墓碑

▲ 懷德烈士陵園簡介碑

紀念碑後，草坪環護的烈士墓隨著山勢向陽而築。烈士墓有墓碑，上刻烈士姓名、生平。

懷德烈士陵園

該陵園坐落在懷德鎮東橋外，是為了紀念一九四六年在前郭縣六股道戰役和農安縣康家窩堡戰鬥中犧牲的一八一名烈士而修建於解放初期，一九七八年重建。

毛城子烈士陵園

該陵園坐落在毛城子鎮，是為了紀念一九四六年四月在「毛城子事件」中犧牲的十三名烈士修建的，二〇一〇年重建。標誌建築有陵牆、陵門、墓碑、紀念碑。

今天，這些陵園都已成為寶貴的愛國主義教育基地。

休閒廣場及公園

新世紀廣場

　　位於公主嶺市城區中心，西接光明路，東靠溫州城，南連河南大街，北望公主大街，占地六萬平方米，為半通透式休閒廣場，綠化面積占廣場的百分之四十六以上。廣場投資二二〇〇多萬元，二〇〇一年五月一日破土興建，二〇〇二年八月十八日工程告竣。新世紀廣場的建成，標誌著公主嶺城市建設向著完善功能的方向邁出了一大步。這一城區最大的廣場，是全市文藝演出、文化展覽、民眾休閒的集中區。它不僅豐富了人們的業餘文化生活，也提高了城市的文化品位。它既是市區的一道風景線，又是接待八方來客的一個主要窗口。公主嶺市委、市政府在廣場東北立有新世紀廣場志，其銘文為：

　　壬午初秋，氣爽天晴。新世紀廣場告竣，公主嶺又換新容！漫步芳苑，滿目蔥蘢。追思往古，歲月崢嶸。遙想當年，小屯荒原初立，阡陌始聞雞鳴；飲馬遼水，牧羊嶺中；代代生息在茅廬，歲歲耕耘於田壟。滄海桑田，崛起一

▲ 新世紀廣場

城！公主故園，人傑地靈。昔有仁者圖治，今賴群英勵精。或革故鼎新，或乘潮御龍。群策群力建美好家園，同心同德樹嶺城新風。城如明月，鎮若繁星。樓閣林立，街巷縱橫。商賈雲集，市場方興。各業並舉，經濟飛騰。物質果碩，精神花紅。彼此輝映，相輔相成。人民昔日憧憬，廣場應時建成。群眾娛樂盡情盡興，百姓休閒有色有聲。公僕之志，惟系民生。人民城市，偉業待興。今日建設城中之廣場，明朝創造廣場之新城。到那時，邀響鈴公主，請異域親朋，同歸故里，舉盞同慶。更把新世紀藍圖從頭展開，再書公主嶺不朽丹青！

河南廣場

　　占地一萬平方米，二〇〇九年建成。廣場處於公主嶺市內兩條主要幹道——迎賓路與河南大街交會處。抽象的公主皇冠雕塑，讓來到公主嶺的客人眼前一亮，直觀地感受到公主嶺市的公主形象和公主嶺市的和諧、友善。

▲ 河南廣場夜景

站前廣場

　　占地二六〇〇平方米，二〇〇九年建成。固倫和敬公主的漢白玉雕像置於

▲ 站前廣場

跌水之上，給人以純淨唯美的感覺，使站前廣場充滿迷人的氣息。廣場主區採用下沉設計，更易給人聚合感和安全感，更好地讓人們在此歇息、等候。站前廣場兩側的公交中轉站車位多，停車乘車方便、快捷。

解放廣場

占地三八〇〇平方米，二〇〇九年建成。通過廣場中心青銅主題雕塑表達汽配加工業的發展態勢，通過南側的一組電子景觀牆展示公主嶺的電子工業。廣場內設八個主體燈柱，燈柱四面共書寫唐詩三十二首，供人們休閒時賞讀。

迎賓廣場

於二〇一三年建成，原為 102 國道廢棄地，東側占地三萬平方米，西側占地五萬平方米。廣場綠化栽植喬木、灌木、花卉、草坪，品種豐富，型、色、高、矮錯落有致，假山、景石構思精巧。東側廣場栽植銀中楊、山杏、樟子松、白樺等喬木三一六四株，珍珠繡線菊、榆葉梅等灌木球四七五叢，櫻桃樹二〇〇株，甬路硬鋪裝。西側廣場硬鋪裝一點一萬平方米，栽植黑松、雲杉、

▲ 解放廣場夜景

五角楓、梧桐、山杏、垂柳、火炬樹等喬木二七〇〇株，栽植榆葉梅、女貞等灌木球六五〇株，鋪裝草坪三點五萬平方米，安裝了主題雕塑和風景牆。

▲ 迎賓廣場

響鈴公園

　　占地三十二萬平方米，原名東山公園，經多年累修累建，於二〇〇三年秋落成。啟用之時，曾刻碑勒石紀念，其碑文：

公主故里，塞北新城。地傍遼水，山接長白。萬頃肥田沃野，豐饒稻麥。千載欣逢盛世，百業俱興。集眾力重修芳苑，承舊址再建佳園。響鈴公園，位於市區東部，曾名東山公園。占地三十五公頃。始建於公元一九五八年。斗轉星移，幾經興廢。而今，經濟騰飛，倉廩實而民愈求生活之多彩；城鄉易貌，衣食足而眾益盼精神之文明。應天時，順民意，乃重葺此園。籌劃者嘔心瀝血，捐資者恐後爭先，指揮者宵衣旰食，施工者晝夜不息。僅百餘日，遂使工程告竣。置身園中，奇葩爭妍，亭榭多姿。樹繁茂而鳴百鳥，湖清澈且戲魚龍。虹橋臥波，銀燕凌空。步曲徑頓生遐想，乘長風更令心馳。蒞臨者無不賞心悅目，忘返流連。時維新園落成之吉，為弘揚建設者之功德，特立此碑，以昭示子孫，彪炳千秋！

　　二〇〇九年開始對公園和門前廣場進行改造。園內栽植雲杉、五角楓、山槐等喬木三五六四株，珍珠繡線菊、女貞等灌木球一七五〇叢，金葉榆、小葉丁香等灌木十五萬株。栽種植被地計八萬平方米。還修建了籃球場、旱冰場和門球場等配套設施，使公園基本功能得到提升。

▲ 響鈴公園正門

▲ 響鈴公園石碑

文化科技創意暨電子商務產業園區

公主嶺市文化科技創意暨電子商務產業園區（發展中心）成立於二〇一四年六月，坐落在公主嶺市南環城街一六一號，占地面積四〇〇〇多平方米。園區以轉方式、調結構、助推我市中等城市建設為目標，以大力開展電子商務、發展最前沿的互聯網經濟為路徑，以文化、科技、創意融合發展為支撐，以大數據分析和實時權威信息發布為手段，搭建起服務與互聯網經濟的承載平台。通過發展電子商務助推玉米經濟轉變發展方式，形成主導產業硬支撐，構建文化、科技、信息與農業現代化、工業化融合發展的新格局。

文化科技創意產業園區重點打造了「一城一館三站兩園」發展格局。

一城是「中國玉米雲商城」。本項目依託公主嶺最美玉米原產地、最權威玉米研發機構、最全的玉米產業鏈以及阿里巴巴信息流和大數據等獨特優勢，

▲ 公主嶺市文化科技創意暨電子商務產業園區外景

構建全國玉米行業最大的網上交易平台，是阿里巴巴 B2B 平台中唯一的玉米交易平台。平台按照高標準、專業化、大批量的定位要求，旨在打造全國最大、最權威的網上玉米交易中心，並被中國糧食協會玉米分會授予副理事長單位。二〇一五年三月二十四日，中國玉米雲商城正式在阿里巴巴上線運營。

▲ 中國‧公主嶺雲市場

　　二〇一五年三月二十四日，吉林電視台在《新聞早報》節目中以「行進中國‧精彩吉林縣（市）篇」專題播發了公主嶺市創建「中國玉米雲商城」這一消息。

　　一館是「中國玉米之鄉玉米產業展覽館」。展館採取區校合作的方式，由吉林農大信息學院負責展館的內容設計、更新完善和講解服務。一期展館六〇〇平米，二期展館四〇〇平米，作為玉米雲商城實體產品展示和線下體驗。展館從深度瞭解玉米文化、玉米全株綜合利用、玉米全產業鏈經濟三個方面，展出公主嶺乃至國內外的玉米最新研發成果、專利技術、優勢產品，讓世界瞭解公主嶺，讓公主嶺走向世界。二〇一五年一月二十五日，中國玉米之鄉產業

▲ 「中國玉米之鄉」玉米產業展覽館

　　三站是阿里巴巴 1688 誠信通公主嶺站、淘寶大學暨 B2B 電商學院公主嶺站和「幸福鄉村行動」——阿里巴巴「村淘」公主嶺站。前兩站分別以電子商務培訓 B 端和 C 端為主，注重理論與實踐的結合，針對教學內容、課程體系、教學方法和管理體制與運行機制本土化的改革和創新，積極培養電子商務專業人才，以滿足電子商務發展對高素質人才的迫切需求。逐漸形成了針對明日網商（學生、電商求職者）的「電商創業系列課程」、針對在職網商（淘寶、天貓平台的網商為主）的「電商菁英課程」、「電商經理人課程」和針對網商企業主（B2B 網商、傳統轉型電商企業）的「網商 MBA 課程」三位一體的課程體系。二〇一五年四月二十二日，多功能培訓教室正式啟動，培訓了政府部門領導幹部、企業經理人員、管理人員和一線操作人員五〇〇〇餘人次，互聯網經濟、互聯網思維、電子商務理念逐漸深入人心。「幸福鄉村行動」——阿里巴巴「村淘」公主嶺站是阿里巴巴集團「千村萬縣」計劃在公主嶺市的運營中心，目標是在公主嶺農村全域建設四〇四家幸福鄉村服務站，通過電子商務進農村，解決農民買難、賣難的實際問題，提高公主嶺農村電子商務服務水平，增加農民收入，改善農民生活，縮小城鄉差距，讓農村生活更美好。並通

過科技下鄉、文化下鄉、醫療下鄉等形式，為農民提供各項公益服務，帶動農村生產發展、生活富裕、文化進步，讓鄉村走上幸福路。二〇一五年十月二十二日，公主嶺市幸福鄉村工程暨電子商務進農村項目正式啟動，爭取在二〇一七年基本實現電子商務應用廣泛、保障體系健全、配套服務完善、產業發展集聚的農村電商新格局。

兩園中的一園是大眾創業萬眾創新中小微企業孵化園，該園基於大眾創業、萬眾創新的共識，充分發揮玉米雲商城信息匯聚、企業集聚的

▲ 「中國玉米之鄉」玉米產業展覽館

優勢，建立雲商匯眾創空間，謀劃創意項目，孵化扶持創意企業。兩園中的另一園是優智平台雲商匯企業家聚合園，該園以園區為載體，以互聯網經濟為主要方向，建立優智平台創意學院，以培訓提升、合作交流、政策扶持為主要服務內容，提升企業家創業、創新、創優能力，努力建設一支具有全球戰略眼光、超強市場開拓精神、高管理水平和社會責任感的優秀企業家隊伍。二〇一五年五月二十一日，大眾創業萬眾創新——雲商匯正式啟動，讓有夢想、有意願、有能力的人有了廣闊的平台施展拳腳。

▲ 大眾創業萬眾創新——雲商匯

▌十冬臘月捕魚忙──卡倫水庫

卡倫水庫，位於黑林子鎮卡倫村，距公主嶺市區十六千米。水庫建在東遼河支流卡倫河中游，設計之初以防洪治澇為主，後期演變為灌溉、養魚綜合利用的中型水庫。水庫控制流域面積三三〇點四平方千米，防洪保田一三一平方千米，設計灌溉水田二十二平方千米，養魚六點六八平方千米。

一九九三年，「引卡入嶺」工程立項，實施了水庫加固工程，總庫容達八〇六九萬立方米。二〇〇三年五月「引卡入嶺」工程竣工，開始向公主嶺市區供水，卡倫水庫成為一座以防洪除澇和城區供水為主，兼顧養魚、旅遊等綜合利用的中型水庫。

水庫的冬捕活動始於二十世紀六十年代。初期因規模小、產量低，影響不大。一九七四年冬季捕撈最高網產八五〇〇公斤。二〇〇八年起，由於管理科

▲ 卡倫水庫冬捕場面

學，水庫水質越來越好，冬捕規模越來越大，產量越來越高。二〇一一年十二月三十一日，冬捕一網捕撈成魚五點五萬公斤。

如今「卡倫冬捕」已成了品牌，成為公主嶺市有特色和有相當社會影響力的活動之一。

▲ 卡倫水庫冬捕節開幕式

公主嶺的後花園 —— 二十家子水庫

　　二十家子水庫，因位於東遼河右側支流二十家子河中游，壩址在公主嶺市二十家子滿族鎮全結村而得名。

　　水庫一九五八年修建，一九六二年投入使用。總庫容一〇七〇萬立方米，控制流域面積四十四點四平方千米。

　　此水庫距離公主嶺市區較近，周圍山巒起伏，樹木茂密，生態環境優良。庫區周邊有清代柳條邊遺址、猴石古墓遺址、二十家子古墓遺址、周家大院、百年榆木古樹等古文化遺存及文化景觀。近年來，隨著經濟的發展，庫區陸續規劃建設出一系列旅遊山莊，開發出豐富多彩的農家樂等項目，現已發展成設施完備的旅遊休閒好去處，被稱為「公主嶺的後花園」。

▲ 二十家子水庫風光

東遼河上的明珠 —— 二龍湖

　　二龍湖水庫，位於東遼河支流上游。四平、遼源、伊通、公主嶺環列水庫四周。

▲ 二龍湖水庫風光

　　水庫壩址位於原伊通州古鎮柳條邊赫爾蘇邊門之上。昔日繁華重鎮赫爾蘇就淹沒在水庫之中。庫區西邊現存國家級文物保護單位戰國時燕國古城遺址。

　　二龍湖為大型水庫。登高遠望，煙波浩渺，玉帶橫陳。大壩護坡上，二龍戲珠大型雕塑蜿蜒透迤，洩洪閘門樓上鑴刻的「二龍湖」題字熠熠生輝。

▲ 二龍湖水庫風光

改革開放以後，二龍湖的面貌煥然一新。在原有灌溉、防洪、排澇、養殖、發電等功能基礎上，新開發的旅遊休閒功能日漸凸顯。垂釣、漂流、餐飲、觀光等一系列活動開展得有聲有色，遊人至此身心愉悅、流連忘返。

▲ 二龍湖水庫風光

魚竿舞動釣悠情——楊大城子水庫

▲ 楊大城子水庫垂釣圖

楊大城子水庫，位於公主嶺市西北部東遼河支流小遼河上游的孟廣禮河上。一九七三年開始修建，一九八三年竣工。

大壩坐落在楊大城子鎮鹼鍋村與毛城子鎮洪興河村之間。水庫控制流域面積三九一平方千米，是一座以防洪除澇為主，兼顧灌溉、養魚等綜合利用的調節性中型水庫。

庫區因為水質好、投放魚類多且密度大、環境幽雅、交通方便等優越條件，再加上管理科學，因此吸引了長春、四平、公主嶺的許多釣友，很多是闔家出遊。每到節假日，庫區周邊車多人多帳篷多，形成一道獨特的風景。楊大城子水庫因此也被人們稱之為「公主嶺北部的垂釣樂園」。

▲ 楊大城子水庫一角

第五章 ——

文化產品

　　人類為了滿足生存需要，總是在從事物質生產的同時，也創造精神產品。沿著文阡字陌，有人一路走來，在精神層面辛勤耕耘。或話說故事，或吟詠江山，或筆塗花鳥，或文載心聲。在文學藝術的大千世界，創造了豐富多彩的文化產品，這是引領人們積極向上的精神食糧。她讓人喜、讓人笑，激勵人們向未來、朝前行。

詩詞學會會刊《響鈴詩詞》

▲ 公主嶺市詩詞學會會刊《響鈴詩詞》封面

公主嶺是一個充滿詩意的地方，詩詞創作之風由來已久。一九九〇年，公主嶺市詩詞學會成立。一九九一年，創辦了會刊《響鈴詩詞》。二十多年來，已經出版七集。會刊以繼承傳統、謳歌時代、繁榮詩詞、培育新人為宗旨，發表詩詞三八〇〇多首。會員隊伍逐年壯大，活動豐富多彩，創作質量不斷提高。

▲ 端午詩友會暨新農村采風行人員合影

二〇〇八年，公主嶺市開展了創建「中華詩詞之鄉」活動，二〇〇九年被吉林省詩詞學會授予省級詩詞之鄉，二〇一〇年成為吉林省首個「中華詩詞之鄉」。二〇

一一年，站在新的起點上，公主嶺市詩詞學會以鞏固隊伍、提高質量、擴大影響為宗旨，圍繞重大節日、重大事件組織創作；以當地改革發展成就為題，開展詩詞創作活動；凝聚正能量，讓身邊好人好事入詩。中華詩詞學會會員發展到三十三人。五年來，會員在省級以上刊物發表詩詞一〇〇〇多首，出版個人詩詞集八部，一一〇人的一〇〇〇多首詩詞入選《當代中華詩詞集成》。二〇一四年，有十人作品入選《人民呼喚焦裕祿》一書。

附：

《響鈴詩詞》入選作品兩篇

公主故里獲「詩詞之鄉」稱號五週年賦

王岱山

妖嬈塞外，豐腴沃野；禹谷糧倉，和敬故里。斯域江山雄麗，公主毓秀；

爾地民風淳樸，君子懷德。因改革開放，亟需精神健康；逢太平盛世，創建詩詞之鄉。

應相憶：嶺都城鄉，出兵逾萬，老鳳雛鷹唱格律；關東詩

▲ 全市詩詞學會工作會議

▲ 詩詞學會迎新詩會

陣，馳將近百，秀才寫手譜華章。

應相頌：明月似輪天上亮，書燈如火案頭紅。三載圓夢，風雨兼程，吟旌韻旆獵獵招展；一旦成功，普天同慶，詩朋文友紛紛來賀。

喜而今：物換星移，歷五番春秋，何敢虛度；霞飛斗轉，依四聲平仄，悉能和鳴。東赴范家屯採風，謳頌開發區之新貌；北去信州府考古，題詠遼金朝之舊城。端午放歌，歌二龍湖浪生千疊；重陽拜讀，讀《問心碑》萬古流芳。撰紅對聯，為玉米之鄉獻彩禮；題賀歲詩，向神州大地報新春。跟隨領袖，呼喚英雄焦裕祿；搬來寶鏡，尊重歷史供回眸。鶴鄉雅集，種糧雙手曾折桂；梅津匯律，裁詩五指巧撥箏。西沙湧逆流，提筆作槍巡海域；東瀛鬧倭鬼，頤文指字滅賊魂。

予觀夫，華夏詩詞，老少咸宜；街吟巷誦，蔚然成風；振奮精神，抒發豪情；經濟騰飛，百業興隆。

噫吁兮，市委舉旗，領軍將兵；華天湛湛，麗日瞳瞳；青山巍巍，碧水清清；美哉乾坤，樂哉笑容。嗚呼，華章兆瑞，綺韻鴻通；鳳翥龍翔，寬步前程！

公主嶺賦

劉學山

公主故里，塞外名城；東北重鎮，軍事要沖。肥田沃土，四千平方公里，堪稱廣袤；勤勞智慧，百萬各族人民，盡是英雄。繼往開來，厚地高天繪壯景；承前啟後，龍驤鳳翥唱大風。

久哉公主嶺，地域歷滄桑。蕭慎漁獵，長白留跡；挹婁壯大，扶餘拓疆。勿吉游牧，強弓勁弩；鞢鞨崛起，定都開邦。漫漫秦漢，域中草莽；悠悠晉隋，塞外蠻荒。渤海國喪權失地，契丹族乘勢稱王。遼金易代，女真雄強。元朝大統，此為開元路境；明代絕嗣，這是干都司鄉。清廷設縣立衙，懷德自此名揚。廣哉公主食邑，平疇沃野；壯哉關東圍場，射虎擒狼。蒙古王公，揮鞭

騰驤天駒壯；八旗子弟，踏花歸去馬蹄香。近代伊始，沙俄日寇猖狂。修築中東鐵路，人民雪上加霜。

煌哉公主嶺，文明多輝光。古墓葬印證三器時代，古石刻記錄先民思想；古遺址展現當地歷史，古城址閃耀文化光芒。猴石古墓，鴨形陶壺罕見；「吉林半坡」，原始村落昭彰。大青山遺址，驚嘆青銅短劍；秦家屯古城，再現遼金瓦當。信州文物，銅洗珍貴；彩陶撲滿，省會館藏。柳條邊，大清封禁遺跡；公主陵，淒美故事傳揚。清碑碣，官德彰顯；石雕群，技藝精良。

寶哉公主嶺，天賜物產豐。南部丘陵縱橫，松柏椴樺廣生其上；北邊草原綿延，牛羊騾馬遊動其中。中部沖積平原，糧豐果碩；起伏台地，宜林宜農。玉米黃金帶上，明珠閃耀；全國產糧縣中，嶺市稱雄。懷德豆角，馳譽東北；南崴大米，曾供帝京。永發大蒜，暢銷市場；十屋花生，遐邇聞名。雙城堡西瓜沙瓤爽口，范家屯蔬菜四季常青。朝陽坡蘋果梨甜脆，劉房子夏季瓜香濃。地上富有，地下豐盈。膨潤土稱冠亞洲，天然氣遠送省城。油頁岩蓄能儲熱，礦泉水玉潔冰清。大地獻珍，石油滾滾；褐煤貢寶，爐火熊熊。

美哉公主嶺，秀野山水明。九鳳朝陽之地，物華天寶；四時呈瑞之區，毓秀鐘靈。立足首府，放眼全境：壟壟禾苗，行行詩句，春風染綠三千頃；株株果樹，片片雲霞，新蕾開花一夜風。青紗帳，蒼蒼莽莽，宛若無邊林海；落花生，鬱鬱蔥蔥，真乃遍地垂英。千畝小麥吐穗，無數針尖芒刺；萬畦水稻揚花，到處蛙鼓蟲鳴。玉米躥纓，列百里兵陣；高粱醉酒，燃一片火紅。白菜葉綠，鋪一地翡翠；蕎麥花白，溢十里清芬。秸稈高矮參差，田地阡陌錯綜。風起千軍萬馬，雨霽浪靜波平。大平原，大氣象，黍稷盈疇，花實蔽野；新農村，新面貌，田園如畫，道路寬平。奇花異草，雞冠山天造地設；懸崖陡壁，仙人洞鬼斧神工。八大嶺松林聳翠，人工湖錦鱗飛騰。座座水庫如鏡，徘徊天光雲影；片片山林似海，響窮風語濤聲。防風林、護路林，林網密布；果樹苗、楊樹苗，苗圃蔥蘢。秋去黃葉堆金，春來萬木爭榮。冬日銀裝素裹，夏季綠韻和風。

偉哉公主嶺，人傑冠群英。張雲祥，《問心碑》上見肝膽；趙澤民，懷德城內秉精忠。杜重遠愛國情深，播名華夏；馬占山叱吒風雲，抗日豪雄。關夢覺經濟學家，卓有建樹；于鳳至巾幗才俊，青史留名。馮治綱馳騁疆場，威震敵寇；張傳福揮師討逆，屢立戰功。毛城子事件慘烈，俞良銀仵儷英勇；本莊繁心腸惡毒，汲義方局長犧牲。江山毓秀，人物掇英。榮文達遼東才子，趙晉臣禮部郎中。寶榮卿賦詩作文，東北聖手；崔文齡授徒辦校，地方醫宗。田徑之鄉，多有體育健將；演藝之界，不乏魅力明星。屏幕絢爛，姜文藝頻頻出鏡；舞台繽紛，李玉剛屢屢走紅。

　　盛哉公主嶺，改革沐春風。萬像已隨新運轉，百花爭向好春榮。工商業戶如泉湧，民營經濟似潮生。小城鎮如雨後春筍，日新月異；大農業似東方旭日，雲蔚霞彤。山嶺易節，無數春聲秋色；市區煥彩，滿目廣廈華燈。機場銀鷹起降，天高地闊；廣場白鴿翔集，草綠花紅。公園社區，美麗幽靜；長街通衢，車水馬龍。高樓摩天巨筆，大橋飲澗長虹。四通八達，公路鐵路；五光十色，店明街明。秧歌乃廣場文化，演唱是當地風情。黑土地上綻奇葩，二人轉絕活風靡赤縣；文學苑中有英才，三門李軼聞火爆京城。

　　江河入海，日月行空。科學發展，大潮浩蕩；公主故里，立志振興。往者不可挽，春秋已入史冊；來者猶可追，前程更沐東風。國民經濟，務必持續發展；財政收入，尚需大幅提升。廣施仁政，構建和諧社會；齊奔小康，落實民生工程。權為民用，神聖職責擔肩上；利為民謀，宏偉藍圖繪胸中。祈願百萬公主嶺人民生活美滿，祝福盛世公主嶺城鄉富裕昌隆！

第一部大型詩集《公主嶺風韻》

二〇〇九年十月二十日,《公主嶺風韻》正式出版。十月二十九日,在公主嶺市隆重舉行首發儀式。這部由中華詩詞學會副會長、吉林省詩詞學會常務副會長張福有主編的大型詩集一經問世,就受到了省內外讀者的廣泛關注和一致好評。

《公主嶺風韻》是一部跨越公主嶺百年時空的詩詞總集,共分五編:第一編《懷德古風》,收入公主嶺古代作者詩詞八十六首;第二編《響鈴新韻》,收入公主嶺市現代作者詩詞一一三首;第三

▲ 《公主嶺風韻》封面

編《文游雅集》,收入外地作者詩詞四七六首;第四編《遺址沉思》,收入吟誦公主嶺市古遺址的詩詞一二〇首;第五編《詩鄉賀詠》,收入全國各地祝賀公主嶺市創建「詩詞之鄉」的詩詞一二六首。

《公主嶺風韻》是來自全國各地詩歌精品的集中展現。徵稿啟事在網上發布後,得到各地詩詞組織的支持,應徵稿件如潮。共收到詩詞作品一四八〇多

首。受篇幅所限，共收入來自全國二十一個省、市（區）二八六人的詩詞九三四首。全國各地眾多詩人從各自角度發現公主嶺、觀察公主嶺，描寫了公主嶺百年滄桑和最新發展變化。作品被收錄三十首以上的有十人，最多的達九十七首。其中，寫《問心碑》的詩詞最多、質量最好；寫公主嶺古遺址的詩詞第一次集中出現；寫公主嶺城鄉發展變化的詩詞生動感人、異彩紛呈。

《公主嶺風韻》是一項創建「中華詩詞之鄉」的標誌性工程。二〇〇八年十一月二十九日，公主嶺歷史上第一個與詩詞有關的市委文件正式下發（公發【2008】21 號），文件批轉了《在全市開展創建「中華詩詞之鄉」活動實施方案》。公主嶺市委、市政府對創建「詩詞之鄉」非常重視，明確提出：「要把創建『中華詩詞之鄉』活動，當作學習實踐科學發展觀的一項工程來抓，當作繼承傳統文化的一張名片來打造，當作加速精神文明建設的一種手段來推進。」

「公主故里何事忙，全民踴躍創詩鄉。且聽平仄千重韻，競舞吟鞭賦錦章！」從市級領導到三輪車伕，從學齡兒童到耄耋老人，從普通農民到個體業主都投入到詩詞創作中，用詩詞作品展現公主嶺的歷史變化和公主嶺人的最新風采，為公主嶺市文化建設寫下了詩一般的評語。

▲ 《公主嶺風韻》創編交流會人員合影

▲ 《公主嶺風韻》首發式

刑偵理論的瑰寶《齊氏偵察軌跡》

　　齊文祥、王洪林合著的《齊氏偵察軌跡》是一部四〇〇餘萬字的刑偵理論專著。作者綦文祥（齊文祥），筆名奇驥，中國作家協會吉林分會會員、中國犯罪學研究會理事、中國刑事科學技術學會會員、中國刑警學院客座教授。他在公安第一線從事刑偵工作長達三十年之久，積累了豐富的經驗，結合親身實踐，總結出一套行之有效、偵破各種刑事犯罪的具體方法。齊文祥發表論文近百篇，與王洪林合著出版了《偵技訣》、《刑偵破案實用邏輯》、《刑警功臣列傳》等，合作撰寫了大型電視系列劇《北國神探》劇本及《齊氏偵察軌跡》一書。

▲ 《齊氏偵察軌跡》書脊

　　《齊氏偵察軌跡》是經驗教訓的集成，是我國目前唯一一部刑偵教科書，對實際工作、公安教學和刑偵理論的研究都有重要參考價值，填補了中國刑事偵察兩項大的空白，在國內外刑偵界頗具影響。

　　刑偵工作需要理論指導。《齊氏偵察軌跡》的出版，對公安部門開展刑偵工作起到有力的指導作用。中國著名刑偵專家、中國刑警第一代領導人、國際刑警中國中心局局長、公安部刑偵局局長、公安部技術學會會長劉文同志讀完此書後指出：「《齊氏偵察軌跡》不愧是國內外少有的一部刑偵巨著。書的內容極其豐富，它記錄

了我國一代刑警的精神風貌和共和國成立以來基層公安機關刑警破案的豐碩成果，它將對我國的刑事偵察工作產生較好的影響。」

《齊氏偵察軌跡》的可貴之處在於它出自一位基層刑偵警官之手，來源於實踐、服務於實踐，又經過實踐反覆檢驗，是理論連繫實際的結晶。內容涉及人類科學、心理科學、邏輯科學、領導科學、兵法科學、辯證科學和偵察科學，富有較強的生命力。它又具有鮮明的時代特徵。書中真實記錄了二十世紀六十年代至九十年代中國北方刑事犯罪的某些規律、特點，偵破案件的水準和成果；展現了中國基層刑事警察為了保衛國家和人民生命財產安全，維護社會穩定，一不怕苦、二不怕死，艱苦奮鬥、智勇雙全的精神風貌；提煉出一整套同犯罪嫌疑人做鬥爭的、策略與戰術，具有較強的指導性和實用性。此書也為今後研究這一時代的刑偵工作提供了可靠的資料。

▲ 齊文祥、王洪林合著《北國神探（上、下）》封面

▌作協會刊《公主嶺文學》

　　《公主嶺文學》由公主嶺市作家協會主辦，是以弘揚主旋律、發展公主嶺文學事業為目標，以發表本地作家作品為主的綜合性期刊。《公主嶺文學》設有「特別推薦」、「小說現場」、「散文視野」、「詩歌方陣」、「嶺上星空」、「詩詞曲賦」等欄目。創刊以來陸續刊發了一批優秀文學作品，有些作品已被省級以上刊物選用。

　　公主嶺市是一座具有深厚文化底蘊的城市，多年來一直保持著強勁的文學創作勢頭，並取得了可喜的成績，一些作家的作品在省內外得到了讚許和關注。許多文學工作者和業餘作者發表了大量文學作品，有的還出版了個人文學作品集，一些精品還獲得各級獎項。

　　主要作品有：劉春榮的《土地》、《老崔的愛情故事》、《又是一年落葉》等短篇小說，發表在《參花》等刊物上。王劍的短篇小說《行走的骨頭》、散文《蒙古黃榆》、組詩《廣告衫在街上穿行》等，在《參花》、《文藝報》、《詩刊》等報刊上發表；短篇小說《朱洪奎賣豬》、《帶路偵查》、《悶葫蘆與奶山羊》、《三把金鎖》、《水》等分別發表在《新苑》、《吉林

▲ 《公主嶺文學》創刊號封面

日報》等報刊上。蓋生創作的革命故事《一台鋪路機》在《人民文學》外文版上發表。一九九五年，周奎武的散文《媽媽送我入金屋》，參加全國婦聯發起的「紀念中國母親」大型徵文活動，被評為三等獎，編入《母親難忘》一書；二〇〇八年，周奎武被中國文化促進會、中國華商文化交流會、世界華人文化交流會分別推薦參加世界華人詩文大賽，其作品被評為國際華人優秀作品；二〇〇九年，周奎武被中國文學研究會授予「新中國成立六十週年中國作家文學終身成就獎」。張樹曾於一九八八年創作的微型小說《隱碑》獲「首屆中國微型紀實文學青春大獎賽」三等獎；一九九〇年，張樹曾創作的紀實散文《金色的故園》獲《現代中國》雜誌社舉辦的紀實散文優秀作品獎，《海峽兩岸春》獲中央人民廣播電台「海峽情」徵文優秀作品獎；一九九二年，他創作的微型小說《吳貽芳的見證》獲第二屆中國微型小說青春獎；二〇〇一年，小說《高》獲德國「德國之聲」短篇小說大賽二等獎；出版了《樹曾小說散文集》。賈世輔一九九一年創作的散文《三十年的緣分》榮獲《中國廣播報》、《吉林廣播報》、吉林人民廣播電台等舉辦的「廣播之家」徵文一等獎；二〇〇〇年，散文《廣播，我生命的陽光》榮獲吉林人民廣播電台建台五十五週年「廣播情」徵文一等獎；二〇〇八年九月，他被中央文史研究院、中華辭賦學會、《祖國》雜誌等評為中國改革開放三十週年文藝終身成就獎；二〇一一年九月，散文《大河萬古流》榮獲華夏「黃河杯」徵文特等獎。崔慕良的《幫拐行》參加《中國作家》二〇〇八年筆會，獲三等獎。齊文祥的刑偵巨著《齊氏偵察軌跡》填補了中國刑事偵查的兩項空白，在國內外刑偵界頗具影響。黨春海的長篇小說《金融家軼事》榮獲中國小說學會二〇一三年「中國當代小說獎」，併入編《中國小說家大辭典》，二〇〇五年，他被中國文藝家創作協會授予「中華當代傑出功勛藝術家」榮譽稱號，散文《從北京帶回的「菊花石」》獲中國散文學會二〇一〇年「中國當代散文獎」。吳衛東創作的《公主嶺市公安志》開創了我省編修縣級公安志書的先河，填補了公主嶺乃至吉林省公安史志領域的一項空白。

民間故事集《老虎媽子》

　　《老虎媽子》是民間故事傳承人朱俊奎整理的朱連元的故事總集，分為一、二、三集。第一、二集已出版面世，收錄人物傳說、地方傳說、動植物傳說、人物風俗傳說、幻想故事、鬼狐精怪故事、生活故事、機智人物故事、破案故事、寓言、笑話等二三六篇，共七十餘萬字。

　　其中幾個故事梗概如下：

　　《潮起潮落的傳說》講述了潮神的由來。魔高一尺，道高一丈。那個終日惹是生非的申公豹，被姜太公反安了腦袋，封到海底掌管潮水起落，平時小打小鬧，每天漲落一回潮水，每年八月十五左右發一次威，所以才有八月中秋錢塘江大潮。

　　《桃花島》是世間少有的好故事。在那大海中間，幾乎與世隔絕的桃花島上，居然也是真金白銀、攘攘紅塵的天地。滿腹經綸、才華橫溢的人在這兒竟然一文不名。但蒼天有眼，大道直行，善良正義終得回報。是上蒼導演了一出張生終抱美人歸的好戲。

　　在《典當良心的人》裡，大孝子張德，因為安葬二老落下債務，舉借無門。大年三十，拜求卦攤老先生給寫下「良心」二子，去當鋪典當，真就當回一百吊大錢。小兩口一個買紡車，一個上山打柴，不到一年，就拿著錢回當鋪抽當了。金錢有價，良心無價。當鋪掌櫃認張德為義子，留用看院子。一個大雪清晨，張德在院子撿到一個「死倒兒」。張德怕連累乾爹，把「死倒兒」扛回家，壓在自家柴火垛下。張德媳婦一人在家，見柴火垛夜夜起火，出去看吧，柴火垛還沒啥，就跟張德說了。那夜，張德見柴火垛火苗子躥起多老高，心想，備不住是哪個死鬼鬧事，就拽開幾捆柴火，伸手一摸，摸到一隻腳，這只腳硬邦邦的，抓一把溜光。張德覺著不對勁，扒出來一看，是個大金人。「死倒兒」能往自己家扛，那大金人可是在乾爹院子裡撿來的，就連夜給乾爹

送回去，放在倉庫裡了。誰知第二天，乾爹倉庫裡的大金人又變成「死倒兒」。乾爹說，這不是我的財，弄不好，還興許是禍呢，你扛回去吧。張德又把「死倒兒」扛回家，扔柴火堆裡了。到半夜裡，柴火堆又著了火，「死倒兒」又變成大金人。這回張德沒往回扛，他留下了大金人。從此，張德和乾爹合夥開當鋪。張德做事講良心，家裡家外都誇他是好人。乾爹呢，沒有後人，一片家業，都傳給了憑良心做好事的人。

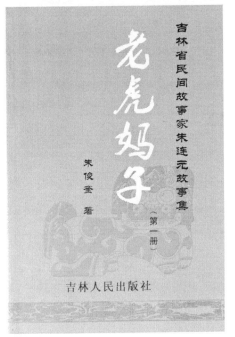

▲ 吉林省民間故事家朱連元故事
　集《老虎媽子（第一冊）》封面

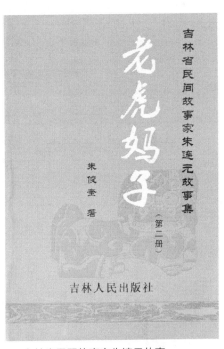

▲ 吉林省民間故事家朱連元故事
　集《老虎媽子（第二冊）》封面

倡廉新篇《清風玉韻──公主嶺〈問心碑〉詩詞選》

▲ 《清風玉韻──公主嶺〈問心碑〉詩詞選》封面

公主嶺市懷德鎮有一座《問心碑》，為省級重點保護文物，一八七七年由公主嶺市前身懷德縣首任知縣張雲祥撰寫並豎立。正面碑眉刻有「克勤克儉」四個字，碑文上首刻著「問心」兩個大字。前款：「光緒三年改設縣署」，正文：「問心無愧，古人所難，余何敢以此自命？蓋因數十年來遇事則返心自問，頗有所得。茲值堂成，銘以自勉。」落款：「西蜀錦官城張雲祥撰書。」背面碑眉刻有「謹守清廉」四個字，碑文記載了修建縣署募捐的原因、捐款者和數額，既是表彰「見而樂捐」人員，也便於民眾監督捐款的使用去向。張雲祥在懷德任職期間，盡職盡責、克己為民、發展生產、政務公開、懲奸治貪、主持公道。離任之時，百姓「赴省欲留」。當初，《問心碑》時刻警示著張雲祥，一三〇多年來，《問心碑》一直激勵著後任縣官廉潔自律。

二〇〇九年，公主嶺市創建「中華詩詞之鄉」期間，全國六十八位詩人來公主嶺市採風，以《問心碑》為主題創作了大量詩詞，《問心碑》的影響隨之迅速擴大。之後《問心碑》及其展室被四平市紀檢委確定為「反腐倡廉教育基地」。青碑無寂寞，爭自問心來。當年，省、市領導和黨員幹部二〇〇〇多人到懷德鎮參觀《問心碑》，大家面對《問心碑》都感到震撼進而反躬自省。

二〇一〇年，《清風玉韻──公主嶺〈問心碑〉詩詞選》開始徵稿。二〇

▲ 省詩詞學會領導為《問心碑》展室題詞

一五年初，通過反覆遴選，最後確定一七〇人的三八〇首詩詞作品入書。徵稿期間，得到了上級領導和詩界名家的大力支持。中華詩詞學會會長鄭欣淼、副會長晨崧，吉林省政協原主席、吉林省詩詞學會會長張岳琦，吉林省政協原常務副主席高文，中華楹聯學會秘書長劉育新，中華詩詞學會副會長、吉林省詩詞學會常務副會長張福有，吉林省詩詞學會副會長吳文昌等，分別為《問心碑》寫詩題聯。

▲ 中華詩詞學會副會長晨崧為《問心碑》展室題詞

《清風玉韻——公主嶺〈問心碑〉詩詞選》有詩、詞、賦等多種形式；內容生動，寫出了《問心碑》的精氣神；教育性強，從反腐倡廉的角度彰顯了《問心碑》的現實意義，是一本難得的提供正能量、弘揚主旋律的詩詞讀物。

附：

　　《問心碑》詩詞選

步張福有韻詠公主嶺《問心碑》

鄭欣淼

文物嶺城堪探尋，縈人最是此官箴。

但期懷德留恩德，猶望問心存素心。

兀爾一碑石矯矯，卓然數語意深深。

今當慾海橫流日，亭下徘徊尤敬欽。

過懷德觀首任知縣張雲祥所立《問心碑》

張岳琦

小城懷德處邊陬，老樹擎天綠葉稠。

常憾紀廉文物失，卻驚銘志古碑留。

雲祥一世無高任，風節千秋有美謳。

莫論為官多少事，問心不愧首當求。

懷德《問心碑》感吟

晨　崧

勤政問心廉吏碑，德懷明鏡響驚雷。

弄權逐利浮名客，到此一遊可皺眉？

《問心碑》歌並序

王岱山

　　序云：古鎮懷德有鎮寶《問心碑》一通，乃為懷德縣首任知縣書丹刻石。一百多年來，賴當地官民珍愛，得以流傳於世，成為今天廉政建設之瑰寶。特製此歌，頌其故事與精神也。

西蜀張公早西行，懷德頻傳頌歌聲。
關東詩陣詩千首，深表碑主一段情。
光緒三年三月三，驛馬傳書未歇鞍。
黃綾朱字題聖旨，古鎮改設懷德縣。
街談巷議一件事，不知何人當縣官。
首任知縣費挑選，吏部尚書調檔看。
左挑右選不中意，一定二否整三番。
忽見吏籍張雲祥，候補知府六品銜。
前朝進士今朝用，具折奏定不容變。
張公祖居成都府，成都府下華陽縣。
遵旨即作關東行，挈婦將雛車與船。
先掛雲帆出三峽，後乘車騎走平川。
山海關前曾止步，城堞垛口用目觀。
門楣題寫五個字，楷書天下第一關。
出關便是關東地，胯下駿馬緊加鞭。
塞外風光蒼茫闊，紅日高臥白雲邊。
回首故鄉家萬里，朔風吹目鼻發酸。
且認他鄉作故鄉，忠君愛民意志堅。
縣治草創建縣城，業大資少難上難。
動員賢達與商賈，自己帶頭把銀捐。
養廉紋銀一千兩，交與師爺作貢獻。
善舉驚動民與官，你捐他捐我也捐。
築罷城牆築縣衙，文廟縣學築齊全。
責令都尉剿匪患，要讓百姓得平安。
興修水利治遼河，林茂糧豐謝蒼天。
張公無愧父母官，勤儉愛民最清廉。

一日三餐食糙米，退堂即換舊衣衫。
官聲政聲聲聲好，德名廉名美名傳。
衙齋夜深人秉燭，秉燭人是張知縣。
提筆凝神寫心語，擇石刻碑立堂前。
百官貪腐一吏廉，誓作問心無愧官。
碑文盡作金玉聲，金敲玉振金玉言。
張公英名標青史，一縷清風到人間。
公去衙空逾百年，百年不朽萬古傳。
喜看今朝懷德鎮，問心碑主成典範。
捐資高築無愧亭，問心石碑立上端。
更築鐘亭懸警鐘，警鐘長鳴警百官。
余聞故事心潮動，試作歌行學吟頌。
但願官似偉張公，國泰民諧政清明。

《問心碑》賦並序

劉學山

懷德縣首任知縣張雲祥，為官清廉，愛民奉公，政聲卓著。任期已滿，因屬民赴省欲留，乃延緩交卸，於此地履職八年。其上任之初所立碑碣尚存，所撰碑文仍在，所書字跡猶新：「問心無愧，古人所難，余何敢以此自命？蓋因數十年來遇事則返心自問，頗有所得，茲值堂成銘以自勉。」有感於張公箴言德政，遂作小賦以頌之。其詞曰：

尋常歲月，荏苒光陰。人事代謝，史海鉤沉。疇昔塞外廣地，肥腴蒼莽；松遼平原，坦蕩無垠。野草閒花，蜂蝶飛舞；茂林碧水，禽獸歡欣。物華天寶，聚生靈以成村落；日作夜息，墾荒野而惠子孫。應運而生，八家古鎮；流民以居，百姓芳鄰。同治五年，分防經歷始設；光緒三載，懷德縣署初新。張

公雲祥，官居六品；首任知縣，德惠萬民。克勤克儉，豎石碑以立志；親民愛民，銘警語而問心。建設縣城，史開新紀；興修文廟，禮重聖人。創立學署，振興教育；清除匪患，安定生民。倡導廉政，貴在克己；籌集善款，先能捐銀。興利除弊，縣域大變；懲奸治惡，民風真純。商賈雲集，店鋪林立；酒旗高掛，馬車載奔。魁星閣文光輝映，狀元橋才俊行吟。關帝廟裡香火盛，《問心碑》前官吏親。政績卓著，捫胸而無愧；民生多艱，請命以勞神。任期已滿，屬民留官赴省；政聲頗高，廉吏掌印勤民。

追溯既往，洞察來今。人生榮辱，宦海浮沉。貪婪易見，清正難尋。好官名留青史，污吏利化流雲。敢言問心無愧，天下有幾個？甘願守廉勤政，世間見幾人？偉哉張公，真乃良臣！開創鴻基，繁榮屬地；施行仁政，惠利平民。石碑默立，吾輩思忖：人間所少，國之魂魄，民之肝膽；世上所多，社之碩鼠，吏之劣根。為官如何執政？掌權怎樣待民？深懷愛民之意，才會披肝瀝膽；恪守為民之責，方能扶弱濟貧。樂謀富民之策，不惜殫精竭慮；多辦利民之事，必定孚眾樂群。

德高見境界，官清得民心。撫摸古代碑碣，誦讀先賢銘文；洗滌思想污垢，淨化心靈濁塵。民族脊梁可敬，中華聖哲當欽。問天叩地，鑑古知今。清廉存心鏡鑑，富貴過眼煙雲。私念似蟻，千堤可潰；貪慾如火，萬物能焚。恥於謀私，天輝日耀；甘於奉公，世敬人尊。

拜石讀銘，省身問心。警示教育，猶如沛霖。立黨為公，執政親民。高天厚土，皎皎日月；正氣清風，朗朗乾坤。大江奔流，後浪推前浪；社會發展，今人勝古人。《問心碑》不朽，大中華永春。

詩贊曰：

碑立衙門警世人，為官治政愛生民。

一身正氣千秋頌，兩袖清風萬代欽。

日月光明天地朗，情操高尚品行貞。

修身養性誠為本，廣闊乾坤境界新。

玉米文化作品集《中國玉米之鄉——公主嶺》

二〇一一年九月，公主嶺市舉辦了「首屆中國・公主嶺玉米節」。玉米節以「科學發展玉米產業，為國家糧食安全做貢獻」為主題。玉米節期間，在舉辦中國玉米產業發展論壇、參觀玉米加工企業、經貿洽談、彩車巡遊、文藝晚會、玉米美食文化酒會和玉米產業技術展的同時，還舉辦了大型詩詞、書法、攝影展覽。《中國玉米之鄉——公主嶺》彙集了「首屆中國・公主嶺玉米節」展示的論文、科研成果和詩詞、書畫、攝影作品，全面介紹了獨具特色的公主嶺玉米文化。

▲ 《中國玉米之鄉——公主嶺》封面

附：

《中國玉米之鄉——公主嶺》詩詞選

題公主嶺玉米之鄉

張福有

平疇飛鳳嶺，沃野起滄浪。

世界黃金帶，中華玉米鄉。

新聞慰公主，盛宴上瓊漿。

注重原生態，田青稼穡昌。

祝賀公主嶺市榮獲「中國玉米之鄉」稱號

趙世斌

金榜題名溢彩光，連天鑼鼓韻鏗鏘。

無邊沃野披新綠，滿嶺繁花送異香。

百里開工皆順勢，千家擴產正飛觴。

響鈴故里輝煌日，御麥功高著錦章。

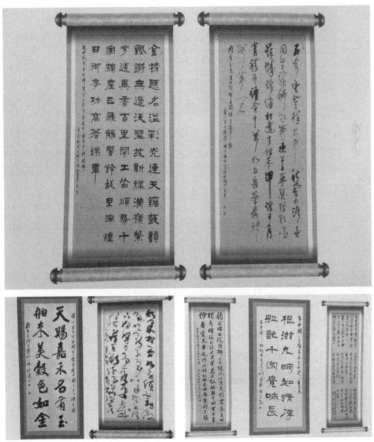

▲ 「首屆中國‧公主嶺玉米節」詩詞展作品

大型話劇《燕趙悲歌》

　　大型話劇《燕趙悲歌》是由公主嶺市戲劇編劇李鐵人主筆，根據著名作家蔣子龍的同名長篇小說改編，是吉林省藝術學院幹部專修班畢業學員演出的畢業劇目，演出後，在全省引起強烈反響。

　　《燕趙悲歌》通過一個有膽有識、具有現代意識的農村改革者形象，展示了中國農村改革的新面貌，揭示出物質文明的發展給農村帶來的巨大變化。作品以「悲歌」為題，從一開始就預示著農村改革將是一場沉重萬分、阻礙重重、對大自然更是對頑固勢力的鬥爭。

　　故事發生在改革開放初期。在華北東部平原上，方圓百里流傳著這樣一句話：「寧吃三年糠，有女不嫁大趙莊。」從早先的「大躍進」、「小四清」、「文化大革命」，到後來的學大寨、學小靳莊，一樁樁，一件件，都沒能治了大趙莊一個「窮」字，倒把農民們折騰得怨氣衝天。前幾年在大趙莊蹲點的縣革委會副主任孫成志，回到縣裡又當了縣委副書記。親自帶隊去小靳莊取經的農委主任王輝，又高昇一級當了副省長。走的走了，升的升了，大趙莊的社員跟他們有遠仇沒有近恨，把一盆髒水全扣到了大隊書記武耕新的頭上。加上新來蹲點兒的縣委副書記熊丙嵐的「搧風點火」，在開了三天的群眾大會上，社員們一股腦兒給武耕新提了三〇〇條意見。武耕新被憤怒和恥辱包圍著。整整三天他不吃不睡，夜深無人時，一個人在田裡四處徘徊，苦思冥想。他把大趙莊的歷史前前後後曲曲折折想了個透。自從他當上大隊書記，領著大夥整田修路，苦累苦熬，把身體都累垮了，應該說沒有對不起大趙莊的地方。可大趙莊還是「年年憶苦年年苦，天天思甜沒有甜」，一想起這，他又覺得自己愧對大趙莊人，愧對那些下鄉知青。

　　可是他不想就此下台，他還有許多事要做。他想把大趙莊的七條道路都鋪上柏油，想把幾十條澆水土渠修成水泥的防滲渠，想開上幾百畝果樹園，種上

瓜果梨桃，可就是沒有錢！忽然，地主趙國璞的發家史點醒了他：要想富，得農牧業扎根，經商保家，工業發財。這使他對人對事都有了一種新的思考，他決心要把大趙莊徹底翻個天。用群眾大會來激發武耕新的潛力，這正是熊丙嵐的良苦用心。在全隊大會上，武耕新表態要再當三年大隊書記，大趙莊若是不富起來，他寧願坐牢。社員們一致贊同。因為要是連武耕新這個大能人也玩不轉的事，別的人上來更不行。從此，大趙莊實行「專業承包，聯產到戶」，把大鍋、大灶改為小鍋、小灶，解散生產隊，成立了五十二個專業承包組。武耕新還大膽起用有爭議的人物張萬昆跑工廠業務。由於承包組是自由結合，每個組長都願意能幹活兒的正經莊稼人。於是，一下子甩出五〇〇多個沒人要的勞動力，這些人有幹活溜尖耍滑的，有身體不好的，也有心道道兒多不好領導的。就像被老百姓稱作「二乎」的趙樹魁、武明英的對象「能吃不能拿」的馬銳勝等，這些人等於失業。他們不能接受這樣的事實，堵上門來要找武耕新說道說道。熊丙嵐出來解了圍。他向大家宣布了大隊黨支部的決定：讓馬銳勝帶幾個人到縣工業局去瞭解全縣社辦工業、隊辦工業的情況，再到天津摸行情，拿出大趙莊辦工業的方案。其餘的人一部分去團泊窪水庫割葦子，另一部分去海邊挖對蝦養殖坑。熊丙嵐還告訴大家：他將和武耕新到天津大學、南開大學去拜老師，請教經濟專家，聘請技術顧問。將來的分工是：種田能手承包土地；頭腦清楚、有心路的明白人搞工業、管理企業；會做買賣的搞商業；能工巧匠當工人；能耐人跑業務；瓦木工進建築隊蓋新村。小材小用，大材大用，不愁沒活兒幹。他的話平息了人們心頭的不安。在熊丙嵐全力支持大趙莊人脫貧致富的同時，縣委書記李峰正躺在醫院裡寂寞難當。他很不痛快，因為他所管轄的縣裡居然有半個月沒人來看他，這對於他是無法忍受的。如果有那麼一兩天沒人來看望他，也沒有人來求他寫條子辦事，他就感到被冷落，心裡發悶發虛。他必須讓全縣的人，至少也是縣委機關的人時時刻刻不忘記他的存在，而且視這種存在如同權力的存在一樣，實實在在，須臾不可或缺。他氣沖沖給縣裡掛電話，叫孫成志來一趟。沒想到來的是熊丙嵐。熊不僅沒有熨貼好李峰

那顆不甘寂寞的心，反倒勸他安心養病，少批條子，少管閒事。李峰心裡很不滿。

初冬，武耕新、李忠漢帶著大趙莊割葦隊在團泊窪割葦子，苦幹了一個多月，為大隊積累了資金，也讓社員掙了錢。在武耕新等人的領導下，大趙莊辦起了冷軋帶鋼廠、高頻製管廠、電器廠、木器廠、印刷廠、副業隊和農場。然而，武耕新的雄心不只侷限在致富這一點上，他還要改變千百年來的農民意識，打開農民的精神世界，消滅城鄉差別。他帶頭穿好衣和皮鞋，還率先蓋起了在農村稱得上豪華的住宅，發動群眾去參觀、效仿，要求群眾以後蓋房不許低於他的標準。

正當大趙莊辦得紅紅火火的時候，熊丙嵐和李峰的矛盾已達公開化的程度。熊對吃大戶、壓大戶、抵制改革的李峰再也不能容忍，去地委告他。而李峰則讓孫成志搞了一份黑材料，到省委誣告熊丙嵐支持、縱容大趙莊抓錢不抓糧、挖國家牆腳等。他這一招兒竟然得逞，熊丙嵐被調到龍和縣去任職。大趙莊陷入沉悶，關於武耕新的種種傳聞也多起來，竟還有說他與婦女委員何守靜關係曖昧的。武耕新不為謠言所動，一面抓計劃生育工作，一面積極發展大趙莊的工農業，把大隊改成農工商聯合公司。到年底評工資時，有人主張給武耕新年薪五十萬元，而以武耕新為書記的大隊黨支部卻決定，武和另外三位大隊幹部都一律評九〇〇〇元，低於一般群眾收入。

武耕新是一個典型的飽經歷史滄桑的農村幹部形象，從一九五八年在公社工業科當會計起，他這一生的路就沒有平坦過。艱難與曲折使他昇華，災難洗滌了他的靈魂，他終於睜開了智慧之眼，成為老東鄉一帶無以匹敵的新型農村領導人。在縣委副書記熊丙嵐的支持和引導下，他力排萬難，邁出了改革的艱辛之步，變「光靠修理地球」為「農牧業扎根、經商保農、工業發財」，在幾年之內使大趙莊成為農村巨富。他帶領社員們改革致富的目的，不是要每家每戶「拿著錢當枕頭」，而是要改變千百年來的小農意識，打破舊習慣勢力對人們的束縛，消滅城鄉差別。站在武耕新對立面的李峰，代表了舊習慣勢力的典

型形象。他們時而設置重重障礙，時而巧立名目平分致富者的勞動所得，時而把致富者當作經濟犯罪分子來打擊。他們既患紅眼病，又害恐富症。話劇《燕趙悲歌》從正面反映了在奔騰磅礡、勢不可擋的改革潮流中，中國農村出現的前所未有的欣欣向榮的景象和農民空前富裕的社會現實，揭示了中國國民經濟發展中消費市場的最大潛力在農村而不在城市這一規律，反映了改革的必然性。

當時李鐵人正在吉林省藝術學院導演幹部專修班學習。經過全體學員推薦，由李鐵人等人執筆，全體學員集體創作了這部大型話劇《燕趙悲歌》。為了創作好、演好這部話劇，一九八四年冬天，全體學員去了小說的原型——天津市體驗生活十幾天，並與作者蔣子龍座談。李鐵人以其樸實無華的演出風格，在劇中成功飾演了男主人公武耕新。

電影劇本《響鈴公主》

一九六二年十一月，田野編寫了電影劇本《響鈴公主》，並於一九六三年七月由吉林人民出版社出版發行。故事發生在清乾隆年間，蒙族部落的干珠爾王有個漂亮的女兒叫塔娜。塔娜美麗、善良，天資聰穎，是蒙古草原的驕傲。塔娜公主自小受到父王的寵愛。馬背民族的生活習慣造就了小塔娜倔強的性格，她自小好動不好靜，經常與小夥伴們打打鬧鬧，習練騎射，晚上還經常偷偷看父王練武，一招一式的模仿。干珠爾王看著公主一天天長大，整天舞槍弄棒，沒辦法，只好請來一位師爺，教她武術。幾年過去了，塔娜公主功夫大有長進，就連同齡的男子也不是她的對手。俗話說，藝高人膽大。塔娜公主憑著滿身武藝，經常一個人進山打獵，總是滿載而歸。有一次，她照常化裝成平民進山打獵。就在她高高興興往宮裡返時，一隻斑斕猛虎猛然間從樹林深處躥出，凶狠地向她撲來。這突如其來的變故，把塔娜公主嚇壞啦。她與老虎奮力周旋、博鬥，但終因體力不支，漸漸處於下風。就在這千鈞一髮的危急時刻，一匹快馬風馳電掣般出現在塔娜公主的面前。來人用箭射中了老虎的頭部，老虎負痛而逃。經過這次偶遇，倆人一見鍾情。

▲ 《響鈴公主》電影劇本封面

臨別時，塔娜公主才知道，救他的年輕人叫洪古兒。塔娜公主毫不猶豫地把象徵著自己名字的珍珠玉，作為信物贈給了洪古兒。

桑格爾扎布是草原另一個部落的頭領，不甘臣服於干珠爾王爺，早有篡奪王位之心。他對年輕、美麗的塔娜公主垂涎已久，一心想娶塔娜為妻。後來，他發現塔娜公主與自己的奴隸洪古兒來往密切，非常氣憤。他絞盡腦汁，幾次想除掉洪古兒都沒有得逞。一天，他把洪古兒叫來假惺惺地說：「我看你人挺乖挺靈的，給你找個輕巧活兒。你替我到佃戶家去收租子，又清閒又自在。只要你乖乖的聽話，我不會虧待你的。」這一天，洪古兒收拾利索，準備去收租子，剛走到一片樹林旁，就被桑格爾扎布持刀攔住。桑格爾扎布滿臉殺氣，凶狠狠地對洪古兒說，你小子真不知好歹，竟敢跟我搶塔娜公主，我今天一定要殺了你。他正要行兇，恰巧被前來打獵的塔娜公主撞見，她挺身而出，制止了桑格爾扎布。這時，洪古兒才知道塔娜是干珠爾王爺家的公主，他自知配不上公主。強忍悲痛，悄悄離去。

桑格爾扎布並未死心，他與在朝中任總管大臣的托日罕互相勾結，並向干珠爾王屢進讒言，說塔娜如何如何不守婦道、敗壞家風、不忠不孝，應該好好管教管教。干珠爾王明知這是桑格爾扎布在陷害自己的女兒，但他為了籠絡住桑格爾扎布的心，違心地答應將塔娜嫁給桑格爾扎布。塔娜得知真情，誓死不從父命，一心愛戀洪古兒。干珠爾王大怒，將她軟禁起來，不准離宮半步。塔娜公主的不幸遭遇，得到瘋姐姐哈斯公主的同情。哈斯向妹妹講述了自己的病因：十年前，她私嫁官職卑微的巴托爾，可是父王為了把她嫁給天朝皇帝，殘酷地殺害了巴托爾和他們的孩子。從此，她整天瘋瘋癲癲。怕她惹事，干珠爾王把她囚禁在宮苑之內，讓她誦經唸佛。塔娜聽了姐姐的血淚控訴，悲痛不已。為了不重蹈姐姐覆轍，她決定同父王抗爭到底。干珠爾王無奈，只得同意讓洪古兒與桑格爾扎布比武招親。洪古兒毅然前往王宮比武，決心用劍奪得愛情和幸福。桑格爾扎布大敗給洪古兒，托日罕便藉機進讒言，慫恿干珠爾王懲處洪古兒。塔娜再三請求父王，最後以自殺迫使干珠爾王宣布赦免洪古兒。一

計不成又施二計，總管大臣托日罕傳話，說出了桑格爾扎布的計策，干珠爾王大喜。於是，他們定下「打死猛虎即招為駙馬」的毒計，想趁洪古兒去巴拉哈喇山打虎之機，暗下毒手，幹掉他。洪古兒明知是計，但為了能得到真摯的愛情，他答應去巴拉哈喇山打虎。哈斯公主偶然聽到了父王的計策，急忙告訴妹妹並讓她去救洪古兒，她還決心用自己的死來幫助妹妹獲得自由和幸福。塔娜衝出王宮後，哈斯放火燒了寢宮，把這「活棺材」連同自己一起焚燬了。塔娜趕到巴拉哈喇山，四處尋找洪古兒。此時，洪古兒因刀箭都被托日罕派人暗中灌鉛鑄死，正在徒手與猛虎搏鬥，塔娜趕來，射死猛虎。躲在樹叢中的托日罕向洪古兒暗發冷箭，洪古兒中箭身亡。塔娜眼見心愛的人被害，悲痛欲絕。這時，干珠爾王、桑格爾扎布趕來，勸說塔娜回宮，等待桑格爾扎布的迎娶。塔娜公主徹底認清了以父王為首的封建勢力的虛偽和醜惡，她親自殺死了桑格爾扎布，然後自殺身亡。

一九八一年，田野對《響鈴公主》劇本進行改編。長春電影製片廠在改編基礎上將其拍攝成彩色影片《玉碎宮傾》，田野任編劇，高天紅擔任導演。主

▲ 電影《玉碎宮傾》劇照

要演員有林芳兵（飾演塔娜公主）、葛存壯（飾演干珠爾王）、李顯剛（飾演洪古兒）、薩仁高娃（飾演王后）、靳維民（飾演托日罕）。

該片獲一九八四年厄瓜多爾第七屆國際兒童電影節榮譽獎。

拉場戲《老男老女》

　　《老男老女》是一部具有強烈時代感的戲劇作品，是陳功范的代表作之一。一九八七年在全省二人轉會演中獲一等獎，還榮獲吉林省創作一等獎、國家文化部創作一等獎。只有兩個人物的拉場戲《老男老女》，反映了喪偶老人渴望黃昏戀卻得不到理解和支持的社會問題。題材並不新奇，但是藝術表現卻富有新意。人物之間的感情糾葛起伏跌宕，意味深長；表達情感的方式別開生面，使人在忍俊不禁的觀賞中對戲中人物寄予深切的理解和同情，從而對幹擾、阻撓黃昏戀的封建傳統觀念產生深深的反感與義憤。隨著改革大潮的襲來，傳統的道德、傳統的信仰、傳統的情感方式受到了強烈的衝擊，商品經濟使農民的情感和靈魂發生了變化。

　　作者對老男老女用傳書遞簡來溝通感情和表達愛情的描寫，顯得特別新穎別緻，富有意味。送信人不必上場，在幕後「搭架子」即可。按照劇本在舞台上設置一大信封，封皮如門，供寫信人進出，進則關門，出則開啟。這是一個具有像徵意味和中介作用的藝術創造。當老男老女先後接到對方的信時，寫信人竟飄然而至，極具感情色彩地傾訴信的內容；收信人則一邊聽信一邊插話，半是品評信的內容半是同寫信人搭話交流感情，猶如兩個人面對面對話。這種若實若虛的心靈對話，可以無所顧忌，無所不談，從而上演了一場妙趣橫生、感人肺腑的喜劇。

　　請看《老男老女》的兩段台詞：

　　老男：老了老了，還就不趁一小兒了，想當初老伴兒死早了，我尋思這輩
　　　　　子也就拉倒了！年輕時沒咋的，可到歲數有感覺了。若再不抓緊辦個人，
　　那這輩子也忒可惜了兒了。

　　老女：按理說，到了咱這歲數，就該本本分分地混日子，可也不知咋個事
　　　　　兒，虎啦吧唧就起了這份心思……

對於這些令人捧腹的台詞，在嬉笑難抑的同時，切不可忽視它內涵的深刻性。請看另一段對話：

老女：都這麼大歲數了，死鬼剛入土那年你咋不說呢？

老男：那幾年？那幾年光忙活著顧命來，年年分那麼一蛋殼子糧食，連皮吞下去都不到肚臍兒，掐著個癟肚子，能有這份閒心？

在戲裡設置的三封信，每一封都是不可缺少的，它們既是劇情的需要，也是揭示主題的需要。例如，第三封信以兒女的口氣，對黃昏戀提出質疑，「媽媽，看在兒孫的份兒上，丟掉那種非分之想吧！」正是這把「哀求」的軟刀子，割斷了老男老女感情糾葛的紅線，使「老女忍痛推開老男，撲倒哭泣」，從而徹底毀滅了這段美好的黃昏戀。

物質生活得到改善的農民，必然不會安於精神生活的貧乏。拉場戲《老男老女》的強烈時代感和豐富的思想積蓄自然是靠它的生動鮮活，更是靠它獨具魅力的藝術技巧來體現的。《老男老女》幾乎演遍了全東北，並進京登上了大舞台，給首都觀眾留下了深刻印象。影視劇演員姜文藝在一九八九年參加的拉場戲《老男老女》演出中獲吉林省首屆藝術節表演一等獎。

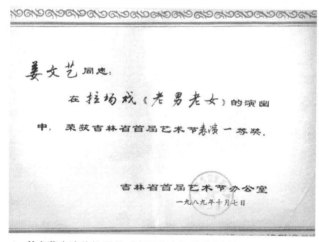

▲ 姜文藝表演的拉場戲《老男老女》獲獎證書

獨角戲《真人假相》

這部戲以一個「一身假料，一副假笑，說假話不紅臉，辦假事不害臊」的基層幹部老賈在迎接剛到任的石部長來視察的前前後後的表現，諷刺、鞭撻了弄虛作假的惡劣作風，引起了觀眾對現實與歷史的反思。

該劇一開始，老賈為了應付「石部長來核實萬元戶」的檢查，神氣十足地叫莊秘書「趕緊往各村扒拉電話，把萬元戶的數字一律卡死」；叫何助理去買「『大重九』菸」、「米老鼠糖」、「無籽西瓜」、「無核蜜橘」；叫管食堂的崔大肚子去準備「十八個熱、十八個涼，一個火鍋一個湯」，還特別強調這是政治任務。繼而面對他想像中滿桌佳餚美酒，煞有介事地演習接待石部長的一應禮儀和拍馬屁術。這些阿諛奉承、溜鬚拍馬的工作作風是不得人心的。作者接下來順理成章地寫了剛上任的石部長深入群眾掌握情況，敢於抵制吃喝風和浮誇風，使老賈陷入了十分尷尬的境地，一時不知如何是好，只有等待通報批評和處分了。該劇鞭撻不正之風和腐敗現象入木三分，揭露陰暗面又不失人心。陳功范的《真人假相》藝術地實現了這一使命。

▲ 獨角戲《真人假相》獲獎證書

▌吉劇《牆裡牆外》

　　公主嶺的戲劇音樂創作具有獨特的風格與韻味。崔鵬雲代表了這一領域的最高成就。例如，吉劇《牆裡牆外》中的優美旋律，至今久唱不衰：

二嫂　　繁星眨眼月牙彎兒，

大乏　　夜風輕拂柳樹尖兒。

二嫂
　　　　我貪黑把火來到牆根前兒，鳥悄兒地手扒牆頭往過賣呆兒。
大乏

二嫂　　牆裡是寡婦家呀，

大乏　　牆外我耍光桿兒。

二嫂
　　　　兩邊都空的落的缺心又少肝兒，
大乏

二嫂　　二嫂我自打守寡一直沒找伴兒。

大乏　　大乏我苦熬幹休沒有老婆孩兒。

二嫂　　好政策打開我心中門兩扇兒，

二嫂
　　　　多年的乾巴樹又冒小芽尖兒。
大乏

大乏　　好麼秧返老還童，越整越添彩兒，

二嫂　　二嫂我成價好樂，不願再打單兒。

　　　　一看見光棍大乏，心裡頭就打閃兒，

大乏　　一瞅著寡婦二嫂，心裡頭就撒歡兒。

二嫂　　別看他憨乎乎說話好紅臉兒，

　　　　竟能夠在我心中佔個大地盤兒。

大乏　　別看這牆裡牆外的不太遠兒，

　　　　可我總趔趔勾勾不敢到跟前兒。

二嫂　　怕只怕惹出是非，兩下都不夠臉兒，

大乏　　光屁股推碾子，整不好得砢磣一圈兒。

　　這是吉劇《牆裡牆外》的第一段唱詞，作者在設計這段唱詞的樂曲時，運用了吉劇聲腔【柳調】。上句女腔以二人轉曲牌【紅柳子】為基調，下句唱腔以二人轉【秧歌柳子】為基調。男女聲腔上下句式有機結合，每句尾略帶小甩腔，聽起來比較活潑、幽默、流暢、悅耳，頗受廣大觀眾喜愛。著名演員趙本山、高秀敏、閆學晶都學唱過這個唱段，電視劇《鄉村愛情》裡也應用了這段樂曲。

　　多年來，崔鵬雲鍾情於戲曲音樂創作，先後為拉場戲、二人轉、單出頭、大鼓等三十多個劇目譜曲。主要作品有：吉劇《捧貓碗》、《劉大人智斷謀夫案》、《姑爺廠長》、《借妻》、《玫瑰香奇案》、《痴情女婿》、《摔子勸夫》、《台灣劍客》、《弄巧成拙》、《妯娌會》、《岷山風情》、《牆裡牆外》、《坐樓殺惜》、

▲　《牆裡牆外》劇照

《老男老女》，二人轉《窗前月下》、《鳳儀亭》和拉場戲《初次登門》等。其中《牆裡牆外》、《老男老女》、《窗前月下》、《鳳儀亭》在吉林省二人轉推廣會上分別獲一、二等獎。二人轉《窗前月下》一九八四年參加東北三省在遼陽市舉辦的第一屆曲藝會演，同年，隨吉林省民間藝術團進京演出，由中國唱片社灌製唱片。拉場戲《老男老女》在一九八七年吉林省二人轉新劇目觀摩評獎大會上榮獲一等獎。《老男老女》被刊載在由吉林省戲曲創作評論室主辦的《藝術週報》第十期上。二〇〇七年七月，崔鵬雲作曲的二人轉《愚公哭山》參加吉林省二人轉大賽，獲作曲一等獎。二〇一一年，他作曲的二人轉《要樓》參加吉林省二人轉大賽，獲作曲一等獎。崔鵬雲名字被收入《中國曲藝界名人大辭典》和二十一世紀人才庫。崔鵬雲現為全國曲藝家學會會員、吉林省二人轉藝術家協會會員。

科幻小說《風暴行動》

《風暴行動》是吉林省作家協會會員、公主嶺市作家協會副主席王劍（筆名九荒）創作的一部具有科幻元素的小說。這部小說是二〇一三年吉林省作家協會扶持項目。

小說講述了發生在塔克拉瑪干沙漠中的離奇事件。在沙漠中有一座綠洲城市，叫作風城。這座城市是由環保志願者用幾百年時間，在與風沙進行堅苦卓絕的鬥爭後建立起來的。某年某月的某一天，先後有三架飛碟在風城降落。它們載來無數類似外星人模樣的怪物，對風城的市政設施、科學院、廣場以及城市周圍的防風林，進行了嚴重破壞。特別是防風林，遭到了史無前例的砍伐和偷盜，把防風帶撕開了一道道大口子。狂風捲著黃沙，凶猛地刮進風城，一時間，城裡變得昏天暗地，陰森恐怖。

風城人並沒有被突如其來的離奇事件嚇倒。森林就是他們的生命，失去森林就等於失去了這座城市。他們立即組織起臨時特戰隊，與這伙怪物展開了保衛家園的殊死戰鬥。接下來發生的一件件事情幾乎讓特戰隊和風城人無法想像，也無法招架。一次次的失敗和磨難，鍛造了風城人的意志，一次次的死裡逃生增添了他們必勝的信心，最後他們用鮮血、勇敢和智慧戰勝了這伙強盜，揭開了飛碟與怪物的神祕面紗。

災難過後，風城人繼續利用科技和汗水，去完成他們「把塔克拉瑪干沙漠變為綠洲」的夢想！

王劍的創作題材比較廣泛，他寫詩歌，寫散文，也寫小說。已在《詩刊》、《星星詩刊》、《詩潮》、《散文詩》、《青年文學》、《黃河文學》、《中國鐵路文學》、《文學報》、《文藝報》、《工人日報》、《吉林日報》等全國二〇〇多家報刊發表過

▲ 長篇小說《風暴行動》獲省作協重點作品扶持項目證書

文學作品。部分作品被《微型小說選刊》、《作家》、《青年博覽》等選載。曾用筆名雪漫、九荒，出版詩集《穀子地》、《雪落他鄉》、《珍珠貝》、《琥珀》四部。

詩集《穀子地》由吉林省全民閱讀協會大力推薦，入選《全民閱讀文學欣賞叢書》。《全民閱讀文學欣賞叢書》是吉林省全民閱讀協會首次以「全民閱讀」為主題策劃並推出的系列圖書，薈萃吉林省三十五位一線作家的優秀散文、詩歌、小說作品。吉林省全民閱讀協會會長、省政協原副主席趙家治在《全民閱讀文學欣賞叢書》序言中寫道：「中國夢是國家的夢，民族的夢，也是吉林人的夢。長白山、『三江』流域、松遼平原、科爾沁草原，特殊的自然環境和千百年來民族融合的歷史，造就了吉林的特殊文化傳統。」叢書共三十五冊，我市只有王劍一人入選。

另外，王劍的詩歌《雪域蒼茫》獲得由《小說月報》、《中國作家》聯合舉辦的第三屆全國青年徵文大賽二等獎。二〇一四年經吉林省作協推薦，中國作協批准，王劍參加了魯迅文學院第二十二屆中青年作家高研班學習，係公主嶺有史以來參加魯院學習第一人。

長篇小說《蓮花泡》

　　《蓮花泡》是崔慕良的長篇處女作。該書獲東北文學長篇小說提名獎、吉林省文學成就獎。《蓮花泡》不僅是一部民俗畫卷，就其民俗描寫多樣性而言，堪稱東北農村民俗大觀。

　　小說描寫了一個女孩，她的名字叫趙玉蟬。她的父親中過舉，可沒等進京考試，清朝政府就被推翻了。俗話說：「讀書的砸了鍋，不是算命，就把脈摸。」她的父親身兼二職，既會算命，又懂中醫。他從女兒的面相上看出，女兒嫁給精明的男人會短命，只有嫁給帶幾分傻氣的男人才能長命。於是他帶著女兒走遍周圍村屯，尋找傻男人。當他們來到蓮花泡時，看見一個青年男人在井邊打水，覺口渴，就去井邊喝水。當趙玉蟬的父親趴下身到柳罐斗裡喝水的時候，那個青年吹起口哨來。這是農村飲牲口

▲ 長篇小説《蓮花泡》封面

時常吹的口哨，人喝水時吹這種口哨，是對人的不尊重，把人當牲口看了。聽到這種口哨，趙玉蟬的父親非但沒有生氣，反而還高興了，當場決定把女兒嫁給他。這個青年名字叫林紹先，因幼年時坐下病，經常流口水、流鼻涕，所以外號叫「拉拉湯」。聰明美麗的趙玉蟬嫁給一個半傻的人，真是一朵鮮花插在牛糞上了。她幾回想死，都被公婆和鄰里勸阻了。

成立人民公社的時候，地主富百川家的房子被強占，他孤身一人沒有住處，來到「拉拉湯」家。此時他正是壯年，雖然是地主出身，但很開明，對農工並不刻薄，土改時被寬大了。他在日本留過學，學的是經濟管理，學貫中外，知識豐富，體魄健壯，很有男人的魅力。他這一來，趙玉蟬非常開心，多年的痛苦被化解了。趙玉蟬找到了真愛，過上了真正的幸福生活。

長篇小說《問心碑》

　　《問心碑》是崔慕良的又一部力作。小說描寫的是懷德縣縣長趙澤民在「九一八」事變後，率領懷德縣警民抗日的事蹟，旁及一九三一年前後懷德縣「四民」（士、農、工、商）生存狀況，勾勒出一幅懷德百姓艱難度日的圖畫，折射出東北社會現實狀況。當權者為支持戰爭，保護既得利益，橫徵暴斂，致使富饒的東北大地百業凋零，土匪蜂起，百姓苦不堪言。在蔣介石不抵抗政策下，趙澤民、汲義方等率領懷德縣警民奮起抗擊日軍，以一城之地，阻延了日軍吞併東北進程，致使日軍最後不得不動用飛機、大砲，用超過守城警民一倍的兵力圍剿。守城警民孤立無援，最終兵敗城陷。《問心碑》向人們昭示：天不可欺，地不可欺，歷史不可欺，人心不可欺。

　　《問心碑》是一部悲劇英雄讚歌，是進行愛國主義教育、弘揚民族精神的好作品。二〇一三年九月十四日，吉林省作家協會和公主嶺市作家協會舉辦了崔慕良長篇小說《問心碑》作品研討會。研討會由吉林省文學院院長韓耀旗主持，省作家協會原副主席、省著名文藝評論家朱晶等對《問心碑》作了專題點評，省作家協會副主席張順富最後做了總結。公主嶺市有關專家、學者五十餘人參加了研討會，對《問心碑》給予高度評價。

▲ 長篇小說《問心碑》研討會

長篇小說《金融家軼事》

《金融家軼事》是中國散文學會會員、中國文藝家創作協會會員、中國作家協會吉林分會會員黨春海的一部長篇小說。此書榮獲中國小說學會二〇一三年「中國當代小說獎」，併入編《中國小說家大辭典》。

《金融家軼事》通過對二十世紀八十年代末期至九十年代初期金融家的描寫，集中地反映了我國金融戰線體制改革的風雲變幻，塑造了中國金融工作者的鮮明形象，其中包括郁田、姜大勇、何蓮花、張曉娟等，反映了他們的愛與恨、苦與樂，及其在改革大潮中所創造的輝煌業績。

《金融家軼事》另外還對農業銀行領導班子新老交替情況進行了描寫，勾勒了一幅改革時期金融與農業命脈攸關的社會風俗畫，謳歌了不同崗位的社會主義金融家的坦蕩胸懷、無私的事業心和偉大的犧牲精神。越是接近基層，小說的人物越是鮮活。其中，放牛溝營業所主任姜大勇與農民企業家汪宗國的幾年協作，更是寫得生動感人。

起初，汪宗國的家境並不寬裕，跑運輸撞傷了一個老太太，不但兩萬元貸款還不上，而且又欠下不少新債。在姜大勇的幫助下，汪宗國貸款三萬元，把山下荒甸子開成十公頃水田。次年，水田擴大到三十公頃。為建育苗大棚，砍了六〇〇顆葡萄樹，不得不僱人插秧。經市行批准，姜大勇又給他貸了六萬元。汪宗國的三十公頃水田豐收，還上了貸款，開始琢磨辦禽類綜合加工廠，再貸一五〇萬。接著建種雞場、冷藏庫，繼續得到了農行的支持，從溝下的一個貧苦農民成為鄉村企業家。汪宗國是農業銀行手把手扶持起來的。幫人一次不難做到，難的是一幫再幫。姜大勇

▲ 《金融家軼事》封面

與汪宗國並沒有任何私人關係。姜大勇自己貧病交加，卻什麼禮品都不收，不吃別人一口飯。感念至此，汪宗國怎能止得住激動的淚水。姜大勇當然不僅幫助汪宗國，他代表農行、代表國家，還幫助天麻專業戶李老尖、幫養參戶孫發財、幫全鄉農民買化肥……幫過許許多多的人。這位「文革」期間挨過整，近年依然一貧如洗的營業所主任，為躲「年豬」（不吃請），過大年離家外出，最後鞠躬盡瘁累死在崗位上，不愧為「貧民的救星」。

《金融家軼事》出版後，著名文學評論家、吉林省作家協會原常務副主席朱晶在《文學界》《長春晚報》等報刊上發表了署名文章，指出：「黨春海筆下的姜大勇與汪宗國，相當典型地揭示了改革年代國家金融事業與農民脫貧致富的血肉相連的關係。中國農民要脫貧致富，離不開國家金融的大力支持；而農村金融只有面向廣大農民，方可找到用武之地。前面所說的『一幫再幫』，也只能發生在社會主義國家的金融機構與農民之間。這一點，小說寫得十分精闢。我覺得黨春海的敘事心態樸實而純淨，珍視筆下人物情感與生命的價值。

▲ 黨春海被中國文藝家創作協會授予「中華當代傑出功勳藝術家」稱號

不管別人怎麼寫，他堅持自己的筆法，這挺可貴。《金融家軼事》中，砂陀子營業所記賬員張曉娟的命運，就構成了小說最感人的段落。從下鄉插隊張曉娟請劉影等人去家吃飯，參加全國珠算比賽獲獎歸來劉影設宴祝賀，到張曉娟做骨癌手術，裝假肢重回櫃檯，再到結婚生子，辦珠算班直至長眠病榻……作品細膩動情地描述了這位女知識青年的純真品性、對事業的追求及生命的苦痛。品性之高潔、筆調之清新不由得讓讀者受到了靈魂的淨化。像《金融家軼事》這樣，如此充分展示中國農村金融家情懷和作為的小說並不多見。因此，黨春海的勞動，他為這部作品付出的心血和熱情，是值得感謝的。這並不僅因為，人們不該忘記，是農村金融為中國農業的發展注入了活力；還因為人們終於透過金融和農業經濟的數字和事實，觸摸到了中國金融家

生命的熱力和心的搏動！」《金融家軼事》出版後，作者又將此書改編成二十集電視連續劇。

黨春海從一九五九年開始文學創作並發表作品，迄今已出版長篇小說、報告文學、紀實文學、散文、詩歌等作品集二十餘部。二〇〇五年十二月，被中國文藝家創作協會授予「中華當代傑出功勛藝術家」榮譽稱號；散文《從北京帶回的「菊花石」》獲中國散文學會二〇一〇年「中國當代散文獎」；二〇一五年作品《金融魔窟——偽滿洲中央銀行覆亡紀實》出版。他的作品分別入選《共和國 60 年詩人書畫家大辭典》、《中國散文家大辭典》、《中國詩詞家大辭典》、《中國小說家大辭典》。

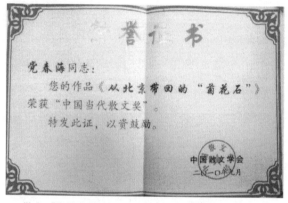

▲ 散文《從北京帶回的「菊花石」》獲獎證書

▲ 黨春海獲省作家協會第二屆文學創作再獎勵證書

公安史書《公主嶺市公安志》

　　《公主嶺市公安志》由長期從事公安工作的吳衛東創作。此書開創了我省編修縣級公安志書的先河，填補了公主嶺乃至吉林省公安史志領域的一項空白。

　　《公主嶺市公安志》分為清末、「中華民國」、偽滿洲國、國民黨統治、解放戰爭、新中國六個歷史時期，共八卷，約一二〇萬字。採用通記繁體體例，以時間為經、事件為緯。紀事年代和內容貫古通今，略古詳今。它具有鮮明的時代特徵和地方特色。

　　《公主嶺市公安志》是吳衛東退休後用七年時間辛勤耕耘的豐碩成果。它詳細記載了公主嶺市建警以來的活動情況，揭示出各個歷史時期警界的興衰起伏。不但可以看出警界歷史車輪的運行軌跡，而且可以作為研究探討地區政權存在的依據。特別是志書用重筆記載了新中國人民公安機關創建、發展、「砸亂」、新生、改革等艱難曲折的發展歷程；展現了各警種在各個歷史階段的豐功偉績；描繪了一些血染沙場、智勇擒敵、矢志愛民、奉獻一生的可歌可泣人物。它全面展示出基層公安機關的精神風貌。

　　此外，吳衛東參與編著了檔

▲ 《公主嶺市公安志》封面

案、方志資源開發叢書《歷史的記憶》，並擔任執筆；他編著的《懷德縣公安局歷史資料長編》，被吉林省新編地方志年鑑優秀成果評審委員會評為佳作獎；編著的《公主嶺市大案選編》被吉林省公安廳公安史料徵集編研領導小組評為「全省公安史（志）優秀成果」；撰寫的《對 100 名青少年犯罪的調查》論文，被中國法學會評為優秀論文，應邀參加在張家界召開的全國法學研討會並作學術交流。

▲ 《公主嶺市公安志》扉頁

詩集《本色集》

《本色集》是吉林省作家協會會員、公主嶺市作家協會主席劉春榮的第一部詩集。該書出版於二〇〇八年，共有作品一六〇餘首，有詩有詞，有五言也有七言。作品主要以詩詞來謳歌時代、謳歌生命、謳歌自然。創作風格既有婉約派的纏綿，也有豪放派的風骨，有高歌，亦有低吟。創作手法或用白描而得其神韻，或用隱喻而意在言外，或用誇張而妙不可言。從《本色集》中，不難看出他的生命之初心。那些不加修飾、自然淳樸的詩，是對生命的感悟，是對生活的熱愛。正如劉春榮所說，本色另一方面蘊含著為人坦蕩、直率的胸

▲ 《本色集》封面

懷與境界。劉春榮的《本色集》裡，大多數詩的題材源自生活。他對人生有一種睿智的徹悟，對生命有一種澄澈的認識。二〇一三年市文聯組織部分協會會員赴西安採風，在歸途的火車上，劉春榮寫下了《浪淘沙‧游西安古城有感》：

綠樹掩皇都，瓦碧門朱，白雲紅日青山孤。千古興亡多少事，一紙難

書。　　故地繪新圖，喜上通途，登高昂首看榮枯。喝采中華逢盛世，萬眾歡呼。

　　按照作者的說法，《本色集》出於自娛自樂，只不過是在實現自己一個小小的夢想。寫詩已成為作者的一種愛好和習慣。更讓讀者欣喜的是，通過作者的詩心，也懂得了自己如何去詩意地生活。正如劉春榮所說：「我喜歡用文字給大家驚喜，我喜歡用詩歌謳歌生命和自然帶給我們的心靈感動，我希望讓更多的人享受詩意的生活。」

浪淘沙・市作家協會秦家屯荷花池採風有感

劉春榮

筆會聚荷塘，

景勝蘇杭。

花紅葉綠柳絲長。

一縷秋風彈雅韻，

鼓蕩心房。

華夏似朝陽，

文武爭強。

晴空萬里任飛翔。

巨筆開懷書盛世，

豪情激揚。

現代詩集《我心飛翔》

　　《我心飛翔》是劉春榮的又一部現代詩集，二〇一〇年出版，全書共收錄詩歌一五〇餘首，以創作時間為序，以生活中的點滴感悟為題材，文字或乾淨大氣，或富含哲理，或有閒情逸致。一首首詩歌有的是對生命的理解，有的是對生活碎片的細緻梳理，有的則是對生活的無比熱愛。讀罷，可以感知他是在用詩歌謳歌生命和自然的偉大，是在用一種美麗的詩意感受著愜意的生活。《我心飛翔》中有一首詩《春天的壯舉》是這樣寫的：

儘管

白雪掩蓋了一切祕密

榮光

還有瘋狂

但大地仍在籌劃

下一個春天的壯舉

嚴寒

能擋住春天的腳步嗎

聽那未來的聲音與大地共鳴

相信吧

那即將開啟的

必將是一部

閃耀生命韻律的

華美樂章

▲　《我心飛翔》封面

　　生活是詩，是明理之詩，理至味兒出。由此，作者把生命之情、生命之理

融為一體，融會貫通，表達了作者對詩意生活的渴望，對美好生活的憧憬。既是真情實感的表達，也是詩意生活的寫真。劉春榮在《我心飛翔》中說：「我堅信，平凡的生活，時時刻刻蘊含著不盡的詩意。只要我們善於發掘，終究會發現生活中永遠有描述不盡的美和體驗不盡的愛，讓思想愜意飛翔。」

有人說，「平淡」是一種力量，如若寫文作詩，做人行事，能像劉春榮那樣一如既往地單純，那些行為實踐和文字表達自然就會趨向於複雜與糾纏，融合與互依，成為對立統一的常態。這一點，在他的詩《依然渴望一場大雪》中表達得淋漓盡致。

劉春榮的詩，詩風「平淡」。然而，作者豐富的文化底蘊、單純的生活態度，使其作品給人以輕鬆、清新的感受。正像雷平陽的詩句寫的那樣：「我始終跑不出自己的生活。」事實上，每一個作者，都在這「平淡」之中，重複著「平淡」，而像劉春榮這樣能在詩作中意蘊「平淡」，讓讀者在「平淡」之中看出詩學的意韻，才正如詩人雷抒雁所說「於平淡中見精深」。大詩人所說的「平淡」，在劉春榮的詩中可理解成「生活」，而大詩人所謂「精深」，不過就是指詩人在詩裡埋下的種子吧！

生活中總會有很多事情讓人回味無窮，讓人不由自主地駐足沉思。作者通過揣摩思考後，寫在紙上的這首詞，讓人讀起來輕鬆，又能讓人在不經意間找到一絲驚喜。這主要是因為作者不僅有良好的審美，而且還有博大自信的胸懷。登高昂首看榮枯，何等豪邁。他在自己詩的空間裡，沒有應接不暇，沒有虛偽矯飾。

自肩負起公主嶺市作家協會主席這個重擔後，劉春榮不僅寫詩，還闖進了小說創作領域。僅在二〇一四年就創作了《老崔愛情故事》、《保姆》、《土地》、《謀殺》、《又是一年落葉》、《規則》六篇短篇小說。《土地》、《又是一年落葉》、《規則》在省級刊物《參花》上發表，其中《土地》、《老崔愛情故事》受到了文學界的一致好評。二〇一四年，劉春榮作詞的歌曲《我的家鄉公主嶺》，公主嶺電視台製作成音樂電視作品。

長篇敘事詩《寶鏡湖》

　　《寶鏡湖》是王岱山一九七九年創作的長篇敘事詩，講述的是一個漂亮而心腸歹毒的王妃迷惑國王、禍亂朝廷、迫害百姓，終於醜態畢露得到應有下場的故事。故事情節跌宕起伏，人物形象鮮明生動，語言古樸、自然、流暢，詩境廣闊，意蘊磅礴，讀了令人蕩氣迴腸。

　　這部敘事詩先由吉林人民廣播電台配樂播發，繼由時代文藝出版社出版，後應電台之邀改編成廣播詩劇，由長春電影製片廠著名配音演員孫敖、陳汝斌、李真等演播，著名作家喬邁撰寫了主題歌詞。該詩劇由長影演員劇團和吉林省歌舞劇院民樂團聯袂演出，獲得極大成功。一九八二年在全國廣播劇交換會上入選，在中央人民廣播電台和各地方電台多次播出。一九八五年吉林人民廣播電台舉行建台四十週年慶典，《寶鏡湖》被確定為永久保留節目。三十年後，中央人民廣播電台重新將《寶鏡湖》錄製成華語電子版，由「央廣之聲」在網上向海內外公開發行。吉林美術出版社出版了同名連環畫。

宝镜湖
王岱山
时代文艺出版社

▲ 《寶鏡湖》封面

《李清照詩詞詮譯》

　　《李清照詩詞詮譯》是學者王岱山為公主嶺師範學校古代詩詞鑑賞課編著的教材，一九九二年由現代出版社出版，在四平、遼源、延邊幾所師範學校試用，反映良好。該書收集了宋代女詞人李清照的七十四首詩詞，逐首作了內容提示、文字註解、詩詞今譯。內容提示，給予恰如其分的點評；文字註解，作生動準確的釋義；詩詞今譯，是雅俗共賞的韻文。書前有卷首綴語，著者滿懷深情地敘述了李清照坎坷的人生經歷；書後有著者的編後詩，歌頌了婉約詞主的藝術成就。

　　斗轉星移，這部學術著作出版發行已二十多年，時至今日仍是國內學術界研究李清照詩詞難能可貴的著述。該書曾獲四平市社會科學研究成果一等獎，獲吉林省寫作科研成果一等獎，被山東省濟南市李清照紀念館永久收藏。

▲　《李清照詩詞詮譯》封面

新詩集《北方的野草籽》

　　《北方的野草籽》是史立佳個人詩歌自選集，由國家民政部原常務副部長陳虹題寫書名，由配樂朗誦詩《周總理辦公室的燈光》、歌曲《十五的月亮》《望星空》的作者石祥作序。史立佳的詩歌作品多數為厚重大氣之作，讀來氣勢恢宏，令人振奮。他在《生與死的價值》中寫道：「當這個世界上沒有了我，有誰會感傷沉默，像流螢一現，影響不了任何的正常生活，天還是那麼蔚藍，地還是那麼廣闊。現在的我還活著，要珍惜這分分秒秒的時刻。」詩是語言藝術，語言優劣決定著詩的成敗。史立佳的語言既有古典詩詞的精煉、含蓄、韻味，又有現代新詩的自由、通感、魅力。他的詩裡很少有官話、套話、空話，而是用自己反覆打磨了的富有真情與哲理的藝術語言，既不淡白如水，又不佶屈聱牙。如《酒後清醒時》一詩中寫道：「失去的，待去尋找，那是人的本能——美好的嚮往。找回來的是酒，讓你在昏沉中，得到滿足，感到迷惑，滿足的是得到它的醇香，迷惑的是讓人難以品量，到頭來，仍是春、夏、秋、冬，四季中，還是細雨、赤熱、涼風、寒霜。」史立佳寫詩很下功夫，其中《為被縟所嘆》構思巧妙，境界高遠：「一張舒適的床，鋪著被縟三套，一套是寂寞，一套是熱望，只有中間一套，常在睡夢中微笑。舒適的床，鋪著被縟三套，過了春夏秋冬的四季，該拆該洗誰最明了。」一個哲思，一個發問，把境界推到一個新的高度。中國夢，是人民的夢，民族的夢，是每個中國人的夢。夢是什麼？夢是一首詩，是人民大眾的心裡話。《北方的野草籽》代表了廣大詩人的共同心願：「你依偎著蠟梅，風雪裡同感浪漫。你襯托著蘭花，美麗中甘願奉獻。你簇擁著翠竹，歲月裡傲骨共顯。你仰望青松，弱小中挺拔昂然。北方的野草籽，平平淡淡，讓生機無限。」

▲ 《北方的野草籽》
　　封面

書法作品

公主嶺書法愛好者眾多，許多的書法作品在國內外獲得大獎。一九八八年，張健平的草書作品在「長白山國際書法大賽」中獲佳作獎。張喜春的楷書《楓橋夜泊》被選送到日本參加在廣島舉辦的「中國現代書畫美術展」，受到日本同行的讚譽。一九八八年，張德發書畫作品在首屆公安部書畫大展中獲優秀作品獎。一九八九年，張健平的草書作品《黃鶴樓》在全國第四屆書法篆刻作品展中展出。一九九四年，葛永薈的書法《天人合一》獲國際交流展三等

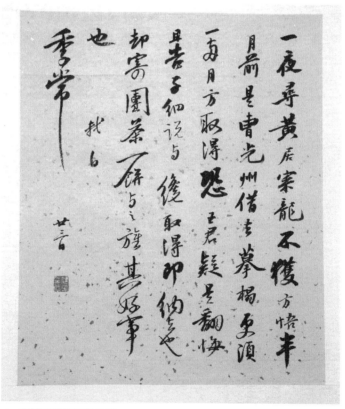

▲ 張健平獲獎書法作品

▲ 書協主席張健平在全市教師書法培訓班講課

獎。陳曉敏的書法《毛澤東詠梅詞》入編《當代中國書畫名人名作鑑賞》，硬筆書法作品入選全國第一屆硬筆書法家作品展。二〇〇一年，王洪波書法作品獲吉林省紀念建黨八十週年書法美術攝影展書法類金獎。二〇〇二年，張健平、宰令石書法作品獲吉林省首屆臨帖大展金獎。在首屆「東方之光」當代中老年詩書畫作品大賽中，張德發的書法作品獲銀獎，並被聘為「終身研究員」，他的事蹟被收錄到《世界華人文學藝術家名人錄》、《中國專家人才庫》，作品被收入到《中國書法全集》、《世界當代著名書畫家真跡博覽大典》、《中華翰墨名隸

▲ 張健平獲獎證書

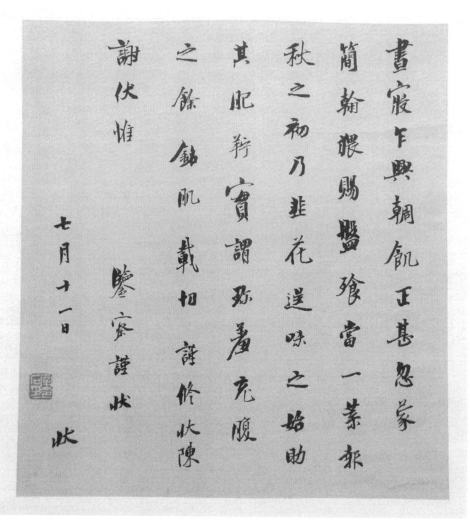

▲ 宰令石獲獎書法作品

作品博覽》等。二〇一一年，宰令石書法作品入選全國第十屆書法篆刻展，入選首屆「趙孟獎」全國書法作品展。二〇一一年，馬玉寶書法作品入展「鄧石如獎」全國書法展，二〇一二年，入展全國「瘞鶴銘獎」書法作品展、全國第三屆青年書法篆刻展，入展第四屆中國書法「蘭亭獎」並獲佳作獎。二〇一四年一月，許寅的書法《世說新語之王羲之謝安論清談》入選《海峽兩岸〈台

北—長春書畫印名家邀請展〉》。二〇一四年四月五日，在吉林省第四屆臨帖展中，公主嶺有九件作品入展。其中張健平臨寫的王羲之十七帖獲一等獎。自二〇〇二年起，吉林省已連續舉辦四屆臨帖大賽，公主嶺均有作品參展並獲獎。

一九八九年，張健平書法作品入選全國第四屆書法篆刻展，開啟了公主嶺書法作品入選國家級大展的先河。一九九二年，張健平加入中國書法家協會，成為公主嶺市第一位中國書法家協會會員。二〇〇三年，張健平當選為四平市書法家協會副主席。二〇〇七年，張健平書法作品獲吉林省群眾文化群星獎一等獎。同年，他的書法作品入選全國著名書法家邀請展和遼河情全國書法家百人書法邀請展，並當選為吉林省書法家協會理事。出版了《倚翰堂書法集》。

趙勇，中國書法家協會會員、中國詩書畫研究院研究員、中國華僑文學藝術家協會理事。出版專著《郭沫若書法初探》、《中國古代兵法字帖》、《趙勇寫真》、《趙勇書老

▲ 宰令石獲獎證書

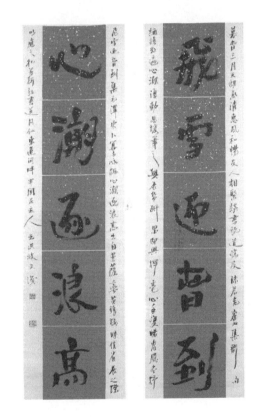

▲ 王洪波獲獎書法作品

子〈道德經〉》及專題片《潛心為藝，熱心為民》等。在報刊上發表書法作品三○○餘幅。其書法作品收錄在《當代中國書法藝術大成》、《中國歷代書法家名人大詞典》、《紀念張大千誕辰一百週年華人書畫家精品展》、《慶祝建國五十週年華人畫家、書法家、詩人作品聯展大獎典藏集》等四十餘部大型書畫集及詞典中。書法作品入刻幾十個碑苑、碑廊，多次被作為禮品贈送外國友人，已被幾十個國家和地區的華僑華人收藏。

▲ 王洪波獲獎證書

▲ 趙勇獲獎書法作品

▲ 趙勇獲獎書法作品

繪畫作品

公主嶺市的美術作品在國內外享有很高聲譽。陳曉敏的水墨畫《嚴冬過後綻春蕾》和陳德武的水墨畫《萬事如意》，被推薦到日本參加在廣島舉辦的「中國現代書畫美術展」，受到日本同行讚譽，日本主辦單位給他們寄來展出作品彙集而成的書畫冊和感謝信。一九九〇年王功學的年畫《喜上加喜》、《富上加富》兩幅作品在天津楊柳青畫社出版，《五穀豐登》、《吉祥如意》兩幅作品由河北省美術出版社出版。一九九一年，陳曉敏的《夜來香》、《長白野卉》和陳德武的《三江之源》、《顏魯公詩意畫》，參

▲ 陳曉敏繪畫作品

加國際畫展並獲獎。一九九三年，王忠寇的作品獲「奧運杯」國際書畫藝術大賽優秀獎。一九九四年，齊先的國畫作品參加「國際家庭年暨建國四十五週年國際書畫大賽」獲精品獎。一九九五年，陳曉敏的國畫《富貴白頭》和蔡雲翔的國畫《群峰滴翠》，在日本東京舉辦的第三屆國際書畫藝術作品展中分別獲銀獎。一九九八年，張迎春的國畫《祥雲飄過》在首屆「畫聖盃」全國書畫大展中獲「畫聖獎」。一九九九年，葛永薈的國畫《相約黃昏》在第三屆紐約國際「金鵝杯」書畫大賽中獲銅獎。李玉林的國畫《松鷹圖》、《秋聲》獲「中華杯」澳門回歸書畫篆刻攝影大賽二等獎。郭仲威的國畫《藤花》在中國畫聖、書聖全國書畫名家金獎大賽中獲畫聖金獎，並獲「畫聖、書聖藝術家」稱號，作品被編入《中國書畫博覽經典》。二〇〇九年，孫殿軍的作品在中日文化交流協會在日本大阪舉辦的展覽中展出並獲銅獎，二〇〇九年入選畫聖故里喜迎新春中國畫小品展並獲金獎。

一九九〇年，在吉林省博物館舉辦「苦戀丹青」陳曉敏書畫展。其國畫作品多次參加海內外美術作品大展，《富貴圖》、《春滿神州》、《君子蘭》、《蘭

香沁脾》等三十多幅作品被國際友人收藏，有六十多幅作品在日本、新加坡、馬來西亞等國家展出。

　　王功學曾為人民大會堂接待廳設計巨型油畫《長城雄姿》。《長白山天池瀑布》、《長白山林海》兩幅作品懸掛在人民大會堂東北廳。他的作品還曾參加過全國第七屆和第八屆美術展覽、中國油畫大展、第三屆中國油畫展、文化

▲ 劉樹才油畫作品

▲ 王功學油畫作品《天池之夏》

▲ 王功學油畫作品

▲ 呂長池在大連與墨竹畫愛好者進行筆會交流

部美術作品展、新加坡「中國繪畫藝術展」、北京油畫學會首屆展、中國優秀青年畫家作品展、巴黎中國文化藝術交流展、關東畫派國畫油畫作品展。出版了《中國當代油畫家——王功學專輯》、《中國樹立拍油畫精品叢書——王功學專輯》、《中國油畫名家——王功學專輯》、《王功學作品集》、《當代畫家——王功學作品選》等畫集。

二〇〇七年，美術家協會主席劉樹才有六幅原創風景油畫在北京藝博會上被國內外友人收藏，有二十多幅油畫在全國各大報刊、美術雜誌、學術期刊發表。

呂長池師承於盛枝、董壽平兩位書畫大師，專攻墨竹，喜繪風、晴、雨、雪等各種竹態。苦練墨竹四十載，頗具成就。多次應邀參加北京、大連、山東等國內藝術研究單位、文化發展公司的筆會，有五十多幅作品被海內外友人高價收藏，有三十多幅作品發表在全國各大報刊。多次參加亞洲各國書畫美展。二〇一四年，天津楊柳青美術出版社為呂長池免費出版《墨竹書譜》畫竹系列叢書，在全國發行。主要作品有五十米長卷《萬竿煙雨圖》和《江南煙雨圖》等。

▲ 呂長池著《墨竹寫意畫法》封面

攝影作品

公主嶺市攝影家協會的前身為懷德縣攝影家協會，成立於一九八一年。歷任主席分別為李相義、李俊卿、張景輝、范純昌、李國文。

公主嶺市攝影家協會深入基層、關注社會、貼近生活，創作出一批優秀的攝影作品。

《朱鎔基視察公主嶺》，作者張景輝。一九九八年六月，朱鎔基總理到吉林省調研，張景輝時任《公主嶺報》專職攝影記者，有幸全程隨同考察公主嶺市集貿城市場。

那天，朱總理在集貿城市場走訪了很多攤主，從糧食價格到蔬菜品種，從管理方式到經營成本，從惠民程度到顧客反映，一一詢問。他縝密的工作態度、科學的工作方法，給人們留下了深刻的印象。就在這種工作狀態下，張景輝抓拍了這幅珍貴的新聞圖片。

畫面中的朱鎔基總理平易近人，手拿墨鏡，雙臂相交，正與攤主親切交

▲ 市攝影家協會志願者下鄉開展文化惠農活動

談。那認真的表情，樸素的衣著，彰顯出一位親民總理的特殊人格魅力和人文情懷。

該作品被多種書刊多次採用，一九九八年參加全國縣市級好新聞評選獲優秀獎。

《相約金秋》，作者趙力華。二〇〇五年十月二日拍攝於河北壩上。壩上風光享譽國內外。有多少美麗，就有多少艱辛。為拍到心儀的畫面，作者五去壩上。經過無數次的爬冰臥雪、風餐露宿，終於如願以償。「夕陽西下之時，一抹暖暖的霞暉，夢幻般地灑在草原上，給丘陵、草坡和白樺樹染上淡淡的金妝。遠處，緩緩走來的牛群，自由自在，沐浴在光的世界裡。隱沒在牛群後的牧人，緩緩揚起長鞭，彷彿在指

▲ 趙力華獲獎證書

▲ 趙力華獲獎作品《相約金秋》

揮著這首無聲的華彩樂章……」該作品構圖合理，畫面唯美，影調舒服，光色絕妙，是依據壩上景色創作的上佳之作，代表了公主嶺市這一時期風光攝影的水平。

《相約金秋》二〇〇七年六月參加了第十四屆「星光獎」吉林省美術書法攝影作品選拔賽，榮獲一等獎。

《老哥們兒》，作者李天放。該作品拍攝於二〇〇九年十月十六日。

當日，市政協組織部分委員赴公主嶺市陶家屯鎮敬老院開展送文化活動。演出開始後，所有的人都去觀看文藝節目，這時有三位老人溜邊兒聚在了一

▲ 李天放獲獎作品《老哥們兒》

起，他們坐在玉米秸稈上，捲著旱煙，拉著家常，當被舞台上演員的精彩表演吸引時，臉上綻放出樸實開心的笑容……作者抓住這稍縱即逝的時機，按下了快門，動人的瞬間被凝固成一幅永恆的畫面。

作為生活紀實類攝影作品，《老哥們兒》畫面主體突出，人物表情生動，時代氣息濃郁，是貼近生活、源於生活、有生命力的好作品。二〇〇九年十二月，該作品參加第十五屆「群星獎」吉林省美術書法攝影作品選拔賽，榮獲一等獎。

《影像記憶——家庭婚姻故事（組）》是李國文的社會紀實類攝影作品，拍攝時間跨度幾十年。作品通過一幅幅不同時期家庭照的有機組合，講述了一個大家庭幾

▲ 李天放獲獎證書

▲ 李國文攝影作品《影像記憶——家庭婚姻故事》（組照之一）

代人的婚姻故事，從側面反映了中國社會的發展與變化，揭示出「家國命運休戚相關，人民安康必須國家富強」這個樸素的道理。

二〇一四年七月九日，該組作品入選了由中國攝影家協會與中國計劃生育協會聯合舉辦的「生育關懷・誠信計生」全國攝影大展，受到專家與觀眾的關注與好評。二〇一四年七月十六日，該組作品被大展評委會評為銅質收藏作品。評委會的評語是：「照片和圖片說明通過版面編排，組成了一本家庭相冊，在訴說歲月滄桑的同時，也映襯出社會的變遷。」二〇一四年七月二十五日，該組作品發表於《中國攝影報》第五十七期十六版展廳欄目。

《昔日嶺城》，是張景輝在二十世紀八十年代拍攝的，是現今唯一能見到的一幅公主嶺市區鐵南全景圖原作。該作品是在位於公主嶺火車站北側的鐵路供水塔上拍攝的，角度獨特。站在上面，極目遠望，鐵南盡收眼底。當時由於受攝影器材所限，沒有一款超廣角鏡頭能完成全景拍攝。作者利用手中的老款135膠片機，憑著過硬的技術，採用三次分攝，然後手工接片的辦法，高質量圓滿地完成了這幅作品。作品畫面前景中心為橫跨鐵路的老泰平橋，沿橋下大

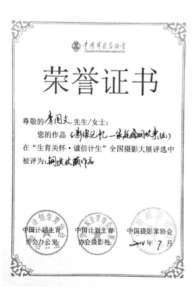

▲ 李國文攝影作品獲獎證書

▲ 李國文與中國攝影家協會主席呂厚民合影

馬路延伸，現已無存的鐵路貨運處、兒童公園、文化館、三商店、中心塔等一批老建築歷歷在目。與現在的市區影像相對照，今昔巨變，是一幅十分難得的珍貴歷史圖像。該作品二〇一四年參加市委宣傳部舉辦的全市書法、美術、攝影展，受到廣大觀眾的一致好評，被評為一等獎。

《鄉鎮學校展新貌（組）》為一組社會紀實類攝影作品，作者孫向陽。作者以鄉鎮學校為拍攝目標，多次到校拍攝，並查閱歷史圖片進行對比。經長時間細心觀察，從小處入手，將學校的面貌通過學生的學習、食宿、活動等室內外一系列生動畫面展現出來，讓校容和人的精神面貌說話。通過鄉鎮學校的新變化，反映出社會的巨大變化。該組作品二〇一四年九月參加了由中國攝影家

▲ 張景輝攝影作品《昔日嶺城》

▲ 孫向陽攝影作品《鄉鎮學校展新貌》（組照之一）

▲ 孫向陽攝影作品獲獎證書

▲ 《公主嶺攝影（創刊號）》封面

協會與中國財政攝影家協會聯合舉辦的「在希望的田野上——全國財政系統第二屆『財政人・財政事』攝影作品展」，被評為優秀獎。

《公主嶺攝影》創刊號二〇〇八年出版，由公主嶺市攝影家協會主辦，彩色膠版印刷。內設社會聚集、嶺城之窗、人物寫真、民俗紀實、採風作業、攝影百科、人像攝影、靜物花卉、老照片等欄目。《公主嶺攝影》創刊號的面世，填補了公主嶺市沒有攝影專業期刊的空白，客觀地反映出公主嶺市攝影事業的現狀和水平。

音樂作品

公主嶺市音樂家協會主席劉榮哲，一九七六年以來創作了三〇〇餘首鄉土氣息濃郁的音樂作品，其中《雷鋒來到韶山沖》、《趕馬市》、《冰雪情》、《遼河情》、《快樂同行》等歌曲膾炙人口。有的在《解放軍歌曲》上發表，有的在吉林省少兒歌曲評選、吉林省音樂

▲ 劉榮哲指揮市彩虹合唱團演出

協會主辦的聲器樂大賽中獲獎，有的入選《我為吉林添光彩》、《獲獎歌曲集》、《英雄城頌》等歌曲集。歌曲《雷鋒就在我身邊》發表在《解放軍歌曲》一九七六年第二期上。歌曲《雷鋒來到韶山沖》《領袖教導學雷鋒》發表在遼寧出版社一九七八年歌曲集《學習雷鋒好榜樣》上。《趕馬市》由四平人民廣播電台錄製，並被選作全國廣播電台交流節目。一九八五年，歌曲《一條黃金帶》刊載在歌曲集《我為吉林添光彩》上。二〇〇一年，歌曲《冰雪情》獲吉林省音樂協會青少年聲器樂大賽一等獎。二〇〇七年，歌曲《遼河情》獲第十四屆「群星獎」吉林省選拔賽一等獎。二〇〇九年五月，劉榮哲組建了公主嶺市彩虹合唱團並擔任團長、指揮。合唱團多次參加吉林省「長白之聲」合唱節，並獲得較好成績。二〇一〇年，他代表吉林省參加國家文化部舉辦的首屆中華紅歌會，獲「黃河杯」獎。二〇一〇年，他創作的歌曲《快樂同行》在二十一世紀華人音樂獎「中華優秀詞曲、音樂論文、音樂教案、歌手、樂手展示評選」全國大型音樂活動中獲作曲一等獎。

滿族剪紙

閆雪玲致力於滿族剪紙藝術的傳承、研究和創新。她博觀約取、厚積薄發，在傳統藝術的基礎上研究出了套色剪紙新工藝，在國內剪紙界引起了專家、有關領導的高度重視，並形成了自己獨特的風格，自成一家。

▲ 閆雪玲剪紙作品《長白山神》

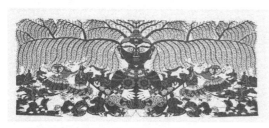

▲ 閆雪玲套色剪紙作品《柳樹媽媽》

二〇一二年，吉林省文化廳領導專程到公主嶺市八屋鎮對閆雪玲的套色剪紙藝術進行調研，對她的藝術造詣給予高度評價。她創作的《吉林十大怪》和《響鈴公主》剪紙禮品冊，已成為吉林省、公主嶺市的文化名片，數次參加國際文化交流。《蝴蝶媽媽的傳說》、《舞獅》等作品被印度、日本等國家收藏。詮釋公主嶺美麗傳說的七米長卷作品《響鈴公主》經月餘創作完成，人民文學出版社與閆雪玲簽訂了約稿合同。《祝福》、《君臨天下》、《團鳳戲牡丹》等一〇〇多幅作品，被《中國民族雜誌（海外版）》、《光明日報》、《吉林日報》等國家和省級報刊刊用。不平凡的藝術經歷，引起了各級傳媒的關注。《四平日報》、《城市晚報》、吉林電視台等多家媒體對閆雪玲的藝術經歷做過採訪和專題報導。

閆雪玲的主要作品有套色剪紙《嬤嬤人兒》系列，滿族剪紙《長白山神》、《長白山腳怪事多》、《柳樹媽媽》等。她的許多作品在國內國際獲獎。二〇〇八年，《關公》在全國首屆關帝文化書畫藝術品大賽中獲工藝品類一等

獎。二〇〇九年，《祝福》在第五屆國際剪紙藝術展中獲銀獎。二〇一〇年，《拉鼓》在海峽文人剪紙邀請展中獲最高獎項——「文化內蘊獎」。《長白山腳怪事多》參加了農業部、文化部聯合主辦的首屆農民藝術節，被評為優秀作品，並被中國農業博物館永久收藏。二〇一〇年，《月夜》在中日剪紙藝術交流展中獲最高獎項——優秀作品獎。《遼河岸邊的婚禮》被山西省右玉縣收藏。《飛天》被中國兒童剪紙博物館收藏。二〇一一年，《祝福》在全國名家民俗剪紙精品邀請展中獲最高獎項——「三皇獎」。二〇一一年，中央電視台《走遍中國》欄目組對閆雪玲進行採訪，於二〇一二年一月二十一日在該欄目播出採訪實況。二〇一二年，作品《長白山神》在第三屆中國剪紙藝術節暨第二屆蔚縣國際剪紙藝術節中獲銀獎。二〇一二年，《魅力長白》在「輝發杯」全國剪紙大賽中榮獲銀獎。閆雪玲被吉林省政府評為「工藝美術優秀人才」。目前，閆雪玲是中國國際剪紙協會理事、中國民間文藝家協會剪紙藝術委員會常務委員、吉林省工藝美術大師、長春市優秀剪紙藝術家。其本人和作品入選《新中國成立 60 週年有影響的剪紙藝術家》一書。

▲ 閆雪玲套色剪紙作品《嬤嬤人兒》

　　孫麗榮是公主嶺市八屋鎮中心小學的一名退休女教師，酷愛剪紙藝術。為有別於傳統的剪紙藝術，她另闢蹊徑，探索出了具有濃烈版畫風格的剪紙藝術。她的許多剪紙作品獲得了國內大獎，她也因此成了中華民族文化促進會剪紙藝術委員會會員和吉林省剪紙專業委員會會員。二〇一〇年六月，中國農業部、文化部和中國文聯舉行首屆藝術節，孫麗榮的剪紙作品《春耕》、《秋收》被評為優秀作品，並被農業部收藏。二〇一一年九月，海峽兩岸紀念辛亥革命一〇〇週年書畫邀請展上，她的作品《辛亥革命》獲金獎，中華全國總工會還

授予她「中國當代傑出藝術家」榮譽稱號。二〇一三年六月，在中國邯鄲首屆慈懷素食文化節上，她的作品《美德》獲銀獎。二〇一三年十二月，在第十一屆中國民間文藝「山花獎」巡禮晚會上，孫麗榮現場表演剪紙《窗花舞》，中央電視台進行了現場直播。孫麗榮被吉林省文化廳授予「優秀民間藝術家」榮譽稱號。二〇一〇年被吉林師範大學聘為美術學院民間美術教師，並把孫麗榮的家列為學生的實習基地。二〇一三年，她又受聘於吉林大學對外漢語學院，為新一代的大學生敞開了一扇接近民間藝術的窗口。

▲ 孫麗榮版畫式剪紙作品　　　　▲ 陳淑雲民俗剪紙作品

陳淑雲自幼喜愛剪紙。每逢年節便拿起剪子，學著母親的樣子，剪出自己喜歡的窗花，裝扮房間，烘托節日的喜慶氣氛。參加工作以後，她更加酷愛剪紙藝術，經常利用工作之餘進行剪紙創作，把剪紙創作和生活緊密地結合在一起，在祖輩們剪紙的基礎上系統研究，形成了自己獨特的民俗剪紙風格。為了提高剪紙水平，她經常在寒暑假期間到外地考察，向剪紙前輩請教，並參加各地剪紙大賽，在各類藝術活動現場進行表演，曾多次獲獎。二〇〇二年，她的剪紙作品《養雞》榮獲中國故事書刊首屆故事作品三等獎。二〇〇三年，《事事如意》榮獲首屆「國際婦女」優秀獎。二〇〇九年，《綠化大軍》在山西右玉縣大賽中榮獲優秀獎。二〇一〇年，《豐收》被中國農業博物館收藏，並在首屆中國農民藝術節上被評為優秀作品；掛錢作品《辭舊迎新》在二〇一〇年吉林省「迎新春」春聯剪紙掛錢大賽中榮獲三等獎；《婚禮慶典》被山西右玉

縣收藏；在第五屆「飛天杯」全國青少年書畫展上，她榮獲優秀輔導員金獎。二〇一一年，她輔導的剪紙作品《兔年吉祥》榮獲吉林省文化廳第十九屆藝術系列大賽三等獎；同年，獲吉林省工藝「百花杯」精品優秀獎。二〇一二年，《反腐倡廉》入選中國三門峽第二屆廉政剪紙藝術大賽；《富貴有餘》、《丹鳳朝陽》被山西省右玉縣人民政府收藏。二〇一三年，陳淑雲榮獲「民間藝術優秀人才」稱號。陳淑雲的剪紙作品不僅具有藝術性、觀賞性，還具有很高的經濟價值。二〇一三年，她的剪紙作品在瀋陽工業展覽館榮獲優秀參展產品獎；她多次參加展覽會，剪紙作品銷售到全國各地。

▲ 陳淑雲民俗剪紙作品

工藝雕刻

　　孫文禮的從藝經歷頗具傳奇色彩。從小學時起，他就喜歡在粉筆、石塊、木板上雕龍刻鳳、鍥花鏤草。一九九二年，他的石刻作品《九龍熏》及花鳥掛件相繼問世，此後一發不可收。孫文禮曾參加過二十餘屆廣州交易會，其作品在國內外享有盛譽，銷往二十多個國家和地區。主要作品有《九龍熏》、《獅球熏》、《月宮玉兔鏈瓶》、《敦煌瓶》、《九華佛塔》、《十二龍套印》等。有些作品獲省級以上獎勵，部分作品被國家工藝美術館收藏，其中《九龍套印》在第二十二屆全國旅遊產品、內銷工藝品展會上獲獎。在中國工藝美術館首屆展覽開幕之際，他的《九龜鬧海》等十件作品入選。孫文禮曾被選為全國石刻、貝刻產品評比大會代表，第十六屆全國旅遊產品、內銷工藝品展銷會工業代表調研員，第三屆全國工藝美術藝人、專業技術人員代表大會代表，受到國家領導人的接見併合影留念。他還是中國工藝美術學會會員、吉林省民間文藝家協會會員、高級工藝美術師，其傳略被收入《世界華人文學藝術界名人錄》。

▲ 孫文禮雕刻作品　　　　　　▲ 孫文禮雕刻作品

彩色泥塑

　　夏光武是民間藝術小夏泥塑的第四代傳人，他經常利用農閒時間刻苦鑽研泥塑藝術，並有很深的藝術造詣。他的泥塑作品色彩豔麗，造型獨特，富有濃郁的鄉土氣息。作品《鍾馗雄風》、《送子觀音》分別被日本和俄羅斯友人收藏，《牧童》、《喜》、《收穫》等作品多次參加省、市民間雕塑藝術作品展並獲獎。一九九三年，夏光武被吉林省文化廳授予「農民藝術家」稱號。

▲ 夏光武和他的作品

▲ 夏光武作品（一）　　　▲ 夏光武作品（二）　　　▲ 夏光武作品（三）

▲ 夏光武作品（四）

▍方寸微雕

二〇〇〇年以來，高小明越來越著迷微畫、微刻。高小明的「畫筆」是用縫紉機的鋼針綁在木棍上製成的，蘸上墨水即可當筆用。在微刻時，需藉助千分尺和放大鏡。他的主要作品有：二〇〇八年北京奧運會前，歷時半個月在直徑為〇點六八毫米的五號普通縫衣針的橫截面上完成了北京奧運會會徽圖案的微刻創作。畫面清晰逼真，表達了中國人對百年奧運的期待。此作品用二十倍放大鏡可清晰觀看。他還在普通縫紉機針橫截面上刻畫黨旗、大公雞，在米粒上雕刻睡羅漢，在髮絲上雕刻「吉林大地」，在長三點五釐米、寬二釐米的紙

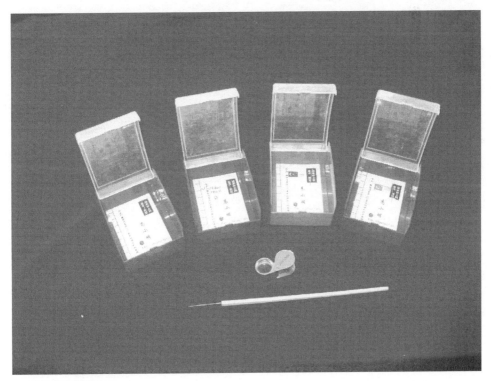

▲ 高曉明的微雕工具

上抄寫二七八個字的佛經，在長三點五釐米、寬二釐米、厚一釐米的小冊子上刻寫五四四七個字的《金剛經》等。他的作品還有妙趣橫生、惟妙惟肖的貓和老鼠等。

▲ 高曉明在創作

秫秸皮畫

　　秫秸皮畫是公主嶺市懷德鎮文化站原站長徐東發獨創的繪畫藝術，具有濃郁的關東風情和特色。利用高粱稈外皮的自然節理、色澤，採用繪畫技巧手工拼貼而成。其作品栩栩如生、巧奪天工，有衝擊視覺的立體感和十足的動感，在東北地區乃至國內外都有一定的影響。一九八五年以來，徐東發的秫秸皮畫多次在吉林省內外各種畫展上展出並獲獎。一九九二年，吉林省文化廳在四平市舉辦吉林省二人轉藝術節，其間專為徐東發舉辦了「秫秸皮畫展」。一九九三年，在東北三省「關東熱鬧節」上還進行了專題展出並獲獎。他的作品在廣州交易會上展出，受到了好評，部分作品被馬來西亞、日本等國收藏。徐東發被吉林省文化廳授予「民間藝術家」榮譽稱號，被中國書畫家聯誼會吸收為會

▲ 徐東發作品（一）

▲ 徐東發作品（二）

▲ 徐東發作品（三）

員。一九九七年，他的部分作品被收錄在《世界當代書畫篆刻大辭典》、《世界當代著名書畫家真跡博覽大典》中。

▲ 徐東發作品（四）

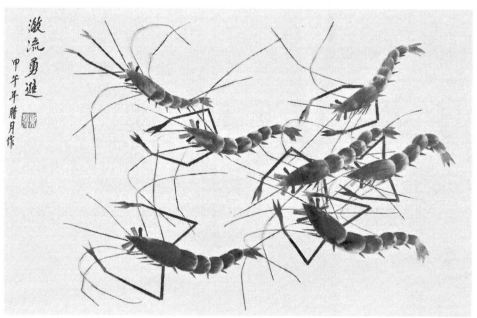

▲ 徐東發作品（五）

第六章 ——

文化風俗

公主嶺坐落在松遼平原腹地，農耕文化孕育了這裡的文明。域內有漢、滿、朝、回等族，人口數量以漢族為多。經過長期融合，各族文化風俗漸趨一致。塞外的藍天白雲，關東的良田秀水，給人以靈感，千百年來，口耳相傳，留下了許多美好且充滿想像的傳說。

▌民居

舊式民居

　　一九四九年前，城鄉人民居住條件很差。農民多住土坯房、草房或一頭開門的口袋房。條件稍好的人家住三合院，院內有正房和東、西廂房，有院牆和院門。取暖靠火炕、火牆。城鎮鮮有磚瓦房。

現代民居

　　改革開放以後，磚瓦房逐漸普及，後興起了紅磚水泥平台房，並很快又由

▲ 舊式民居（一）

▲ 舊式民居（二）

▲ 鄉鎮居民小區

假平台過渡為真平台。現在已是大樓巍巍，小區處處，明窗亮戶，設施完備。

　　值得一提的是，在農村許多地區興起農民新村和城鎮化建築；在公主嶺市區，修建了一大批居民小區、解困樓、棚戶區改造樓，使許多無房戶、貧困戶也住上了樓房。

▲ 市區居民小區

▲ 農村新居

飲食

一九四九年前，懷德縣內居民以小米、高粱米、玉米、黃米、蕎麵為主食，一般人家很少吃到大米、白麵。高粱米、小米、黃米用來做乾飯或熬粥都可以。玉米常被磨成子熬粥，或磨成玉米麵做大餅子、窩窩頭。黃米麵用作蒸豆包或做切糕、豆麵卷等。一九四九年後，除保流傳統吃法外，粗糧還被用來製作麵條、烤糕。一九八〇年以來，城鎮居民和較富裕的農民主要以大米、白麵為主食。朝鮮族喜食米飯、冷麵和打糕。

下大醬

凡公主嶺人沒有不知道大醬的，因為大醬是公主嶺人生活中不可缺少的美食。

一到秋天，公主嶺家家戶戶都要做大醬。首先把黃豆洗乾淨，然後用大鐵鍋文火烀約兩三個小時。烀好後的黃豆要搗碎，這道工序需要身體好又有勁的人來做，一大鍋烀好的黃豆全部搗碎需要幾個小時。搗碎的黃豆脫成坯（俗稱醬塊子，呈錐形塊狀，大約一尺多長、半尺多寬），然後用紙嚴密地包裹起來，放到屋內乾爽通風處。做好的大醬塊子一直要放到第二年五月，這時才正式開始用醬缸做大醬。人們把這個程序稱為下大醬。

民間通常是陰曆四月初八、四月十八或者四月二十八下大醬，因為這時地氣上升，氣候適宜。另外「八」是「發」的諧音，寓意大醬能發得好。下大醬首先要把包裹了一冬的大醬塊子打開，把裂縫中生的蟲子用水沖洗掉。沖洗好

▲ 大醬塊子　　▲ 大醬缸　　▲ 搗大醬

的大醬塊子，要掰成拳頭大小的碎塊，晾乾後倒入缸裡，再倒入水，水要比碎大醬塊子多很多，再放入適量的大粒鹽。最後再用薄布封好，把醬缸放到室外的園子裡，接受陽光照射，目的就是讓大醬發酵。發酵過程需要十多天。民間下大醬時是不許孕婦到醬缸周圍的，據說這樣大醬會發得不好，成為臭醬，而且連臭三年。當然，這是舊時歧視婦女的一種表現。等大醬發酵差不多了，再打開封布，用大醬耙子搗醬。大醬耙子用木頭做成，一根圓木棒，一端釘一塊巴掌大小的長方形小木板。每天都要搗醬十幾分鐘。通常啟封後再發酵十多天，大醬就可以吃了。以後還需要每天搗醬，因為大醬每天仍然在發酵，這是一個長期的過程，幾乎持續整個夏天。

大醬最簡單、最好吃的方法就是用各種小菜蘸著吃，還可以做各種醬菜，味道獨特，百吃不厭。

醃酸菜

酸菜是公主嶺人冬天離不開的好菜品。過去人們準備冬儲的菜種類很少，基本上就是白菜、土豆、蘿蔔、大蔥等有限的幾種，所以酸菜就顯得格外重要了。

▲ 醃酸菜　　　　　▲ 醃酸菜　　　　　▲ 酸菜

醃酸菜的時間是深秋，大白菜上市後家家戶戶都買足夠吃一個冬天的白菜，一部分當作冬儲菜，另一部分就用來醃製酸菜。

醃酸菜方法：首先要把白菜的爛幫去掉，用開水洗淨，碼放在缸裡，倒入涼水，加入適量的大粒鹽。白菜比重小，放入水後上浮，要用重物來壓，通常是用一塊大石頭來壓。水不是一次就能加妥的，需要根據白菜的發酵程度續添。這個過程大約需要一個星期，之後基本不需要再去管理它了，讓它自然發

酵即可。從白菜入缸到醃好大約需要兩三個月時間。

酸菜的烹製方法基本就是燴酸菜和炒酸菜。標準的燴酸菜是用帶肉的豬骨頭和血腸與酸菜一起熬，這樣燴出來的酸菜非常好吃。把瘦豬肉切成絲和酸菜一起炒，口感獨特，也很好吃。

醬口袋鹹菜

公主嶺人到了秋天就開始忙碌起來，家家都要買些白菜、蘿蔔、土豆、大蔥等儲備起來，留作過冬之用，醬口袋鹹菜更是必不可少。每年的秋季，人們都要曬豆角絲、曬蘿蔔乾、醬各式各樣的小鹹菜。

▲ 醬口袋鹹菜　▲ 醬口袋鹹菜　▲ 醬口袋鹹菜

醬口袋鹹菜，就是把用咸鹽醃製過的鹹菜，裝在布口袋或紗布袋裡，放在醬缸中重新醃製一遍。具體做法是：把用咸鹽醃製的鹹菜從缸裡撈出，用清水泡一遍，撈出放陰涼處攤開，使表面的水分自然蒸發。再把晾過的鹹菜裝入布口袋或紗布袋裡，放入幾塊生薑片和大料等調料，紮好袋口，放入醬缸裡。一般醃製十五天左右即可食用，隨吃隨取。

醬過的鹹菜不但味道好，最關鍵的是不容易變質。醬好的鹹菜，如果保存得當，至少能吃一年。

殺年豬

進了臘月，大部分人家都要殺豬，為過年包餃子、做菜準備肉料，民間謂之「殺年豬」。有句民謠中說「小孩小孩你別哭，進了臘月就殺豬」「小孩小孩你別饞，過了臘月就是年」，反映了人們盼望殺年豬吃肉的心情。

快到過年的時候，按照農村風俗，人們會把自家養的豬殺了，邀請親戚、朋友到家裡吃飯，主菜就是豬肉。如：豬肉酸菜燉粉條、蒜醬血腸、炒豬肝、扣肉、紅燒肉等。隨後再烤豬蹄、烤豬頭、烤豬耳朵等，留著二月二時再吃。

雖說殺年豬是為自家食用，但一般人家只留半扇豬肉，只待年節時再吃。

另半扇則以略低於市場價賣給不殺年豬的親戚、鄰舍。改革開放後，農民收入不斷增加，生活水平不斷提高，豬肉也敞開供應，殺年豬反倒不划算。所以，現在殺年豬的農家漸漸少了。

扒豬臉

在公主嶺的北部鄉鎮，特別是雙城堡、楊大城子一帶，每逢農家有個大事小情，餐桌上總少不了扒豬臉這道菜。

▲ 扒豬臉　　▲ 扒豬臉

扒豬臉的主料是豬頭。取豬臉肉刮去絨毛等雜物，用清水洗刷乾淨，再放入沸水鍋中煮十分鐘取出用水洗淨。將醬油、白糖、精鹽等調料放入燜罐中，加湯燒開。再將豬臉肉放入燜罐內，置火上燒沸後，用慢火扒製，熟透撈出，皮面朝上擺入盆中，然後將湯汁澆在扒好的豬臉肉上，扒豬臉這道菜就做好了。

「扒豬臉」俗稱「扒豬頭」，由於味道獨特，外焦裡嫩，香而不膩，入口甜鮮，深受美食家和各方人士的歡迎。

醬骨頭

醬骨頭是公主嶺的一道傳統名菜。根據主料的不同有醬脊骨、醬排骨和醬棒骨。這幾種原材料有一個共同的特點，就是經過長時間的燉煮、肉質不會發柴、發死。其中豬脊骨經燉煮後口感鮮美，啃起來也更有樂趣，骨頭上的肉經煮燉後往往會更加鮮美，肉香撲鼻，因此很受歡迎。

製作醬骨頭一般選用腔骨，除了表面的肉以外，主要吃骨髓；也有選用脛

▲ 醬棒骨　　▲ 醬棒骨　　▲ 醬脊骨

骨的，主要吃筋。

醬骨頭製作方法：首先將大塊豬骨頭洗淨，在大盆中加滿清水浸泡，然後將泡淨血水的脊骨沖洗數遍後放入大鍋中，加水沒過豬骨，加生薑、蔥、大料等調料，然後用大火燒到湯開，加入適量精鹽、雞精，敞蓋燉約半小時。骨頭煮熟出鍋與大蔥、大醬配合食用即可。

吃醬骨頭，需要戴著手套，如果是醬腔骨則最好用吸管吸骨髓油。醬骨頭醬香濃郁、油而不膩、回味悠長。

扣肉

扣肉是一道豬肉製成的常見菜餚。扣肉的「扣」是指當肉蒸或燉至熟透後，倒蓋於碗盤中的過程。因把肉放在碗裡蒸，上桌前反扣在另一個碗（或碟）裡而得名。扣肉主要分為芋頭扣肉和梅菜扣肉。

▲ 扣肉

▲ 扣肉

▲ 扣肉

以前，一般只有在春節或街坊、親戚家辦喜事的時候，才能吃到扣肉。下面介紹一下公主嶺地方扣肉的做法：先將五花肉洗淨焯水，整塊兒放入鍋中，加清水、醬油、糖等調料，煮開後撈出冷卻備用。把燒好的肉切成塊狀，然後用刀拼成寶塔形，上籠屜蒸一小時左右，蒸好後取出扣入盤中。扣肉酥而不爛、油而不膩且營養豐富，容易吸收，有補充皮膚養分、美容等功效。

悶凍

悶凍又稱皮凍，是一款以豬肉皮為原料製成的大眾涼菜。悶凍做起來比較複雜，豬皮處理以後（一定要刮乾淨，不要有肉，否則悶凍黏糊糊的，很膩味人），切絲置於鍋中，加適量清水，然後加蔥段、姜皮和花椒粉用小火慢慢熬，熬到感覺黏稠時加一點鹽，關火撈起蔥段和薑片。隔夜冷卻至第二天，悶

凍就做好了。

　　悶凍質地清澈透明，入口即化，價格便宜，含有與人體皮膚相同的膠原蛋白質，能延緩皮膚老化，廣受公主嶺健康飲食愛好者的歡迎。

▲ 皮凍

▲ 皮凍

▲ 皮凍

凍豆腐

　　凍豆腐是由新鮮豆腐冷凍而成，孔隙多、彈性好、營養豐富、味道也很鮮美。用凍豆腐可以製作很多美食。

▲ 凍豆腐

▲ 凍豆腐

　　凍豆腐是北方人的發明，冷凍後的豆腐發生了物理變化，豆腐的內部有無數的小孔，這些小孔大小不一，有的互相聯通，有的閉合成一個個小「容器」，裡面充滿了水分。這樣的豆腐吃上去的口感很有層次。凍豆腐放在葷湯裡煮非常好吃，因為凍豆腐裡的蜂窩組織吸收了湯汁。凍豆腐適合做火鍋，也可油炸後做熘凍豆腐。

　　豆腐是北方傳統名菜，在公主嶺更負盛名。俗話講，「豆腐青菜，越吃越愛」。冬天將其加工成凍豆腐，再進行烹製，風味獨特。凍豆腐的製作方法簡單，數九寒天，把豆腐切大塊後擺在室外，上面蓋一潔布，待豆腐中的水分結冰膨脹，豆腐出現蜂窩即成。

黏豆包

　　黏豆包是公主嶺人冬天裡必吃的食物。每到臘月，家家戶戶都要做黏豆包，黏豆包抗餓，是冬天裡的好主食。

　　黏豆包是用大黃米或小黃米磨成麵兒做成的，也有用黏玉米麵兒做的。黏玉米有黃、白兩種顏色，白色的比較少，黃色的多。但黏玉米麵兒做的黏豆包不如小黃米或大黃米做的筋道好吃。黏豆包通常要蘸白糖吃。

▲ 煎豆包

▲ 黏豆包

　　做黏豆包首先要把大黃米或小黃米用水泡好，然後送到磨米房磨成麵兒，叫磨麵兒。磨好的黃米麵兒是濕的，帶水，拿回家還需要發酵。做餡的小豆要先烀好，然後搗碎，加入白糖或糖精。黏米麵兒很粗糙，壓成餅皮容易開裂，所以包的時候很費勁，需要經驗。

　　通常一次要包很多黏豆包。包好的黏豆包碼放在蓋簾上，拿到室外去凍，凍好後放到缸裡。

　　蒸豆包用的蓋簾是用高粱稈編成的，圓形，直徑不等，根據鍋的大小使用不同的蓋簾。

大餅子

　　大餅子是用苞米麵做的一種家常食品。製作過程是先把苞米麵和成乾泥

狀，然後抓一塊拳頭大小的麵糰，用兩手團一團，用力摔到大鐵鍋的幫部，一個挨著一個，圍鍋貼一圈兒，鍋的中間放水，弄好後蓋上鍋蓋。鍋是熱的，麵糰黏上去是不會掉的。繼續燒火，等到聞著香味了，大餅子也就熟透了。用鏟子鏟下來，黃橙橙的，上面帶著主婦的手指印兒。貼鍋的一面呢，結著一層褐色的嘎巴，又脆又香。

▲ 「一鍋出」　　　　　　　　　　　　　▲ 大餅子

做大餅子需要一定的技巧：一是和的麵不能太稀；二是往鍋幫上摔的時候，一定要先把鍋燒熱了；三是和好的苞米麵最好先發酵一下。通常人們做大餅子用燙麵，主要原因是燙麵的大餅子好做，不費事。做的時候可以往苞米麵裡摻一點糖，好吃。

大餅子也可以與菜一起做，這樣既節省柴，又節省時間。最適合與大餅子一起做的菜就是燉豆角或白菜燉土豆了，大餅子圍在周圍貼一圈兒，老百姓俗稱「一鍋出」。大餅子配白菜土豆確實很好吃，人們都很懷念這種吃法。

攤煎餅

煎餅按原料可分為玉米的、小麥的、小米的、高粱的、香米的等。煎餅的製作方法比較複雜，例如攤小米煎餅，先把一半的小米煮到八九成熟，然後摻到另一半小米裡，也可以加點兒豆子之類的，再用磨推成煎餅糊子，不稠不

薄，用舀子舀起，倒在燒熱的鐵鍋上，均勻地攤開，然後用煎餅刮子反覆在鐵鍋上刮，直到刮乾，再用搶子沿鐵鍋邊把攤好的煎餅搶起揭下來放好，接著用浸透豆油的「刷帚」把鐵鍋擦一遍，以便攤好下一張時好揭。煎餅很好吃，它

▲ 攤煎餅　　▲ 攤煎餅

薄如紙，咬到嘴裡就化。也可以在煎餅上刷一層大醬，再放入鹹菜、海帶絲、土豆絲等，將煎餅捲起來吃，味道很鮮美，也不用再做菜了，吃起來很方便。

撒年糕

年糕就是黏糕。在春節時做的叫「年糕」，平時街上賣的叫「切糕」。

撒年糕要用大黃米或者黏大米，淘洗乾淨，挑淨沙子，晾乾。用石磨磨成細麵。準備一口特別大的鐵鍋，加入很多水，燒到滾開，一定要保持火很旺才行。鍋簾子是用高粱秸穿的，為的是透氣均勻。簾子上面鋪的是苞米窩，一是苞米窩不黏黏糕；二是下一工序還要扎眼。

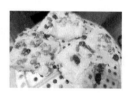
▲ 農村蒸年糕　　▲ 年糕

準備好了，開始撒年糕。鍋簾子上全都冒氣才可以撒。用手抓黏米麵，均勻地撒開，哪裡冒氣就撒在哪裡。這樣一層一層地撒，如果哪裡比較大的面積不冒氣，就用竹籤扎眼，讓氣串上來。達到一定厚度，撒上一層紅小豆，然後再撒黏米麵。還可以加大紅棗，或其他自己喜歡的乾果。最上面摁上零星的紅棗。總厚度大約一巴掌為宜。最後蓋上鍋蓋，直到蒸熟。不要一次撒很厚，否則不易熟。有的人撒不好，用籮篩，雖然也行，但是不如手撒的好。

年糕，寄寓著人們對生活的美好希望，日子綿綿遠遠，越過越好，生活水平一年比一年提高。

蒸窩窩頭和菜糰子

窩窩頭一般是玉米麵做的，黃色的。它因形狀是圓錐形，底部有一個凹進去的口而得名。

▲ 窩窩頭

▲ 菜糰子

窩窩頭選用玉米為食材，製作方法很簡單。先將玉米麵用熱水加白糖和勻揉成麵糰，下劑後用手捏成窩窩形，上籠蒸熟即成。

在窩窩頭凹進去的口裡放入各種菜餡，再封住口，就做成了菜糰子。

農家的窩窩頭和菜糰子香味濃郁，甜香軟糯，是一種綠色、美味、營養、健康的美食，廣受人們喜愛。

玻璃菝子葉蒸玉米餑餑

在公主嶺市南部半山區，如龍山滿族鄉、二十家子滿族鎮一帶有一種高大的樹，我們俗稱為玻璃菝子樹（也稱橡樹或櫟樹）。

玻璃菝子樹樹形優美，樹葉含有水分、蛋白質、碳水化合物、脂肪、纖維素等成分，農家用這種葉子蒸玉米餑餑，葉子的香味和營養成分滲到麵裡，香味獨特，營養豐富。

玉米餑餑製作方法很簡單。先在鐵鍋裡加入水，把玻璃菝子葉平鋪在蒸屜上，放入鍋中，然後把苞米麵或高粱米麵放入糖、小蘇打，再加水和成糊狀，用勺子舀出來倒在玻璃菝子葉上，留出空隙，最好始終保持各處都透氣，蓋上鍋蓋，待水開蒸熟即可。

農家的玻璃菝子葉蒸餑餑營養豐富，但樹葉採集起來比較麻煩，現在已經很少有人去做了，漸漸成為人們的一種美好回憶。

臭米麵

在公主嶺市的最南端龍山滿族鄉和二十家子滿族鎮，每到盛夏時節，滿族人家都喜歡吃臭米麵楂子和臭米麵餃子。其做法是將玉米放入缸內，加水漚泡至發酸（不要變臭），七八天後撈出磨成水麵，再用吊包濾出殘渣。濾出的水

沉澱後，用灰包吸乾水分即成乾麵。將其用溫水調勻，再用湯子套（鐵片製成喇叭形器具，戴於手指上）將麵攆成麵條形下到沸水鍋中煮熟、撈出，就醬鹵而食。楂子是夏季清涼解暑的好食品，滑溜清爽，可口開胃，尤其受老年人喜愛。但是泡臭米麵要掌握好時間，不要泡得時間過長，否則容易引起食物中毒。

臭米麵的來歷還有個傳說：康熙年間，雞冠山腳下（龍山滿族鄉境內）住著一家三口人，一個老太太和兩個兒子，兩個兒子娶完媳婦就分了家。老太太先在大兒子家住，大兒媳不孝順，經常不給她飽飯吃，讓她吃殘湯剩飯，還指桑罵槐地不給她好臉，可是家裡的活兒卻總讓她幹。實在受不了這份氣，老太太又到老二家吃住。老二媳婦可孝順了，好飯好菜先讓婆婆吃，雖然老二家裡窮，日子過得挺苦，但老太太心裡敞亮多了。

有一年受災收成不好，到了青黃不接時老二家斷了頓，這可急壞了老二媳婦。她想：光我和孩子們吃糠咽菜也能活，婆婆這麼大歲數可受不了。於是決定去大嫂家借點兒糧食。到了大嫂家一提借糧，大嫂就火了，說：「有糧也不借，那個老不死的白吃閒飯，餓死算了！泔水缸裡有臭米，你自個撈去吧，要不我就扔了。」二媳婦沒辦法，就從泔水缸裡撈了半袋臭米，控乾水後背回家。她用淨水洗了好幾遍，推磨拉成水麵，燒一鍋開水甩成麵條。她怕臭米有毒，就先試著吃了幾口，過了一個時辰沒咋地，就又吃了幾口，最後證實沒問題，才盛一碗端到婆婆面前。婆婆吃後覺得挺好吃，就問二兒媳婦是怎麼弄來的。二媳婦「撲通」跪在婆婆面前，講述借糧經過，最後說：「不是兒媳不孝敬您，實在是沒有糧了，將就吃吧，能挨過這段時候，下來新糧就好過了。」婆婆連忙扶起二媳婦說：「好孩子，真是苦了你了！」就這樣，一家人靠臭米子渡過災荒。後來，老大家失了大火，燒得片瓦無存，大媳婦要了飯。

從此，那裡的滿族人在夏季都愛吃臭米麵的楂子和臭米麵的餃子。它體現了滿族人尊老愛幼的傳統美德。

乾白菜

　　乾白菜是公主嶺農民冬天裡常吃的菜。秋季種的大白菜苗子多，當小白菜長大一些後，就得把大部分拔掉，只留下一棵最好的。拔下來的一般都吃不完，人們就把它曬在太陽底下，等水分全部蒸發掉後，放在房間通風的地方（一般是吊在房頂上），留到冬天沒菜的時候再吃。

　　乾白菜曬乾後不能亂動，否則就成碎末兒了。吃前要在開水裡煮一會兒。可以蘸大醬吃，也可以和肉一起燉著吃，營養很豐富。

▲ 晾乾白菜　　　　▲ 生乾白菜　　　　▲ 熟乾白菜

三炸一蒸

　　三炸一蒸是典型的農家菜。其中的「三炸」，指的是炸茄子、炸土豆、炸苞米；「一蒸」指的是蒸辣椒雞蛋醬。別小看這道菜，雖然只是簡簡單單的炸炸蒸蒸，可必須是東北的原料方能做出味道。比如，茄子必須是農家應季的長茄子，現在大棚裡的不對味兒。土豆最好是乾麵乾麵的，「水了叭叉」的不好。炸的時候，土豆和苞米最好整個炸，茄子蒂千萬不要去掉，這樣才能保持原汁原味。最好用柴火燒的大鐵鍋慢慢地蒸著，這樣貼著鍋沿的土豆和茄子外皮就會結金黃的「嘎巴」，很香。雞蛋醬簡單易做。兩隻雞蛋攪勻，大量的綠尖椒切末兒，再加上一勺大醬，這些東西和在一起，上鍋蒸熟。如果加些小

▲ 「三炸一蒸」　　▲ 蔥拌「三炸一蒸」　　▲ 拌好的「三炸一蒸」

蔥、料酒之類的也可以，但千萬不要加太多的水，否則就成雞蛋羹了。現在的「三炸一蒸」已走出農家，成為公主嶺的一道特色菜餚，粗糧細做，色香味俱佳。

公主嶺農家最常見的「三炸一蒸」的吃法是把炸土豆、茄子，放入辣椒雞蛋醬中攪拌，成為一種特殊大盆拌菜。「三炸一蒸」製作簡單、菜碼大，不管家裡還是飯店都可以做，體現出簡單實在的飲食風格，與公主嶺人比較粗線條的性格相契合。

烏米

說起烏米，其實是高粱得的一種病，學名叫高粱絲黑穗病，老百姓俗稱烏米。

烏米是長到高粱頭兒上的，嫩烏米幼時像羊毫毛筆的筆頭，全身是白色的，只有尖部略呈黑色。在農村，每到農曆七月份高粱拔節的時候，人們（特別是小孩兒）就去高粱地裡打烏米吃。發現高粱包的鼓肚比較突出，就用手捏一捏，硬實的，就可以斷定是烏米了。烏米外表呈白色，裡面是黑的。

▲ 醬烏米

▲ 高粱烏米

在公主嶺民間文化方面，對於烏米也有反映，比如有個謎語是這樣的：

遠看青松一片，

近看竹節鋼鞭，

會打打個穿白小將，

不會打打個黑虎玄壇。

謎底就是高粱烏米。

沒出苞的烏米青白光滑，很好吃。出苞開花散播黑粉，便不能吃了，故稱

其「黑虎玄壇」。

烏米直接扒開皮就可以吃了，很方便，也可在灶坑裡燒著吃。更精製一些的吃法就是把烏米扒開兩半，裡邊放上鹽、蔥花等調料用鐵鍋蒸著吃，蒸後的烏米柔軟細膩，口感很好。

現如今，農村實行科學種田，有了預防黑穗病的方法，烏米已經很少見了。只有少數人家用特殊的方法培育烏米，烏米成了至寶，成了公主嶺的一道特色菜餚。

打飯包

「打飯包」是滿族傳統美食，被稱為「乏克」。在不同季節裡，採用不同材料，將米飯與雞蛋醬、小蔥、香菜或各種應季小菜拌勻，用洗淨的菜葉包起來，雙手捧著吃，既方便快捷，又美味可口。這種飯菜合一的吃法，就是「打飯包」。

▲ 打飯包　　　　▲ 打飯包　　　　▲ 打飯包

滿族人吃「乏克」習俗，源於何時，目前已難以考證。但是在公主嶺龍山滿族鄉的民間卻流傳著老罕王吃「乏克」的故事。傳說，老罕王率領八旗兵將追剿明朝敗軍時，由於兵將們跑得太快了，後邊的糧食供給沒能跟得上，八旗將士們餓了肚子，陷於危難中。百姓們聽說後，紛紛獻出家裡的剩飯，用洗淨的白菜葉或生菜葉包上蔥葉、大醬、香菜、辣椒、大蒜等小菜，送到八旗將士們面前，老罕王便與八旗將士們一起捧著吃，既方便又快捷，從而贏得了寶貴時間。飯後，老罕王帶領八旗將士一鼓作氣追上明軍，取得了圍殲明軍的勝利。後來，老罕王在盛京做了皇帝，規定清宮每年在舊曆八月二十六這天，御膳房必須做飯包，表示不忘先祖創業的艱難，以此作為「乏克節」來紀念。

疙瘩湯

　　說起疙瘩湯，二十世紀六七十年代以前出生在公主嶺的人可能印象最深了。那時，很多人家為了省事和節約，晚餐常常喝這道既算湯菜又算主食的疙瘩湯。如今，疙瘩湯已走上了大雅之堂，很多大飯店都有，而且頗受顧客歡迎。我們現在吃到的疙瘩湯比憶中的疙瘩湯多了很多配料，如雞蛋、香菇、肉、西紅柿等，營養更豐富、味道更鮮美了。從飲食健康的角度而言，疙瘩湯更適合晚餐食用，因為麵食更容易消化。疙瘩湯的營養價值在於可以使麵粉中的多種營養素保存在湯中，避免流失。疙瘩湯的具體做法是：鍋中加入少量植物油燒熱，加兩碗水（或排骨湯、魚湯、骨頭湯）燒開。將麵粉用涼水調成細

▲ 疙瘩湯

細小小的疙瘩備用。水燒開後，將麵疙瘩倒入鍋內煮沸，加蛋和蔬菜，再次煮沸後，放入蔥花、鹽調味，就可食用了。

　　做麵疙瘩時，水要一點點兒地倒入碗內，而且要邊倒水邊不停地攪拌。另外，一定要用涼水，這樣麵疙瘩才會做得又小又細，入鍋就熟。疙瘩湯千萬不要煮得時間太長，否則不但顏色不好看，吃起來口感也很差。

鍋烙

　　在公主嶺歷史上，最有名的小吃是「興發園」鍋烙。它風味獨特，曾漂洋過海東抵日本，被人們視為極品美食。

▲ 鍋烙

▲ 鍋烙

　　「興發園」鍋烙歷史久遠。二十世紀三十年代，有個河北省的宋姓人家來到公主嶺，在隆記胡同西側中段開了一家「興發園」飯店，主營鍋烙，皮是精粉燙麵，用精肉、大蝦、應季鮮菜等做餡，包成元寶形，平鍋烙製。熟時呈黃紅色，外焦裡嫩。

偽滿時期，公主嶺市是軍事重地，往來的日本人很多，特別是那些官僚政客，往往慕名而來到公主嶺吃鍋烙。官階更高者，乾脆請公主嶺的師傅到機場去製作。他們說，到「滿洲」不吃「興發園」鍋烙，便枉此行。吃後還用硫酸紙包裹些，帶回國餽贈親朋好友。因此「興發園」鍋烙漂洋過海，抵達日本，在東京、大阪等城市，「興發園」鍋烙頗負盛名。

一九四五年後，公主嶺受戰爭影響，經濟凋敝，飲食業也不景氣。這時宋家老一代老了，小一輩不願再做生意，便將飯莊兌出去。「興發園」鍋烙也隨之銷聲匿跡。

一九五七年省裡要求挖掘非物質文化遺產，派來的工作人員指名挖掘「興發園」鍋烙。市裡成立了小組，主要負責技術方面的研究。

「興發園」鍋烙的配料屬於獨家秘方，秘製而不外傳。以前在「興發園」幹活的幾個師傅，也都是跟著操作，在調餡等關鍵環節上難得真諦。小組先把健在的兩位師傅請來，各講自己的操作方法，然後進行綜合研究。在和麵、調餡等關鍵環節，根據他們的方法試製，再請老一輩常吃「興發園」鍋烙的美食家品嚐，根據他們的意見進行調整、改進。經過近一年的摸索，在一九五八年九月間恢復了「興發園」鍋烙的品貌、風味。取名為「公主嶺鍋烙」。

一九五九年十月，「公主嶺鍋烙鋪」在隆記胡同開業。聽到消息，市民蜂擁而至。因限於原材料、人手的緊缺，每天只售一○○份，因生意火爆，供不應求，所以每天發票預約供應。為擴大營業規模，後來遷到大馬路飯店新址。那時外來的客人，一定要吃「公主嶺鍋烙」，「公主嶺鍋烙」一時聞名遐邇。

又經過很長時間的經營、探索，新一代鍋烙名師脫穎而出，代表人物有王玉、李振、寧西成、霍小孔、許德清、李素琴等。

二十世紀六十年代初的三年困難時期，粗糧細做成為時尚，鍋烙原材料質量無法保證，味道也不及從前。後來風行一時的「公主嶺鍋烙」再度消失了。

到了二十世紀九十年代，「公主嶺鍋烙」又被美食者重新拾起，在公主嶺的大街小巷興起了很多鍋烙館，出名的有公主嶺老工農兵旅社對面的興發園鍋

烙館，很有原始鍋烙風味，受到人們歡迎。

大粥

　　大粥曾經是公主嶺人的主食，上頓吃下頓吃，天天吃、月月吃、年年吃，所以大粥對於上一代人來說並不是什麼好東西，而是一種痛苦的回憶。

　　過去的公主嶺很多人家都在每天中午或下午做大粥，用大鐵鍋熬，一熬就是兩個來小時。熬大粥通常還要放一些豆角粒，這樣大粥會好吃一些。配合大粥的菜通常都是自家做的鹹菜，如醬黃瓜、醬倭瓜、蒜茄子等。

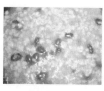
▲ 大粥

▲ 大粥

今天的大粥對於公主嶺人來說已經完全是另外一種概念了，人們再也不是皺著眉頭吃大粥了，而是為了換個口味，嘗個新鮮。公主嶺位於遼闊的松遼平原上，處於聞名世界的黃金玉米帶上，這裡盛產玉米，用純天然、綠色的玉米做成的大粥特別好吃。公主嶺市金河公司的玉米粥，正在申報國家 A 級綠色食品，如今大粥在人們眼裡已經是一種美食。

燴飯

　　燴飯歷史悠久，據傳最早起源於漢代，發明者為樓護。人的胃口說來也怪，日日吃粗茶淡飯者可能最想吃的就是山珍海味，而頓頓吃山珍海味者卻又最想吃粗茶淡飯。身為高官的樓護，天上飛的除了飛機、水裡游的除了潛艇之外，哪樣都吃過了，「口厭滋味」便屬情理中事。偶爾一天，他靈機一動想出

▲ 燴飯

▲ 燴飯

了一個十分新穎而奇特的烹飪方法，把五侯贈送給他的魚、肉之類混合在一起燴了吃，有時還加些飯進去一起燴。如此這般，味道竟然特別鮮美，「燴飯」便從此流傳開來。

由於地域差異，各地燴飯的製作方法、輔料配備又各具特色。在公主嶺，燴飯也叫「和和（huò）飯」。以前的燴飯基本材料就是剩飯剩菜，若在家中辦酒宴，飯菜會剩得很多，除了那些變質變味的飯菜扔掉外，其餘的都可以用來做燴飯。公主嶺的老百姓還把剩下的菜混在一起吃，稱之為「大菜」。「大菜」比起任何一種單獨飯菜，味道都豐富得多，屬集眾味於一鍋的佳餚美味，這也符合我國節儉持家的傳統習慣。公主嶺民間的家常燴飯主要以大米飯為主，加些土豆條、白菜、西紅柿、粉條等在一起煮。許多到外地工作的公主嶺人，說起家鄉的燴飯，都回味無窮。

燴飯為什麼如此受群眾歡迎呢？一者，所需原料大米、土豆、西紅柿等都是公主嶺特產，價格便宜；二者，燴飯經群眾長期食用，證明其營養價值高，有利於身體健康；三者，燴飯稠稀適度，不加調味品，吃起來清淡、香甜，無論吃葷、吃素的人，都會胃口大開，增強食慾；四者，如果勞動者早晨吃了帶鹹味的食物，特別是農民，到了田地裡勞動，就要乾渴，遠離家庭勞動，飲水不便，容易上火，而吃了燴飯，半天也不覺得乾渴；此外，還有尤為重要的一點，那就是燴飯製作簡便，飯是現成的剩飯，菜是現成的剩菜，若剩菜中有湯菜，做燴飯時連水也無須再加了，做起來方便，節約柴火和時間。這一點可能更是勞動者喜愛美味一鍋燴的原因吧。

燴飯綜合這幾大優點，很受民間百姓的歡迎。二十世紀八十年代後，人民群眾的生活水平普遍提高，食用燴飯的人日漸減少，但直到今日，很多農民仍然喜歡吃燴飯。

爆米花

爆米花是一種膨化食品，鬆脆易消化。公主嶺人喜歡把它作為日常零食。

爆米花有三種：一是玉米爆的；二是大米爆的；三是小米爆的。最原始的

爆米花是用籽粒飽滿的玉米放入大鍋裡炒的，要掌握好火候，放入糖精、鹽等，味道噴香，越嚼越有滋味。後來的爆米花是用玉米（或者大米、小米）加入糖一起放進爆米花的機器裡做成的，封好頂，不斷轉動爆鍋使之均勻受熱，然後「砰」的一聲巨響，瞬時爆開的玉米粒即成了爆米花。

▲ 爆米花

▲ 爆米花

街頭的轉爐式爆鍋比較落後，鍋口含有鉛，雖然可口，但對身體沒有益處。因此，只能作為茶餘飯後的零食，不宜多吃。

冰糖葫蘆

冰糖葫蘆是公主嶺冬天常見的小吃，每到隆冬時節，嶺城大街小巷就會傳來「冰糖葫蘆，冰糖葫蘆……」的叫賣聲。那些賣冰糖葫蘆的生意人，他們或推車或肩扛，紅彤彤的山楂在糖膜的包裹下格外誘人。冰糖葫蘆製作很簡單。先把砂糖放在紅銅或黃銅的大勺裡熬。熬的時候要注意火候，把握稠度。山楂

▲ 冰糖葫蘆

▲ 冰糖葫蘆

要去核，然後放到熬好的熱糖裡滾一下。熱糖冷卻後，便成為晶瑩透明的冰糖葫蘆了。

　　冰糖葫蘆酸中帶甜，吃後唇齒留香，老少皆宜，具有開胃、養顏、增智、消除疲勞、清熱等作用。冰糖葫蘆以山楂原料為正宗，另外還有葡萄、橘子、香蕉等口味，老少皆宜，不僅好吃，而且還十分好看。

▌捕魚

公主嶺市有中型水庫四座（卡倫水庫、楊大城子水庫、平洋水庫、二十家子水庫）、小型水庫十九座、塘壩一七三座，養魚水面八十一公頃，具有較悠久的捕魚歷史。早年傳說，冬季有貴客來臨之時，就把帳篷搭在冰面上，在帳篷裡用鐵器將冰面磨薄，主人陪客人觀看魚兒在冰下的水中游動而取樂。到了吃飯的時辰，再將冰面擊破，魚兒躍出冰面，現捕現吃，味道十分鮮美。

公主嶺的捕魚期一般在春、夏、秋三季，大致採用以下幾種捕魚法：

叉魚

叉是用鐵製作的有三個叉尖的扁平用具，中間的叉尖上有四個倒須溝，兩側的叉尖上有三個倒須溝。叉把有長有短，為木製，桿細滑，有的短把兒叉帶條繩索做挽手。

叉魚晝夜均可進行。白天，有經驗的叉魚手選擇有水草的甩灣子和深水流，根據水浪和水裡冒出的水泡判斷魚的種類、大小、走向、深淺，果斷飛叉，百發百中。黑夜，叉魚則需要兩三個人協力配合：一人掌舵，一人點火把，一人叉魚。點火把的蹲在木排上，用火把的亮光引誘魚上浮，叉魚的看準了即可投叉。

釣魚

多在夏天進行。春、秋季氣溫偏低，魚不愛咬鉤。只有在夏天溫度較高時，魚兒才上鉤。由於水域、魚種不同，漁民使用的鉤也有多種。

白天有白天的鉤，晚上有「夜鉤」；大魚有大鉤，小魚有小鉤。常用的鉤有二鯇魚鉤、厥達鉤、曲鱔鉤、浪當鉤、蹁花鉤、毛毛鉤、戰齒子鉤、甩鉤、臥鉤和鯰魚鉤等。

掛在魚鉤上的魚食，多用螞蚱、蟲子、蚰蛇（蚯蚓）、蛤蟆等，這幾種魚食是魚兒最喜愛吃的。

網魚

　　捕魚用的網種類很多，有大拉子、小拉子，民間稱「底網」；旋網是專門用來捕小魚蝦的；拖網，俗稱「絲掛子」、袖網、穿龍網等。要根據水域、魚的種類和地域的不同，來選擇不同的網。

▲ 捕魚場景

▲ 網魚

罩魚

　　魚罩也是一種捕魚工具，俗稱「魚屋子」，多在水泡子裡使用。它是用粗細均勻的柳條，圍編成下粗上細的圓筒，用直徑一尺多的腳框做圈兒，用樺樹皮和薄鐵皮做囤底，上蓋馬尾紗，紗上開扁孔，把炒熟的谷糠做成餅，放在囤內。把魚罩放在河邊水中，專捕小魚。

擋亮子

　　當江河漲水時，魚群進入河灣子覓食，等到水落下來，人們迅速用柳條、草袋子把河口堵住，等結凍之後再下網捕魚。另外，還有人在河中間放一柳條筐，筐兩邊用石頭或袋子堵上為壩，魚無路可逃，只得順流而下，自然落到筐中。人們多在秋季使用這種捕魚方法。

▲ 捕魚場景

冬季捕魚節

　　每年入冬後，水庫結凍，各大水庫紛紛舉辦冬季捕魚節，引得附近民眾乃至城市居民前來觀賞、購魚，有的還扭秧歌娛樂。

▲ 冬季捕魚節

絕活兒

劉學仁是公主嶺市大榆樹鎮文化站站長。他的「吹高粱稈兒哨」、「打碗勺」、「鴛鴦板」三項民間絕活兒，在省內外頗具影響。二〇〇〇年以來，中央電視台《夢想劇場》、《夕陽紅》欄目組，吉林電視台《農村俱樂部》、《鄉村頻道》欄目組，湖南電視台《鄉村發現》欄目組，吉林人民廣播電台、《吉林日報》、《新文化報》等國內多家新聞媒體，先後對他的絕活兒予以報導。二〇〇一年五月五日，《吉林日報》「黑土地」欄目第五十三期刊登文章「關東一絕《秸稈哨兒傳奇》」；六月五日，「黑土地」欄目第五十四期刊登《關東絕活兒進京展演》。二〇〇二年，劉學仁的高粱稈兒哨吹奏由公主嶺電視台錄

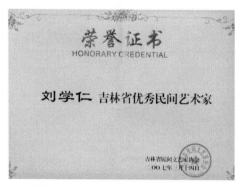
▲ 劉學仁榮譽證書

▲ 劉學仁榮譽證書

製，在吉林人民廣播電台播出並獲一等獎。同年五月，在北京市大興區「中華人民共和國第三屆民間絕技絕活兒邀請賽」上，他的「吹高粱稈兒哨」獲絕活兒表演銀獎。二〇〇四年，在貴州省貴陽市舉辦的「第八屆國際風箏藝術節」上表演三項絕活兒，受到觀眾一致好評。二〇〇五年，劉學仁的三項絕活兒被編入中國伏羲研究會文藝創作專業委員會刊物《中國民間藝術民間藝術家》。二〇〇六年，吉林電視台「非常開心秀」欄目錄製了劉學仁的四種絕活兒（吹

高粱稈兒哨、吹鐵片兒、打碗勺、鴛鴦板）。二○○七年三月十四日，劉學仁被吉林省民間藝術家協會評為「吉林省優秀民間藝術家」；二○○七年八月九日，《吉林日報》「東北風」、「角色訪談」刊登了《高粱稈兒吹出了浪漫之歌》。二○○九年，劉學仁的「吹高粱稈兒哨」（民間音樂）被列入吉林省非物質文化遺產名錄。二○一三年，劉學仁的絕活兒被編入《中國民間文藝家大詞典》。

▲ 劉學仁在全國第三屆民間絕活兒絕技邀請賽上表演

民間傳說

響鈴公主苦殉情

清乾隆年間，公主嶺一帶由鮑王爺管理。王爺年近半百，膝下無子，正急得火冒鑽天的時候，福晉給他生下一個小公主。福晉因月子病撒手西去了，扔下個月科孩子。鮑王爺強忍悲痛，一心要給小公主找個奶水足的奶媽，挑來撿去，選中了漢族奴婢張奶媽。

張奶媽的男人死了，有個不滿兩歲的兒子張龍。鮑王爺不讓張奶媽回家。萬般無奈，張奶媽只好把孩子交給娘家兄弟代為照顧。

小公主吃著張奶媽的奶水一天天長大，出息得白白胖胖。王爺把她當成心肝寶貝。為了小公主長命百歲，鮑王爺請來喇嘛念了七七四十九天經，又為她打造一串小銀鈴鐺，繫在腰上，走一步響叮噹，走兩步叮噹響，天長日久，人們都叫她「響鈴公主」。

一晃小響鈴公主七歲了，能撒開手了，張奶媽偷了個空去看兒子。小張龍長成了半大小子，幫著舅舅看羊。張奶媽給兒子換身乾淨衣服，偷著領進王府。小響鈴公主見了小張龍，就像見了多少年的老朋友，拿出好吃的給小張龍吃。兩人玩放羊，兩人玩打狼，玩得入了迷。打這以後，小公主兩天見不著小張龍，就想得沒著沒落的。時間不長，叫王爺知道了，把張奶媽趕出王府。小張龍要不是有響鈴公主護著，就叫王爺給拍扁了。

王爺給公主請來了師傅，早習武，晚教文。響鈴公主生來聰明伶俐，沒用上三年功夫，就學成個文武雙全。十七歲那年，不少旗王府小王爺前來求婚。鮑王爺想攀個權高勢重的高枝，響鈴公主不幹，她非要自己挑個中意的人。王爺拗不過公主，同意比武招親。來的這些小王爺淨是些公子哥兒，要文沒文，要武沒武。不答應他們的婚事，反倒說三道四。響鈴公主一肚子話跟誰說去？她很是想念張奶媽。

這年清明節，響鈴公主帶著貼身丫鬟到野外踏青。正在她玩得高興的時候，有人喊：「狼吃羊來了！」響鈴公主長這麼大，沒見過狼，嚇得心有些突突。就在這時，只見一個小夥子打馬直奔狼群，「嗖嗖」幾箭，射倒了好幾隻狼，狼群掉頭就跑。逃跑的狼群衝起兩隻大雁，丫鬟指著大雁說：「公主，快射雁啊！」響鈴公主拈弓搭箭，那隻大雁隨著弓弦聲響一頭栽了下來，她正想取箭去射另一隻大雁，大雁卻已從半空中掉了下來。公主四下撒目，見那射狼的小夥子撿起兩隻大雁，朝這邊走來。小夥子來到公主跟前，獻上兩隻大雁，說道：「不知小姐射雁，都怪小子冒失，兩隻大雁都歸小姐。」丫鬟沒好氣地說：「什麼小姐大姐的，這是王爺府的公主，知道不！」小夥子一看，小姐腰間果然繫著一串銀鈴，忙躬身施禮賠不是。響鈴公主看小夥子有些面熟，又想不起來是誰，便問：「你叫什麼名字？」小夥子連忙答道：「奴才叫張龍，專給王爺府放羊。」響鈴公主心裡一激靈，問道：「你可是張龍大哥？」張龍單膝跪地，忙說：「奴才擔當不起，媽媽是公主的奶媽。」響鈴公主拽起張龍，問：「張龍大哥，一晃多年不見，奶媽她老人家身體可好？」張龍撲簌簌落下傷心淚，說道：「媽媽剛燒完三週年不兩天。」響鈴公主聽完痛哭失聲。張龍說：「媽媽臨死前叫著你的名字，眼睛都沒閉上就走了。」聽得公主淚如泉湧。張龍告訴響鈴公主，媽媽死後，他就到王府

▲ 響鈴公主塑像

做了奴才。丫鬟見兩人越嘮越近乎，悄沒聲兒地躲開了。響鈴公主親眼看到張龍射箭的本領，就對張龍表白自己的心事，願以身相許。張龍更是滿心歡喜，但他心裡明白，奴才就是奴才，主子就是主子，王爺是不可能把公主嫁給一個漢族奴才的。公主安慰張龍：「我回府找父王，求他把你派給我使喚，一步一步慢慢來。」二人合計到天黑日頭落，才戀戀不捨地分開。

昌圖小王爺勒日布聽說響鈴公主美貌多情，又文武雙全，便打發老管家帶著貴重禮物偷偷來到鮑王府大管家依布哈家中，求他為勒日布小王爺做媒，事成之後，另外還有重謝。依布哈收下了禮物，又叫老管家給小王爺捎話，這事包在他身上。事後，依布哈跟鮑王爺提起小王爺求婚的事。鮑王爺知道勒日布是個遊手好閒的浪蕩公子，家中早已娶妻生子，年齡也老大不小了。他仗著勢力大，時常欺負附近的旗王，鮑王爺看不慣這種人，就沒當即答應，推說跟公主商量商量。

再說張龍，時隔不久被派給響鈴公主趕勒勒車。張龍趕車拿手，不管多烈性的馬，到他手裡都成了小綿羊。打這兒起，兩人時常在一起。誰承想，冤家路窄，這事叫大管家依布哈撞見了，告訴了王爺。王爺暴跳如雷，要殺要砍的，說公主敗壞了家風，丟了祖宗的臉，想和奴才配婚死也辦不到，並要當著公主的面殺了張龍。公主見事已如此，沒什麼砢磣好看的了，便跟父王說了她

▲ 《響鈴公主的傳說》插圖

和張龍相愛並以身相許的事，非要和張龍成婚。王爺說：「這話你要早一個月說，可能還有個商量。這會兒，我正準備接受昌圖小王子勒日布的聘禮，過不了幾天就來迎娶。」公主說：「我不管是誰，反正我就愛張龍一個人，

如果父王不答應，我就死給你看！」王爺氣得三屍神暴跳，正要發作，大管家依布哈連忙向王爺使眼色，王爺知道公主不懼硬，只好軟了下來，虛情假意地說：「我答應你們倆也行，但有一樣，鮑王府的公主，總不能嫁給一個不知仁多倆少的奴才吧，怎麼也得幹一宗有響動的事兒，叫我人前背後能張開嘴。」響鈴公主和張龍叩謝王爺。二人剛走不一會兒，外面進來一個報事的奴才，報告說：「稟告王爺，東南黑山嘴密林中，近兩天發現一隻斑斕猛虎，連連傷人，請王爺選派能人打虎。」大管家聽完，「嘿嘿」一陣奸笑，對報事的說：「退下去吧，王爺知道了。」報事的退下後，大管家湊到王爺跟前說：「這是天賜良機，駙馬立功的時機來了。」說完這話，又趴在王爺耳朵根子邊如此這般好一陣嘀咕，聽得鮑王爺眉開眼笑，立馬派人叫來張龍，對張龍說：「剛才來人報告說，東南黑山嘴來了一隻猛虎，沒幾天工夫，死傷不少人，要王府派能人捕殺猛虎。我想把機會讓給你，早日成全你和公主的婚事。不知你意下如何？」張龍巴不得馬上與公主完婚，忙說：「謝王爺，小的願往。」王爺又說：「猛虎傷人，不能耽擱，今日就得動身。」張龍說：「行！」王爺誇獎張龍「有出息」，從身旁取下一把帶鞘的短刀，遞給張龍說：「這是祖上傳下來的一把寶刀，名叫七星寶刀，此刀削鐵如泥，今日贈送給你去殺猛虎，早早回來好與公主完婚。」張龍雙手接過寶刀，抽出一看，青光四射，寒氣逼人，果然是把寶刀。

王府大擺宴席，為駙馬壯行。王爺親自作陪，喝得張龍酩酊大醉。王爺叫人把張龍扶上了馬，替他掛好弓箭。張龍迷迷瞪瞪，跟著兩個家人連夜奔往黑山嘴。那鮑王爺也沒閒著，殿上和大管家定下殺害張龍的毒計，就派人去了昌圖，約勒日布小王爺到黑山嘴相會，商量迎娶之事。跟著又派三十名弓箭手去了黑山嘴。張龍走後，他和大管家帶領兵馬也直奔黑山嘴。

四更天左右，張龍來到黑山嘴山下，兩個家人已不知去向。他把馬拴在樹上，獨自一人往山上走。不知走出多遠，一陣風颸過，林中躥出一隻猛虎，大吼著朝他奔來。他從身旁取下弓，手伸向背後箭壺裡去拔箭，那箭好像生了根

一樣，怎麼也拔不出來。拿過箭壺一看，可嚇傻了眼，原來箭壺被灌了鉛。再去拔那把七星寶刀時，刀鞘也被鉛水灌牢。他嚇出一身冷汗，酒也醒了。這會兒，他才明白是叫王爺給算計了。猛虎已到近前，想跑是來不及了，張龍仗著一身好功夫，身強力大，跟老虎就鬥上了。箭弓打折了，就用帶鞘的短刀。張龍躲過了老虎撲、掃、掀三招。老虎急眼了，高跳向半空中，張著血盆大口直奔張龍腦袋瓜就下去了。張龍閃身躲過虎口，順手把帶鞘短刀插進老虎嗓子眼裡。老虎狂叫一聲，「撲通」栽倒在地。張龍由於用力過猛，右胳膊插進虎口裡多半截，被老虎咬成重傷。他見老虎呼噠呼噠還有氣，便翻身騎在虎背上，好一頓拳打，老虎終於伸伸腿瞪瞪眼嚥了氣。打死了老虎，張龍也累得氣喘吁吁，心裡想：王爺害我不成，老虎反被我打死，看他還有什麼託詞不讓我和公主完婚！東方泛白，天放亮了。張龍站起身，剛要下山，樹林裡「嗖、嗖、嗖」亂箭射出，把張龍射成一個大刺蝟，打虎英雄最終死於亂箭之下。

　　響鈴公主把父王答應她和張龍的婚事當真了。回到後府，思前想後，一陣歡喜一陣憂，她對父王的為人是知道的，辦事裡拉外拽，出爾反爾，是個轉軸的人。她正對父王的話半信半疑的時候，聽前院有人馬走動。她打發丫鬟到前院去打聽，丫鬟回來說：「王爺大擺宴席，為張駙馬去黑山嘴打虎餞行，張駙馬大醉後跟兩個家人騎馬走了。」響鈴公主心中犯疑，便又打發丫鬟去前院。

▲ 《響鈴公主的傳說》插圖

不大工夫，丫鬟就騰騰跑回來了，告訴公主：「王爺和大管家帶領三十人馬也去了黑山嘴。」響鈴公主的心一下子提到嗓子眼兒，想到怕是張龍性命不保，便帶上個貼身丫鬟風風火火趕往黑山嘴。到了黑山嘴，看父王正和勒日

布小王爺坐在草地上喝酒，公主不認識勒日布小王爺，也顧忌不了那麼多了，上前就問：「父王，張龍哪裡去了？」大管家依布哈搖頭晃腦地說：「回公主的話，張龍打虎喪命！昌圖小王爺在這兒正和王爺商量迎娶公主之事。」響鈴公主立刻翻了臉，大罵依布哈拆散她和張龍的美滿姻緣。當她來到山上，看見張龍萬箭穿身，哭得天昏地暗、山花不開、泉水不流。丫鬟撿到灌鉛的箭壺，拿給公主看，公主明白了一切。她看透了父王，看透了大管家依布哈，也看透了昌圖小王爺。響鈴公主心碎了，說：「感謝父王對女兒的良苦用心，今天我的夫君張龍已死了，我定不負前言，我要以死殉情！」說罷，拔劍自刎。

鮑王爺在黑山嘴給張龍修了一座大圓墳，又請喇嘛在黑山嘴東六里處選塊「九鳳朝陽」風水寶地，給公主修了一座陵墓。墓前蓋三間饗殿，常年有人看守，歲時祭祀。每年的舊曆正月十五、三月初三、十月初一，來人給公主祭掃，饗食三天。

父老鄉親愛戴公主，殉情故事世代傳。

為民打天賀八百

在公主嶺市懷德鎮中學的西側，曾經有一座很壯觀的關帝廟。由於年久失修，這座廟現已不存在了。當時，關帝廟的塑像、壁畫及鐘鼓二樓修造技藝頗為精湛，可謂巧奪天工。尤其是廟內塑的一尊泥像更是活靈活現，栩栩如生。這尊泥像是誰呢？據老一輩人說叫賀八百，有關賀八百的來歷還有一段傳說呢！

那是清朝同治年間，在懷德縣一個叫八家子的地方，住著一大戶人家，姓賀，主人叫賀連生，人很精明，善於交往，以經商為業，家境頗為富足。賀連生有兩個兒子，大兒子叫賀文，憨厚老實，繼承父業經商。小兒子叫賀奎，聰明伶俐，大膽果斷，深得賀連生喜愛。在賀連生四十歲時，大兒子賀文已二十三歲，娶妻生子。小兒子賀奎也已十九歲，出落得一表人才，正勤於讀書，準備科考。

當時在賀家鄰街住著一個叫惠史懷的人，暗地裡大家都叫他「會使壞」，也同賀家一樣經商做買賣。這小子唯利是圖，大秤買小秤賣，摻雜使假，人們大都不買他的貨，生意逐漸蕭條冷落，一年不如一年。而賀家則以誠待人，童叟無欺，買賣越做越紅火。本來同行是冤家，加之賀家生意興隆，把「會使壞」氣得嘴都歪了，整天打著鬼主意，搜索枯腸想壞點子，想把賀家整垮。這一天，他的賬房先生崔貴峰，人們叫他「吹鬼風」，從外邊討賬回來，眉飛色舞地告訴「會使壞」說：「這下機會可來了，附近新出了一夥兒強盜，一連做了幾起大案，縣衙的捕快剛剛抓住一個小頭目，還未受審，咱們何不買通這個小頭目，讓他一口咬定賀文是窩主，再花上一筆銀子，送給那貪財的臧知縣，不要賀連生的老命也叫賀文的買賣開不成。」

就這樣，賀文被陷害，以窩主罪被押入獄。好端端的一個買賣也給關閉了，賀連生一氣之下含恨而死。小賀奎悲憤交加，大罵臧知縣貪贓枉法，罵強盜誣陷好人，發誓一旦當了官，一定做個為民除害、清正廉潔的清官，決不輕饒那些坑害好人的壞人，上堂先打他八〇〇個板子再說。

不久，臧知縣因貪贓枉法、草菅人命被革職查辦。新任知縣姓王名清，做官清廉，到任之後正當科舉三年，各地秀才都到縣赴考。賀奎也是應考秀才之一。王知縣見賀奎聰明伶俐，學問又好，就把他向府衙推薦。府衙又將他向上推薦，直到殿試，最後中舉，被任命為懷德縣知縣。王知縣也因薦才有功陞遷，另有重用。

再說賀知縣上任後的第二天，老漢梁忠厚上堂喊冤，狀告姚家窩堡富豪姚大虎強搶他的女兒。賀知縣剛接下狀子，只見姚

▲ 《賀八百打天的傳說》插圖

大虎一步三搖地來到了大堂，狀告梁忠厚賴婚，想拐他的兒媳婦逃跑。說著，便向賀知縣遞個眼色，並上前幾步，送上一個紅布包。賀知縣打開一看，只見是雪花白銀五〇〇兩，早已明白了事情的真偽。此情此景，使他想起了以前自己家的不白之冤，完全是「會使壞」買通了官府而造成的。如今眼前的姚大虎也來這一套，氣得賀知縣怒火中燒。他一拍驚堂木，大喝一聲：「來呀，把姚大虎拉下去重打八〇〇大板！」眾衙役腕頭加力，把個洋洋得意、搶男霸女的姚大虎打得皮開肉綻，死去活來。最後，姚大虎招認，說梁家是他家的佃戶，他看梁忠厚的女兒長得俊秀，想霸占為妾，幾次假以其兒子的名義求親，梁家不允。在年終收租時，梁家欠姚大虎五十兩銀子，姚大虎竟然把預先寫好的婚書當作欠據，讓目不識丁的梁忠厚簽字畫押。就這樣，姚大虎以假婚書為據，硬把梁忠厚的女兒搶了去。梁忠厚追到姚家要人，姚反說是他想拐人逃跑，把他打了出來。就這樣，姚大虎畫供認罪。賀知縣判姚大虎強搶民女，收監入獄，待申報府衙定罪，把租給梁忠厚的十畝地做賠償，歸梁忠厚所有，送來的五〇〇兩白銀，入庫封存。

賀知縣八〇〇大板審清了梁老漢的不白之冤。打那以後，凡是他審案，罪犯都得要打八〇〇大板。百姓都說賀知縣是清官，人們再也不叫他賀奎，而叫他「賀八百」了。從此，「賀八百」的名字一直流傳至今。

在「賀八百」的治理下，懷德縣百姓安居樂業。這一年，從春到夏，要雨有雨，不要雨就晴天。莊稼綠油油的，長勢喜人，老百姓樂得合不攏嘴。可是，就在六月裡，老天下起了連陰雨。這雨下得沒晝沒夜，沒完沒了。老百姓說是犯了甲子，便求神禱告，燒香拜佛。折騰來折騰去，全不頂用，雨還是一直下個不停。人們做飯沒柴燒，路上行人少，賣家關門閉戶。「賀八百」也同百姓一樣，急得沒辦法。連陰雨七七四十九天不見晴，把「賀八百」給下得由愁變怒。這一天，「賀八百」一聲令下，命把全縣所有的火炮、土炮、洋槍，一齊朝天猛打出去。頓時炮聲隆隆，火光衝天，驚天動地。你還別說，不知怎的，這頓炮還真把天給打晴了。濃厚的雲層裂開了縫，露出了瓦藍瓦藍的天！

當時，人們歡聲雷動，稱頌「賀八百」打天真是神功。從此，百姓便把這位賀大人神化起來，稱他有懲天之威。

以後，人們為了永久紀念「賀八百」，在八家子關帝廟內給他塑了個像，逢年過節都來祭祀，讓他永享人間香火。

索財喪命蓮花泡

以前，公主嶺市南崴子鎮劉大壕村有個大水塘，長年水不乾。每年夏季，裡面長滿了蓮花，所以當地人都管它叫「蓮花泡」。

據老輩人講，這個泡子自有人開荒占草時就有，究竟有多少年了，是怎麼形成的，誰也說不清楚。不過，以前可比現在大得多，而且不長蓮花。水塘內的水呈墨綠色，四周齊邊到沿兒，深不見底，冬天不凍。當地人誰也不敢下去洗澡、游泳。不過，哪家也不用擔心，因為凡是不小心掉進水塘的孩子或大人，就像水裡有彈簧似的，能把你彈到岸上來。所以，當地人都說泡子裡有神。逢年遇節，都來燒香上供，求泡子裡的神靈保佑一年風調雨順。果然，這裡年年五穀豐登，家家戶戶日子都過得相安自得。

據說在清朝某年，這裡突然出了一件怪事，使泡子變成今天這樣。

當時，泡子北沿兒住著一大戶人家，當家的名叫張有德。那時候，這裡除了幾十里之外有兩個小集鎮外，方圓幾百里沒有城市。要想做稍大一點兒的買賣，或者買貴重物品，就得趕上大車，走五〇〇多里路去奉天。

這一年春節快到了，張有德帶領三掛大車，裝上菸、麻和各種土特產去奉天賣，準備辦點兒年貨，順便再帶回點兒這邊短缺的東西。

車到了奉天，東西很快賣完。要回去這天，張有德突然想起了他的小老婆讓他給買一副金耳環。於是，他就溜躂到了一家珠寶商店。剛一進門，掌櫃的打裡邊迎了出來。只見他五短身材，留著兩撇小黑鬍子，最令人注目的，是他長了一雙滴溜圓的小眼睛。「哎呀，這不是張大爺嗎？您怎麼到這裡來了？」掌櫃的這麼一寒暄，把張有德弄糊塗了：我離這兒五六百里，根本不認識誰

呀？可他怎麼對我這麼熱乎呢？而且，還知道我姓張，真怪事！還沒等張有德緩過神來，掌櫃的馬上吩咐夥計看座、倒茶，命廚房做飯、燙酒。

張有德稀里糊塗地被讓到了後屋。兩人落座之後，掌櫃的說：「張大爺，您可能不認識我，我就自我介紹吧。我姓王，就住在你家前院。您忘了，小時候你掉水裡，還是我救你上來的呢。」說到這兒，張有德忽然想起來了。有一年，他不小心掉進泡子裡，就覺得有人從底下一推，他就上來了。原來，原來……哎，對了，他姓王。看這個長相，不用說，是泡子裡的王八精，跑這兒來做買賣了。可這事兒，他心裡想嘴上卻沒敢說破，就應酬地說：「哎呀，你看我這個人，就是忘性大，連老鄰居都不記得了。」

▲ 《蓮花泡的傳說》插圖

張有德在這吃喝了一頓，臨走的時候，王掌櫃給挑了一副最大最好的金耳環，並求他給家裡捎封信。

這一下，張有德更蒙了，這信可往哪兒捎呢？王掌櫃小聲告訴他：「你就到泡子邊大聲說，老王家，奉天來信了！然後，把信扔到水裡就行了。不過，可得夜深人靜的時候，別讓人看見。哎，對了，我在信上已經說了，你缺錢的時候，只管到我家去借。」張有德不解地問：「那可咋借呀？」心想，你那王八窩誰敢進去呀。

王掌櫃把他拉到一邊說：「你就到泡子邊上燒上三炷香，對泡子說，老鄰居，我手頭缺錢了，你借給我點兒。只要你說個數，借多少都行。不要利息，什麼時候有就什麼時候還。」

張有德一一記下了。

回到家裡，當天夜深，張有德見四外沒人，就站到泡子沿兒說：「老王家，奉天來信了！」說完，把信扔在水裡。藉著月光，只見那封信在水面上打個旋兒，就沉下去了。

俗話說，家有萬貫，也有措手不及的時候。開春種地的時候，張有德真的缺錢花了。他一連幾天犯愁，冷不丁兒想起了奉天王掌櫃說的話，便半信半疑地決定去試試看。這天深夜，張有德到泡子邊燒了三炷香，又磕了一個頭，對泡子說：「老鄰居，我這陣子手頭緊，請你借給我倆錢兒，不用太多，有十兩銀子就行。」說完，又沖泡子磕了個頭。哎，說也怪，只見泡子裡水一翻花，浮上一個紅布包來。這布包一直浮到張有德腳下。張有德拿起來一看，裡面包的是雪花似的白銀，到家一稱，正好十兩，樂得他一宿沒睡覺。不過，這事他對誰也沒說。打這以後，張有德缺錢就借，有時候不缺錢也借。開始是幾十兩，後來一借就是幾百兩、上千兩，借多少有多少。總而言之，這泡子成了張有德的聚寶盆。張家從此越發越大，成了方圓幾百里的富戶。

春去秋來，一晃三年過去了。

這年夏天，村裡來了個拉駱駝的南方人。這個人圍泡子轉悠了一陣子，就奔張家來了。正趕上張有德坐在門前曬太陽。他走到近前深施一禮說：「老東家，我想討口水喝。」張有德說：「水有的是。」便叫家人去舀一碗來。這個人說：「我不喝生水，請你給燒點兒熱水吧！」

張有德把他領到了客房，叫家人去燒水。兩個人嘮扯起來。嘮著嘮著，他突然打了個咳聲。張有德問他為啥唉聲嘆氣。他說：「不瞞您說，老東家，我看你這個人滿臉福相，將來必然發大財。可你這個人膽小怕事，怕是這財發不了啊。」

他這一激，張有德立即拍著胸脯說：「我膽子最大，你打聽打聽，誰不知道我外號叫『張大膽』，年輕的時候，不光膽大，還練過武功呢，我空手曾抓過狼。」

他說：「只要你有膽量，我包你發大財，能讓你的錢跟皇帝老子比。」

「是嗎？」張有德一聽這話，立時來了精神，忙問：「你說吧，怎麼個發財法？」

那個人告訴張有德：「門前這個泡子底下有三顆寶珠，一顆是避月珠、一顆是避塵珠、一顆是避水珠。除此之外，金銀財寶堆積如山。只要你敢跟我合作，我下去把一窩王八都殺了，我就要三顆珠子，別的財寶統統歸你。」

聽了這話，張有德心裡可犯嘀咕了，跟他幹吧，一怕他沒那個本事，二來覺得太缺德。不幹吧，那堆積如山的金銀財寶，又讓他心裡直癢癢。想來想去，最後他還是一跺腳，決定豁出去冒冒險，就問怎麼個合作法。

那人告訴他：「我畫三道符。臨下水前，我吞一道。等一會兒，我把手伸上來，你把第二道符放我手裡。再等一會，我伸出手來，你把第三道符放我手裡。這樣，財寶就到手了。不過，你必須膽大心細，不管手是啥樣，你都得敢放符。」

張有德一一記下了，一再表示絕不害怕。就這樣，二人把計劃定好了。

當天傍晚，那人沐浴更衣，披髮仗劍，畫好了三道符，自己吞一道，交給張有德兩道。兩個人來到泡子邊，那人又叮囑一番，就轉身跳進水中。

霎時間，泡子裡黑水翻騰，天空陰雲密布，狂風呼嘯，大雨傾盆。就這樣，折騰了有一個時辰，只見泡面上冒出幾股鮮血。接著，伸出一隻大手來。這隻手，足有大笸籮大小，手上長滿了毛。張有德知道這是法術，但也覺得毛骨悚然。他戰戰兢兢地把第二道符放到那人手裡。這隻手剛縮回去，可了不得了，天空中霹靂聲聲，電光閃閃，泡面上水如開鍋，山崩地裂般響亮，簡直要把耳朵震聾了。天上的水，地上的水，就好像連接到了一起。這一回，折騰了足有兩個時辰。只見水面上冒出一股血來，血躥了一丈多高。隨後，泡子裡又伸出一隻手來。這隻手，跟整個泡子一般大小，那手上的汗毛，足有鋤槓那麼粗。這回，自稱「張大膽」的張有德可嚇壞了。心想，可不能往前去呀，這要是到跟前，還不得連符帶人一起抓進水裡去呀！這麼大的手，不用使勁，也把

骨頭給我捏碎了。得了，趕緊往家跑吧。心裡想往家跑，可就是腿肚子轉筋，一步也邁不動。無奈，他只得趴在地上望著那隻大手。只見這隻大手，擺了幾擺，搖了幾搖，縮回了水裡。不大會兒，水裡不響了，水也不翻花了，雨不下了，天也晴了。

那人的屍首漂到了水面上。

張有德這會兒才邁得動步，他一步一步地挪到家裡，一頭扎到炕上……

半夜時分，他夢見一個白鬍子老頭兒，那長相跟珠寶店掌櫃差不多，只是比他稍高一點兒。這個老頭兒站在他炕邊說：「張有德呀張有德，你可真缺德呀！這些年，我保你五穀豐登不算，啥時用錢，我都如數給你。不想，你反而勾引壞人，害我全家，你可真是人面獸心哪！那人殺了我家十八口，我也要你拿十八口人來抵命。你借我的錢，我這有賬，我要叫你傾家蕩產還債！」說完，一陣風不見了。

張有德醒來出了一身冷汗。他把家裡人一一叫醒，吩咐趕快套車逃命。

車套好了，天也快亮了。他卻捨不得櫃裡的金銀、倉裡的糧穀。於是，全家又往車上裝東西。這一折騰，天可就亮了。當張有德趕起車剛要出門的時候，只見那泡子裡的水一陣翻騰，眼看著上漲。正沖北面，開了一個大口子，水像脫韁的野馬一樣，順張家大門往裡灌。說也怪，這水就像四面有壩一樣，只在張家院內往上一勁兒漲，一點兒也不往四外淌。界壁鄰里聽到水聲，出來一看，眼見張家大院水已漲到了一房多深。不多一會兒，張家的房屋倒塌了，人和牲口淹死了，財物也隨著水漂入了泡子裡。

一場大水過後，張家十九口人淹死了十八口，只剩下一個癱巴老太太。其餘夥計長工，一個也沒咋地。

從此，這個大泡子年年見小，水越來越淺，並且長滿了蓮花。屯裡人說泡子裡的王八搬走了，蓮花是剩下的金豆子長出來的。於是，人們給這個泡子起名叫「蓮花泡」。

神仙洞內有神仙

大約在二〇〇年以前，公主嶺的西南邊有一座高山，山中有一石洞，裡面有石桌、石碗、石炕。

傳說，山下住著一戶人家，只有老母親和兒子相依為命。母親體弱多病，兒子整天上山打柴，用賣柴換的錢來買藥，給老母治病。母親藥沒少吃，可病卻沒見好。為此，兒子決心學醫。在山上，他邊打柴邊採藥，還未等他醫術學成，母親便離開了人間。母親的死，使他又悲痛又慚愧。他想，是自己學醫不成，才沒能把母親的病治好，便痛苦地離開了家鄉，來到這個石洞，做了道人。他專心學醫，採藥配方，漸漸醫術有了長進，開始給人們治病。他行善積德，治病不收半文錢，自己吃山菜、野果，睡在石頭炕上。

在這個洞的後面，有一個山洞口，裡面有一隻老虎，經常下山吃人，傷害百姓。他為窮人治病除災感動了玉帝。玉帝派仙人點化，降服了山中老虎，並送給他當坐騎。打那以後，他經常騎虎下山，給百姓治病。凡他所看的病，一治就好，深得人們的敬仰。

當地人都稱他「神醫」，把他居住的山洞，稱為「神仙洞」，後面的那個洞，稱為「老虎洞」。至今，此洞完好，石炕猶在。

▲ 神仙洞實景

▲ 《仙人洞的傳說》插圖

元寶山藏金馬駒

在公主嶺市黑林子鎮東南五千米左右，有一座小山，高不過十幾米，山的四外一馬平川。相傳，這個山中有個金馬駒子，被一個南方人給驚跑了。否則，這座山至今說不上有多高多大了。這座小山因此得名「元寶山」。

傳說有這麼一個人，在小山下種了很多的香瓜。瓜苗出得齊，長得壯，加上蒔弄得好，這瓜結得這個多，進瓜地乾脆下不了腳。尤其是地中間那個大瓜，長得又大又水靈。究竟那是個什麼瓜？種瓜的也從來沒見到過。這一天，種瓜的人正在瓜窩棚裡打盹，聽到一個人在外面說話。他想，瓜還沒開園，一定是過路人找水喝吧。種瓜的人想到這裡，便迎了出去。他一看，來人是算命先生打扮，說一口南方話。瓜倌把他讓到窩棚裡，來人說他家住在雲南，走遍了千山萬水，以探寶、看風水為生。種瓜的人聽到這裡，就問他：「這裡有沒有寶哇？」那人看了看種瓜的人，接著大笑起來，笑得既自信又神氣。他告訴種瓜的人說：「這座小山裡有個金馬駒子，拉金尿銀，要能得到它，真是無窮的富貴。可有一樣，必須得有四樣東西。現在已經有了兩樣，一是你瓜園裡那個大瓜，它叫瓠子，是支山門用的。二是山西南那棵小歪脖榆樹，是開山的鑰匙，現在還缺一頭毛驢和一棵靈芝草，四樣缺一不可。你瓜地那個瓠子，我買下了。今天，把錢先給你一半，等我得到金馬駒子後，一定有你的份。你必須把這瓠子養到九九八十一天才能摘下來，我這就去找毛驢和靈芝草。」

種瓜的人心想，這一個瓠子，比賣一坰地的瓜錢還多。南方人去後，種瓜

▲ 《元寶山的傳說》插圖

▲ 《元寶山的傳說》插圖

的人多了個心眼兒，他想，今年那南方人弄不著金馬駒子，明年不還得來嗎？明年我還種瓜，再得一筆錢，他提前三天就把瓜摘了下來。

南方人正好在九九八十一天回來了，聽說瓠子頭三天叫馬給絆掉了，打了個「咳」聲，也沒說什麼。幾天後的一個半夜子時，他把小毛驢套在歪脖子樹上，左拉三圈，右拉三圈，左右各拉九圈的時候，就聽山的正南面「咔嚓」一聲巨響，山門大開。用瓠子把山門支上，從懷裡又掏出靈芝草，往裡邊走去。來到山中間，看金馬駒子正拉著一盤磨飛跑。用靈芝草一晃，金馬駒子伸出鮮紅的小舌頭，朝他奔來，吱哇亂叫。他手舉靈芝草，倒退著往出走，金馬駒子撒歡蹽蹶子跟著，想吃那棵草。眼看要到山門了，支山門的瓠子已經彎得不行了，山門就要關上了，他轉身就往出跑。剛把後腳邁出來，山門已經關閉了。他沒得著金馬駒子，垂頭喪氣地走了，再也沒來。從此，這座元寶山再也沒往高長。據說，金馬駒子叫那南方人給驚跑了。

哞哞泡裡獨角龍

在公主嶺市范家屯鎮境內，距尖山子村南四千米處有一座平洋水庫。平洋水庫早先叫「哞哞泡」，也有人叫它「轉心湖」。

▲ 《哞哞泡的傳說》插圖

相傳，很久很久以前，哞哞泡四周方圓百里都是茂密的大松林，松林古木參天，獐狍野鹿各種珍禽異獸經常出沒其間。據老一輩人講，每到初一、十五的中午，就見湖心翻滾，湖水撐勁兒地往上漲，霧氣衝天。接著，就聽見天崩地裂一聲響後，從湖心裡衝出一個怪物，頭大如斗，長著一隻獨角，眼賽銅鈴，身長數丈，全身長著簸箕般大的鱗片，金光閃閃。約摸在湖面上游動一個時辰後，又鑽回水底。這時，也就風平浪靜了，這樣的事許多人都看見過。聽說，那就是「老哞哞」出來朝拜玉皇大帝呢。人們說，「老哞哞」是東海龍王最小的兒子，叫「獨角龍」。

　　在哞哞泡北三里多地有一個霍家莊，住著百十戶人家，靠捕魚、打獵為生。莊主叫霍清平，年逾古稀，是個樂善好施的長者。他家大業大，是遠近聞名的首富。霍清平膝下一兒一女，公子名叫霍化龍，長得濃眉大眼，身長九尺，膀闊腰圓，練就一身好武藝，射得一手好箭，能百發百中，就是脾氣暴躁，好打抱不平，是個天不怕地不怕的硬漢子。女兒取名霍化鳳，年方二八，相貌超群，聰敏過人，自幼隨母親習針線，練就一手刺繡功夫。她繡龍，龍抬頭；她繡鳳，鳳擺尾。遠近許多高門富戶求親者甚眾，只是沒一門中意的。

　　一天，正是八月十五中秋的夜晚，皓月當空，化鳳小姐徵得母親同意後，和兩個丫鬟下了繡樓來到後花園賞月。她在香案前跪地合掌，對蒼天禱告：願父母身體康泰，益壽延年；願全莊歲歲太平，五穀豐登；願自己遂心如意，早擇佳婿；願哥哥建功立業，早選賢妻。正在叨叨咕咕，猛抬頭只見一朵祥雲，忽忽悠悠地落在莊後。小姐心中納悶：怪事兒！雲彩還能落地？她正胡思亂想，不一會兒，就聽見花園外馬蹄噠噠鸞鈴響。小姐同丫鬟從門縫往外一看，見一紅袍小將，手執銀槍，座下一匹棗紅馬已來到花園門外，停下叫門。小姐命丫鬟快去回稟父親。丫鬟走後，她仔細觀瞧，只見來者年齡只有十八九歲，面如粉玉，天庭飽滿，地閣方圓，前發齊眉，後發蓋頸，紅袍金甲，亞賽天神一般英俊。只因男女有別，不便搭話，轉身回繡樓去了。

　　這時，老院公奉莊主之命，來到花園門口問道：「來者何人，因何夜半叫

門?」紅袍小將說:「在下龍卷峰,因邊關告急,主將命我到京城搬兵。不想人飢馬渴,迷了路,故來打擾,想在貴處借宿一宿。」院公說:「稍待片刻,我回稟主人一聲。」莊主一聽是邊關將士,就說:「快請龍將軍客廳敘話。」院公將馬拴到後槽餵養,霍莊主與龍將軍來到客廳,分賓主落座。莊主問:「龍將軍祖籍哪裡,家中幾人?」龍將軍說:「我家住山東龍潭寨,父母早年仙逝,現隻身一人闖蕩江湖。」莊主又問:「將軍貴庚多少,可曾婚配?」龍將軍答道:「在下年已二九,因連年征戰,軍務繁忙,娶妻之事尚且未慮。」莊主聽罷,手捻鬍須,微微一笑。暗想,龍將軍青春年少,一表人才,又是國家良將,久後必成大器,便有心將女兒化鳳許配與他。但因時間倉促,未及提起,心想待酒後再提不遲。於是,吩咐家人備酒為將軍洗塵。不一時,酒宴齊備,二人開懷暢飲。飲至半酣,龍將軍因高興過度,酒喝多了,身子發軟,眼睛發直,只覺得天旋地轉。老莊主抬頭一看,呀!嚇了一跳,就見龍將軍的臉一會變白,一會變紅,一會又變黃。他說聲不好,心想,莫不是龍將軍一路勞累染上風寒了,要不臉色怎麼不正呢?這時龍將軍心裡明白腿打摽兒,差點兒現出原形。原來,這位龍將軍就是哞哞泡裡的獨角龍。

獨角龍經多年修練,已有半仙之體,神通還不算大,只會變人形。在當

▲ 《哞哞泡的傳說》插圖

時，哞哞泡方圓幾十里，深不見底，越往下水就越大，水底下可通到現在的太平池、月亮泡、東遼河、五大連池，據說還能一直通到東海呢。水中有一座宮殿，獨角龍就是這裡的大王，各處的蝦兵蟹將都聽他的指揮。傳說每到二月二那天，你趴在泡子邊上，就能聽到水底下有笙管笛簫吹打彈拉的聲音，說那是獨角龍的喜慶日子，叫作龍抬頭之日。到三月三獨角龍可以到人間遊玩一次。這是玉皇大帝定的法，因為獨角龍修練不到年頭，平時是不准出來的。可是，獨角龍在宮中待膩了，水中的宮娥彩女都是鯉魚精變的，他看不慣，決心要找一個人間美女做他的妻子。原來，正趕上八月十五這天，它閒來無事，走出水面，往北一看，一縷香菸直衝九霄。他想看個究竟，就駕起五彩雲來到霍家莊上空，往下一看，見化鳳小姐同丫鬟正跪在地上禱告呢。這一看不要緊，把獨角龍的魂都勾走了。哎呀，從來沒見過這樣的美女，真乃舉世無雙！但是，好看又能怎樣！自己去說吧，又無從出口；搶吧，又怕違反天條。自己是條龍，又不是妖怪，不能那樣凶殘。只能智取，不能強奪。於是，它落下雲頭，搖身一變，變成一個紅袍小將，讓他的鱉將軍變成一匹棗紅馬，把定海針變成一桿銀槍，就這樣，來到霍家莊後花園門外……

再說龍將軍強打精神才沒顯露原形。他自覺酒力不支，說道：「霍莊主，在下實無酒量，謝莊主盛情款待，小將告退了。」說著，就裡倒歪斜地往出走。院公扶著他來到東廂房，他倒頭便睡。將近三更天，就聽東廂房一聲巨響，震地驚天。不一會兒，狂風大作，飛沙走石。院公急忙稟報莊主說：「不好了，後花園有兩個大火球向小姐樓上滾去！」老莊主聞聽，急忙召集莊丁，手拿鉤桿鐵齒，舉著燈籠火把，將花園團團圍住。霍化龍這時也趕來了，手持鐵弓利箭，站在樓下說：「大家不用驚慌，看我的！」說著，就抬弓搭箭，只聽「嗖」的一聲響，一個火球射滅了，血流滿地。這時，見一怪物大吼一聲，騰空而起，直撲哞哞泡，一頭便衝入水底。大夥兒拿著燈籠、火把，順著血印緊追不放。來到水邊，見哞哞泡捲起三丈多高的大浪，約有一個時辰，水面平靜了。大家回到小姐繡樓一看，見台階上一灘血，還有幾張簸箕大小的金紅色

鱗片。小姐和丫鬟都已被嚇得不省人事了，呼叫半天，才醒過來。小姐說：「我像做了個惡夢，夢見一個穿紅衣的人，歪歪斜斜地來到樓下。不一會兒，就聽一聲響，又見兩個火球從樓窗往裡照。當聞到一股異香和酒氣時，就暈過去了。」

莊主一聽此言，說聲不好，直奔東廂房。一看，哪裡還有紅袍小將的影子，棗紅馬也不知去向。原來，獨角龍酒力不支醉了，心中想念小姐的美貌，情不自禁地站起身來，晃晃悠悠地來到小姐樓下，想再偷偷地看上一眼。誰知此時酒力發作，腳慌腿笨，剛邁幾步就摔倒了，現了原形。牠騰空而起，來到樓窗處，喘著粗氣，瞪著兩隻眼睛往裡看。因為龍的眼睛是夜明珠，所以才像火球一樣亮。

打這以後，莊裡再沒過上一天安穩日子，三天打雷兩天下雨，哞哞泡的水就像開了鍋似的往上漲。大夥兒都嚇壞了，不知怎麼辦才好。這時，霍化龍拿起了箭，站在高坡上向哞哞泡連射三箭，水面才平靜下來。當天夜裡，就聽見泡子裡轟轟地響到半夜。第二天清早，人們到那裡一看，見往東北方向出現一道溝。人們說，老哞哞從地底下走了。老哞哞走以後，接連三年大旱，松林都旱死了，哞哞泡變小了，四周變成了平地。人們說，老哞哞是因霍化龍射瞎它那隻眼睛才走的，也是犯忌諱「火能化龍」。多少年過去了，霍化龍已不在人世了。人們說，老哞哞為了將功贖罪又回來了。這些年的風調雨順，五穀豐登，萬民樂業，也有老哞哞的一份功勞呢！

兩破風水束龍帶

順著現在的公主嶺市八屋鎮街道一直往西走，頭一個村是頭道圈，依次是二道圈、三道圈、束龍帶。過束龍帶就進入十屋鎮的地界了。這四個地方的名字是咋來的呢？這裡還有段故事呢！

傳說，在很久以前，八屋的街東頭有一家財主，這家財主兩大股在一起過日子，家裡良田百垧，騾馬成群，是十里八村說得出的富戶。這家當家的就認

準一個理兒：「萬般皆下品，唯有讀書高」，攢下金錢不算啥，後人能出人頭地，升個一官半職，那當家的才算有正事。所以，他家的孩子到了該唸書的年齡，一律送到私塾唸書，不讓下莊稼地，花多少錢都不心疼，一心要讓後生走仕途，將來混個一官半職好光宗耀祖。

▲ 《束龍帶的傳說》插圖

有一天中午，財主在他家門口的上馬石上坐著抽菸。這時候，打南邊毛道兒上走過來一個人，直奔財主走了過來。到了跟前一看，原來是個南方人，穿著破衣爛衫，眉毛、鬍子稀疏發白。他向老財主深施一禮，說道：「兄弟，我已有幾天沒吃上一頓飽飯了，初登貴府，您老賞給我一頓飯，行個好吧！」當家的一聽，心想，這個人穿戴不咋地，說話還文縐縐的，八成也不是莊稼人。他磕了磕手中的煙袋，站了起來說：「你老不必多禮，一個出遠門的勾當。」說著，領著那南方人就進了上屋。他吩咐伙房師傅給做飯，還炒了兩個菜。放上桌子，把酒盅子也端上來了，非得讓喝點兒酒解解乏不可。這個南方人一路勞乏，老財主的盛情款待，把他感動得心裡熱乎乎的。財主又接著說：

「沒啥好吃的，鬧個熱乎，你老就趁熱喝兩盅吧！」他沒法再說什麼，也就盤腿打坐，實實惠惠地端起了碗筷。

酒飯過後，天色已晚，財主也沒讓他走，留他住下了。這天晚上，財主陪著嘮了半宿，越嘮越對心思，從南到北，從古到今，兩人真是志趣相投。嘮到最後，這個南方人說：「兄弟，你們前邊有個蓮花泡子吧？」「有一個呀！」「後邊有個盛水泉子沒有？」「有！有！」「這不就對了！我看大半輩子風水，這回可看到正地方了。你們這兒有一條土龍，那蓮花泡子和盛水泉子就是土龍的兩隻眼睛。誰家的墳塋地要占在八屋街西的盛水泉子那一帶地方，那就是頭枕土龍，腿跐蓮花，誰家就能出真龍天子，但必須行善積德，才能更早些出真龍天子。」這個人的一番話，也太對老財主撇子了。多少年了，他想的就是這個。尋思了半天，他對這個南方人說：「老哥呀！我琢磨了，眼下誰也沒把那塊寶地當墳塋地，我把我家祖墳挪過去不也妥嗎？」南方人說：「不瞞兄弟你說，你家本沒有這個福分，若衝你，我可以答應，但是我從此就要雙目失明了。可是，像我這般年紀，又成了一個瞎眼的廢人，晚年去靠何人？」財主一聽，一拍大腿：「這不好辦麼？這事兒我包了，從今往後，你就住在我家，我吃啥你吃啥，我穿啥你穿啥。有我的就有你的，將來百年之後，讓我的子孫發送你老黃金入櫃。」老財主情真意切、感人肺腑的一番話，把那南方人真說動了心。他說：「我豁出兩隻眼睛，你們馬上把墳挪過去，用不了十年八載，家裡定能出大官。」

財主很快把祖墳遷了過去，那南方人頓時雙目失明了。他們把他安排到了上房，還從夥計中挑了個聽召喚、心眼兒好的給了他，照顧他的飲食起居，並總和老財主一起吃小灶，確實把他視為座上賓。

誰知好景不長，轉過年秋天，老財主突然一病不起，四方求醫討藥，也不見好。臨終前，他把家人叫到跟前，再三囑咐：「一定好好照顧老先生。」並告訴子孫：「一定好好讀書，長大成人，莫辜負我平生心願。」說著說著，閉上了眼睛。

財主死了，一晃三四年過去了。後人識文斷字的，誰也沒考取上功名。別說是真龍天子，就是小官小吏也沒當上。他們把一腔怨恨都撒到這個南方人身上，早已把財主的話忘到腦後，對他的態度一天不如一天。

一天，財主的大兒子突然撒掉南方人的使喚人，讓他到夥計房裡住。這還不算，家裡一些人還在他跟前兒念三七兒，敲邊鼓，指桑罵槐：什麼熊瞎子捧書本——愣充假聖人，說他打不出食來，瞎白話等。南方人真是苦不堪言，心裡總是憋了巴屈的。他在這樣的孤獨、困苦中艱難地打發著日子。

一天，狼狽不堪的南方人摸到了大門外邊，一摸到了上馬石，感慨萬千。回憶自己初來此地的情景，想到老財主對他的厚意深情，越發想念死去的老財主，想著想著，不禁吧嗒、吧嗒地流下淚來。

正巧這時，就聽一個騎馬的人來到跟前。這人下馬以後，圍著他轉了好幾圈，然後「撲通」一聲跪下了，口中連喊：「師父、師父，您何故落到這般光景！」他一聽，是自己的徒弟來至眼前，老淚縱橫，一五一十把原委跟徒弟學了一遍。徒弟聽了，氣得七竅生煙，罵道：「天下哪有這樣沒良心的人家！師父為你們連眼睛都不要了，到頭來，反而遭到如此的虐待。不能便宜了他們，不能讓這些混蛋東西家中出真龍天子！非給他們破了不可。可是怎樣才能治好師父的眼睛呢？」師父說：「治好我的眼睛並不難。你在半夜星星出全時到財主的墳頭上，那墳上長有一株蓮花，你把蓮花上的露珠取下幾滴，拿回來擦我的眼睛，我就能重見光明了。」徒弟聽了，甚是高興，按照師父指點，在滿天星斗之夜來到財主墳前。他給財主墳磕了三個響頭後，趕緊接了蓮花上的露珠，回去就給師父擦拭眼睛。南方人的眼睛立時恢復了光明。

他們師徒為整治財主的後人，用了兩個招法：第一，稟明官府說八屋這兒要出真龍天子。官府一聽，再出一個真龍天子豈不是天下大亂了，這還了得！於是，把當地一個叫李真龍的男子和一個叫康金鳳的女子配成婚，以示真龍早已出現。第二，施法做一個大土龍，龍頭在八屋街東，龍尾靠近十屋邊上，用兩口大鍋扣住了龍的兩隻眼，又把龍的身子箍了三道大鐵圈兒，用了八百多尺

黃布帶子把龍尾捆住，使土龍永世不得翻身。

自打被下「鎮物」後，幾十年過去了，這個財主家的子孫沒有一個唸書出息人的，更沒有一個當官的。從此後，家業敗落，窮困潦倒，一蹶不振。

據說，在作法那年，下了七七四十九天大雨，把土龍沖成了三道大溝。大雨過後，土龍尾巴的地方，長出了一圈又一圈的楊樹、柳樹，這些樹木根深葉茂，遮天蔽日。

打那以後，人們便將這三條大溝依次叫頭道圈兒、二道圈兒、三道圈兒，「束龍帶」這名字也由此傳開了。

造福一方葦子溝

很早很早以前，葦子溝還沒有名字，那地方只是一片鹽鹼地，土地貧瘠，荒無人煙。後來，有幾戶跑關東的來落戶，這兒才有了居民，種起了莊稼。

春天，人們把種子撒在地裡，小苗出來精心蒔弄。可是，每到雨季，遍地積水，大水過後，禾苗只剩下四五成，所以收成很低。

後來，這地方搬來一戶姓盧的人家。一家三口搭起了小窩棚，在這地方開了一片荒地。因為他們為人善良，肯幫助別人，所以，鄉親們都喜歡和他們一家子來往。他們的孩子起名叫「盧葦」。雖然是根獨苗，但並不嬌生慣養。盧

▲ 《葦子溝的傳說》插圖

家夫婦常常告訴孩子要勤勞，要從善，要助人為樂。

轉眼之間，盧家在這兒住了十年，盧葦長成了一個體格健壯的小夥子。父母心裡高興，也常常憂愁。高興的是孩子勤勞健壯、心眼好；愁的是日子過得緊緊巴巴，將來怎麼才能給孩子說上媳婦呢？

盧葦也常常發愁，他愁的是，鄉親們辛辛苦苦幹了一年，收不了多少糧食。自己家也不富裕，怎麼才能幫助別人呢？

這一年，地裡的莊稼比哪一年都好，鄉親們的臉上有了點兒笑模樣。正在人們高興的時候，天突然下起了瓢潑大雨，一下就是七天七夜。地裡的莊稼十有八九被淹在水裡。鄉親們的房屋有一半泡在水中。盧葦家更慘，房子被水沖跑了，家具也沒搶出幾件。幸虧盧葦的力氣大，幫助父親把家裡的糧食搶出來大部分，不然的話，連粥也喝不上了。他們一家三口，來到一塊高地搭了個臨時小馬架子安身。盧葦面對一片白茫茫的大水，發起愁來。自家和鄉親們今後的日子可怎麼過呢？他吃不下飯，睡不好覺，整天對著白茫茫的大水苦思冥想。

有一天，他正面對茫茫的一片大水發著愁。忽然看見遠遠地漂來一件什麼東西。那東西越來越近，到了近前，原來是一個白鬍子老頭兒。老頭兒滿臉蠟黃，一看就知道又累又餓了。他雙手緊緊地抓住一塊木板順水漂著。盧葦趕忙跳到水裡，把老人家拉上高處。老人氣喘吁吁，已經無力說話了。他把老人背到自己家的臨時馬架子，父母又端來米粥餵他。老人家頭戴一頂破氈帽，腰裡別了個破布袋，身上穿了件破衣衫，一看就知道是個討飯的。他喝了兩碗粥，才有了精神，說自己討飯時不小心掉到了水裡被沖到這兒來了，幸虧遇到了盧家這樣的好心人，不然就得淹死了。吃完了飯，他向盧葦要了根木棍子拄著就要走。經盧家三口人再三挽留，他就在盧家住了下來。一住就是三天，盧家三口人就像對待自家老人那樣對待他。他們一家子喝菜粥，卻給老人家煮米粥。老人不過意，幾次想走，都被他們一家子挽留下來。還對他說，你要是不嫌棄，就算是我們家的老人，常住在這好了。老人心裡非常高興，就在他家住了

下來。

　　一天夜裡，盧葦睡不著，又跑出馬架子外去察看水情。可是，水退得很慢，他又發起愁來。忽然，他覺得有人拍了拍他的後背，他回頭一看，正是那個討飯的老頭兒。老人家問：「小夥子，你咋每天對著這大水發愁呀？」盧葦說：「這水不退，鄉親們今後的日子咋過呀？」「這好辦，你看，這水是由東南向西北流的，只要挖一條又長又寬的水溝把水排出去就好了，今後再也不愁被水淹了。」「這麼大的水可咋挖呢？」「你想不想幹吧？」「想呀！」「怕不怕累？」「不怕！」「怕不怕危險？」「不怕！」老人家把自己的破氈帽摘下來交給盧葦說：「你把這個帽子戴在頭上，每天夜裡起來，順著這東南到西北的方向，去挖一條寬寬的、長長的水溝吧。直到大水退下，莊稼露出來為止。可是，一定要記住，天亮之前一定得回家睡大覺，要是繼續挖下去是有生命危險的。」盧葦接過帽子剛要說什麼，老人忽然不見了。盧葦覺得非常奇怪，怎麼突然間老人家不見了呢？要說是做夢，可手裡明明拿著老人家的氈帽頭兒。他回到馬架子裡找，也沒有老人家的影子。他把父母叫醒了，對他們說了這件奇怪的事情。父母也很奇怪，都認定：這是神仙來指路救鄉親們來了。盧葦說：「我現在就去挖排水溝吧！」父母再三囑咐他要小心，別忘了老人家的話，天亮之前，一定快快回來。盧葦把氈帽戴到了頭上，說來也怪，他立刻覺得渾身好像增添了千斤的力氣。他拿起鐵鍬，就像拿起一個挖耳勺那麼輕。他按照老人家指的方向剛剛來到水邊動手挖溝，面前的水立即就分開了。他挖到哪裡哪裡的水就退下來，他挖過的地方，水立即跟過來。看到這種情形，他越挖越高興，越挖越來勁。要不是想起了老人家的話，他會一直挖下去的。當他往回走的時候，看見一部分水退了下去，莊稼露了出來，高興得簡直沒法說了。

　　父母一夜沒闔眼，望著東方的天空在等他。他回來了，父母才放心地睡了一會兒。天亮後，盧葦又幫助爸爸媽媽去幹活兒。

　　第二天，盧葦挖溝回來，天快放亮了。他覺得昏沉沉的，好不容易才回到

家裡。爸爸媽媽不安地說：「千萬不要忘了老人家的話啊！」他雖然頭發暈，但是看到水又退了一部分，露出水面的莊稼又多了一些，還是非常高興。

第三天，他挖呀挖，為了讓水快些退下去，讓莊稼快快露出來，他比哪天挖得都快、比哪天挖得都多。他只顧挖溝，把老人家的話也忘了。挖著挖著，他覺得頭有些發暈，原來東方發白了，天快亮了。可他眼瞅著大水快全退下了，莊稼就要全露出來了，就強忍著頭昏眼花，繼續挖著。挖呀挖，挖呀挖，水溝全挖通了，太陽也出來了，他頭上的帽子忽然離開了頭頂，向遠處的天空飛去。緊接著，翻滾的大水流進他挖過的溝子裡。他一下子被大水淹沒了，沖走了。好心的盧葦為了解救鄉親們，再也回不來了。從此以後，這地方就留下了一條東南、西北方向的河溝，兩側莊稼不再被水淹了，土地也變得肥沃起來。

人們為了懷念盧葦，把這條溝叫作「蘆葦溝」。後來，為了順嘴兒，就把它叫成了「葦子溝」。

▲ 《哈拉巴山的傳説》插圖

哈拉巴山走金馬

在公主嶺西北部與雙遼市接壤的區域，有一座哈拉巴山。相傳，很早以前，哈拉巴山是一座寶山，裡面有一匹金馬駒子，終年累月為貧苦人家拉磨。這件事被一個南方來的風水先生知道了。他偷偷地來到山前，東張西望，終於發現了這座寶山的祕密。經過七七四十九天的尋找，他終於得到了開山的兩件法寶——「雪裡站」和「瓠子」。那「雪裡站」是一匹馬，渾身烏黑髮亮，生有四個雪白的蹄

子；那瓠子可惜還沒成熟，就被他摘了下來。風水先生騎在「雪里站」的背上，手裡提著瓠子，得意忘形地向哈拉巴山走來。到了山腳下，狂笑著抽打「雪里站」，圍著哈拉巴山拚命飛跑，一圈、兩圈、三圈……「雪里站」累得通身是汗。只聽「轟隆」一聲巨響，山門開了，裡面放射出萬道金光。這個貪婪的傢伙狠狠抽打著「雪里站」，向山門裡衝去。由於「雪里站」勞累過度，「撲通」栽倒在地，累死在山門旁，把風水先生摔個狗啃屎。他急匆匆爬起來，將瓠子支在山門上，便一個高兒蹦進山裡。只見那金馬駒子周身金光閃閃，晃得人睜不開眼睛。一聲嘶鳴，震得大山嘩嘩往下掉土。風水先生一頭撲過去，企圖抓住金馬駒子。結果，被金馬駒子撞了個仰面朝天，一命嗚呼。金馬駒子呢，跑到桑樹台北榛紫崗一個屯子去了（即今桑樹台榛紫崗子村），當地群眾起名叫「金馬駒子屯」。

懲奸治惡石人溝

公主嶺市環嶺街道紅旗村五組東北約二〇〇米處，在東西漫崗南坡的古代墓地中，有一組石雕，包括石人、石羊各一對兒，還有石函、石頂蓋各一件。兩位文官裝束的石人，各高二點一米，間隔四米相對而立，前面有兩隻青石臥羊，兩羊中間置有一個青石函和一石頂蓋。傳說這組石雕是唐朝時留下的，當時此地叫高麗街。石人後邊原是一個文官的墳墓。人們後來把這個地方叫「石人溝」。

傳說很早以前，在石人溝東南三里地有個屯子，叫張家店（現在紅旗

▲ 《石人村的傳說》插圖

村六組）。村裡有個財主姓張，為人虛偽奸詐，對夥計刻薄，人們都很恨他。這一年，財主種了一地麥子，小苗長得一片蔥綠。一天，財主看到麥子叫牲口吃了一片，他回家問馬倌是不是放馬時不小心讓馬給吃了。馬倌說他沒在那跟前放牲口。財主想，這一定是別人家的牲口給吃的了。問夥計，夥計也不知道。第二天他又去麥地，發現麥苗又被吃了一片，一問還是不知道。財主大罵了一陣，扣去了馬倌和夥計的工錢。當天晚上，他拿著火槍到麥地，想察看個究竟。趁著月色，他蹲在麥地裡。不大工夫，只見兩隻大青羊領著一群羊從地北頭往南吃麥苗。他想：不管是誰家的，我非把它們打死不可。他趴在地裡，對著頭羊就是一槍。這時，只見一道火光，這裡的羊一隻也不見了。

　　第二天，財主全家都病了。他急壞了，派人請醫生醫治，可是病人乾吃藥不見效，一連十幾天。這下子可把財主給弄蒙了。求醫治不好，便求神拜佛，燒香許願。這天晚上，他剛剛入睡，就覺得自己來到院外，這時只見面前有兩隻大青羊，有一隻羊嘴邊還缺一塊肉，對他怒叫。他一看，這不是我那天晚上在麥地開槍打的那兩隻羊嗎？他蹲下身子找磚頭想打，兩隻大青羊忽然不見了。財主正愣神，見對面走來一人，只見這個人約五十左右年紀，身穿古代服裝。趁著月色細看，這人頭戴襆頭，身著方領寬袖朝服，腰束寬帶，抱持笏板，足登方頭朝靴，面部扁平鼻直口方，神情肅然。他好像在哪裡見過，但一時又想不起來。那人走到近前對他說：「財主，聽說你家裡的人都病倒了？」財主吃驚地回答說：「是啊，先生是怎麼知道的，你能治病嗎？」那人說：「能。」財主趕忙打躬，往裡請。那人說：「我不用給病人看病，我先給你看看吧。」財主不高興地說：「我沒病，看我幹什麼？」那人拉拉著臉說：「為富當仁，樂善好施，這是做人的本分。你可倒好，為富不仁，虛偽奸詐，對窮人苛刻。羊吃你一點兒麥子，你用火槍往死裡打，馬倌、夥計不知道誰家羊吃的，你竟扣工錢，這種人不應該得報應嗎？」財主聽了直冒冷汗，連說：「小老兒知罪了，請先生救命！」那人又說：「你家病人要想病好，首先你得改惡從善，扣馬倌、夥計的工錢要返還，窮人有難必要幫，對乞丐要賙濟。你能做

到嗎？」財主連說：「能，能。只要我家病人都好了，我一定按你說的辦。」那人說：「那好，你不是許願了嗎，還願以後再做惡事，你家裡還得這樣病。」財主忙說：「不敢，不敢。請問先生貴姓，仙鄉何處？」那人說：「我姓石，人們都稱我石先生。就住這北邊。」說著轉眼不見了。財主一驚爬起，很感奇怪。心下一想，忽然明白了：這石先生不就是石人溝的石人嗎？那兩隻大青羊原來是石人前邊的石羊啊。這是石羊顯靈，石人顯聖，前來點化我呀。

第二天，張財主便殺豬宰羊還願，宴請夥計和四鄰。家人來報說：石人前邊的石羊嘴角確實缺了一塊兒（今天右邊石羊嘴角確實缺一塊兒，說是當年張財主用火槍打的）。財主聽報，誠惶誠恐，擇日給石人送匾掛紅，匾上刻著「心誠則靈，有求必應」八個金字，焚香禮拜，上表贖罪，唱三天大戲，全家人的病很快好了。從此，財主再也不敢為奸作惡了。

龍女遺澤龍王廟

在公主嶺市大榆樹鎮團結村有座龍王廟。傳說，在清道光年間，遼河東岸大榆樹一帶，自春到夏沒下一滴雨，大地乾旱得幾乎要著火一般，地乾裂得直冒青煙。剛出的小苗旱死了，河水乾了，飢民們吃樹皮、草根度日。

東海龍王的三女兒小龍女和丫鬟小葉，在龍王出遊未歸的一天，來到人間觀賞美景。一看這種慘狀，心中怨恨父王不顧百姓死活，到處遊樂。又見一些求雨的人罵他父王無道，心裡非常難過。她再也沒心思遊山玩水，拉起丫鬟騰雲駕霧回龍宮去找父王。到了龍宮，

▲ 《龍王廟的傳說》插圖

聽說父王又去北海龍宮赴宴，心下著急，便假傳父命，派出蝦兵蟹將在這裡下了一場透雨。人們高興了，感謝龍王。很快，山青了，苗綠了，水活了，人們得救了。

東海龍王遊玩回來，剛到這裡，見下了雨，心中大怒，回到龍宮責問是誰下的雨，他要懲治大臣們。小龍女聽說，挺身而出，並義正詞嚴地責備了父王。龍王大怒，便把小龍女貶到人間，讓她受苦。

小龍女投生在江城一個商人的家裡，起名叫龍蛟。四歲時，母親得病死了。父親很疼愛她，給她請來一個塾師教她讀書識字。龍蛟很聰明，讀書過目不忘。

不久，父親又給她娶了個後母。後母心腸壞，父親不在家時，便打罵她，虐待她。她十六歲這年，父親有病，醫治無效也過世了。父親去世後，後母勾引不三不四的人欺侮她、調戲她。龍蛟從小知書識禮，性情剛烈。後母拿她沒辦法，設計把龍蛟賣給了人販子。在龍蛟呼救聲中，一個綽號叫「雙劍王」的武士把她救下。後來，她來到緊靠遼河東岸的一個小村莊（即今天的大榆樹鎮團結村）和伯父相依為命，艱苦度日。這時，龍蛟已是一個十八歲的大姑娘了，出落得天仙一般。雖穿粗布衣裳，也掩飾不住她的秀美。

她來到伯父家的第二年夏天，雨水又勤又大。大雨一連下了三天三夜也沒停。這天，伯父在租種的地裡排澇還沒回來。龍蛟來到村口張望，不見伯父的身影。這時，天空黑雲壓頂，一聲響雷，大雨又傾盆而下。忽然，有人大喊：遼河決口了！龍蛟轉身就往回走，沒跑多遠，洪水就衝了過來。龍蛟在洪水中掙扎，突然一個浪頭，把她捲入漩渦。她醒來時，方知被他人所救。救龍蛟的人是一個十七八歲小夥子，姓范名叫劍平，就是伯父租種地的財主范大虎的獨生子。范劍平魁梧健壯，為人真誠善良，平日不是在家讀書，就是出外求學。這天他訪友回來，遇上大雨，遼河決口，正在奔跑，見一人在水中掙扎，便冒死把龍蛟救了上來。這時，有人來找龍蛟，告訴她伯父回來後，為了找她，被洪水捲走淹死了。龍蛟哭成個淚人。洪水過後，鄉鄰們幫助龍蛟掩埋了伯父的

屍體。范劍平慷慨相助，龍蛟對他感激不盡。

伯父死後，龍蛟成了無依無靠的孤兒。范劍平要她到他家裡生活，鄉親們也這樣勸她。龍蛟聽說劍平是不欺負窮人的好心人，俠肝義膽，見義勇為，可他老子范大虎卻是個奸詐刻薄的財主。她考慮再三，去范家做了一個丫鬟。劍平體貼她，關心她。她為劍平的善良打動，漸漸地愛上了劍平，劍平也愛上了她。兩人常在一起讀書作詩。儘管范大虎夫婦責罵，但二人海誓山盟，決意成為伴侶。在劍平父母出外串親的時候，二人偷偷地結合了。不久龍蛟懷了孕。他們的事叫范劍平父母知道了，關起了劍平，趕出了龍蛟。龍蛟拖著要臨產的身子，剛想跳河，一陣劇痛，孩子降生了，但因早產，是個死胎。龍蛟絕望了，正想自殺，一陣狂風把她刮到空中，又落到一個村邊，幸好被姚老漢救了回來。姚老漢有個兒子，為人忠厚善良，會一手好莊稼活兒，爺倆兒度日。龍蛟就在這安下身來，被老漢收為義女。

不久，范劍平屈從父母意志和一個門當戶對的姑娘結了婚。龍蛟聽到這個消息，才同義父兒子結婚。婚後，夫妻恩愛，生活很幸福。一天，龍蛟夢見一個白髮蒼蒼的老者，向龍蛟述說了往事。老者說：「我是你的父親東海龍王啊！都是我一時糊塗，把你降罪到人間，讓你受苦受難，我後來是多麼後悔呀！有一天，我返回東海，路過這裡，正趕上你臨產後無路可走，想自尋短見。我心疼死了，便馬上興風作雨，讓一位好心老人救了你。可是，由於我過於傷心，又加上興風作雨太急，我昏過去了，並從雲頭掉到河裡。我躺在那裡等太陽把我曬死。因為我對人們有罪，該降雨的時候不降雨，不需要雨的時候我又偏降雨。人們不知該多麼恨我呢！沒想到這裡的人們真好，他們見我掉下來後，大人小孩日夜守護我，給我身上澆水，還敲鑼打鼓呼喚我。三天后，我的身體康復了，重新回到東海。那裡的人們又要給我修廟，永遠祭祀我，讓我永享香火。我真是受之有愧呀！」老人說到這裡，龍蛟似乎想起了自己的身世，恍如做了一場夢一般。老人接著又說：「孩子，你的遭遇一些人是知道的，可你的身世人們是不知道的。你要和姚郎好生相愛，和鄉親們好生相親，

讓你享受人間幸福後，我再來把你接回東海龍宮吧！」說罷，老人便不見了蹤影。龍蛟這才知道了自己的身世。

人們為了感謝龍王，在這裡修了一座龍王廟。廟建成後，這一帶年年風調雨順。有時缺雨，人們去龍王廟求雨，天就降雨。為了感謝龍王，後來人們在廟的東西兩側又修起了兩座廟，統稱「龍王廟」。

懶漢溝變響水河

響水河位於公主嶺市東南，距長春約二十千米。這裡山清水秀，林田豐茂，盛產五穀。現在的響水鎮就是按「響水河」的河名所起，可是「響水河」的原名卻叫「懶漢溝」。那麼「懶漢溝」又怎麼變為「響水河」的呢？說來倒有段故事。

那是在前清時期，在腐敗政府的統治下，「懶漢溝」方圓幾十里盤踞著兩個大戶，一戶姓王，一戶姓周。王家在縣衙有做事的，私通官府上下，人們送號「王一霸」；姓周的占有糧田千頃，是出名的「周百萬」。這兩家，一戶有權勢，一戶有財勢。

一天夜裡，周家發生了一起雙頭案，明擺著是王家人所為，周家便到衙門裡去投訴。那個時候是「衙門口朝南開，有理無錢別進來」，周家豁出了錢財

▲ 《響水河的傳說》插圖

銀兩，擰成繩似的往縣衙裡送禮；而王家呢，為了不輸官司，也一個勁兒溝通官府。雙方誰也不肯示弱。這麼一鬧扯，可難壞了縣衙，判了王家吧，王家私通官府上下，權勢大，招架不了，弄不好，縣太爺的寶座難保；若是

判了周家吧，周家的錢財銀兩已送到份了。縣太爺左右為難，只得順水推舟，拖延時間，下去私訪，明察實情真相。

縣太爺出訪到了「懶漢溝」。住了數日，也沒調查出個子午卯酉來，愁得整天拉拉個臉子。這一天吃過晚飯後，一個小衙役進來獻計說：「老爺，今晚風和夜靜，何不去溝谷觀賞觀賞風景，散散心去！」縣太爺想想也是，便和衙役來到溝裡。只見溝寬谷長，坡上花花草草清香撲鼻，沁人心脾。溝的上頭，一股水流衝下一條小河，河水嘩嘩作響，原來是水擊石鳴。縣太爺信口說了一句「響水河」。他想：周王兩家的案子可以結案了。

次日一大早，縣官下令擊鼓升堂，傳來了周、王兩家的主事人。眾鄉鄰百姓都來瞧判案，把衙門圍個水洩不通。縣太爺猛地一拍驚堂木，大聲說道：「此地凶案甚多，是『懶漢溝』這個地名的緣故，懶漢生閒事呀，本官有令：從今天起『懶漢溝』改名『響水河』。這樣，此地再也不會出凶殺案了。周家也不用告了，王家也不用爭了，就算到此了結。」眾百姓一看，哪有這麼斷案的呀！根本就沒有弄出個水落石出，個個大眼瞪小眼，失望地走了。周家的錢財花了個一空，王家的臉面丟了個乾淨，貪官卻弄個溝滿壕平。從此，「懶漢溝」就改名為「響水河」了。

古城故事警後人

相傳，很久以前，秦家屯古城西門外的屯子裡，來了個南方人。他背著一個布褡褳，一手牽了頭駱駝，另一隻手搖動著鵝翎扇，邊走邊吆喝：「買瓠子啦！穀雨那天種的，秋分那天收的。」

一個草棚子裡，住著一個孤老婆子，聽到吆喝聲後，她從屋裡拿出一個大瓠子。南方人一看，這個瓠子足有二尺多長，金黃金黃的真成到份了，高興地說：「就是它！」聽南方人這麼一說，老太太把手往身後一背說：「老先生啊！我可不是一個財迷，今天你要能說出瓠子的用處，咱分文不取；你要不說實話，任你黃金萬兩，我也不賣。」南方人一聽，瞅了瞅這個老太太，打了個咳

聲說：「實話對你說了吧，你是個有福之人，今年大年三十到初一，一連兩天，半夜三更，你只要用你這個瓠子撞開古城西門，人就能進入寶城。這寶城要出現，城裡要什麼有什麼。但有一條，到雞叫頭一聲時，你必須出來，千萬記住。」說罷，南方人揚長而去。

一晃兒，年三十到了。天交三更時，老太太悄沒聲兒地出了村子。她來到古城的西門外，剛想坐下歇歇腳，眼前出現的一幕令她眼前一亮，西門上出現一個大城門，青磚牆、高門樓，前出狼牙後出廈，朱紅大門上有七七四十九個銅釘子，緊緊地關著。只聽城內人喊聲、馬嘶聲響成一片。老太太走到門跟前，用手中的瓠子一撐，門就「吱呀」一聲開了。她按南方人說的，用瓠子把門支上，然後，膽膽突突地走進去了。

▲ 《古城的傳說》插圖

她來到城裡一看，寬敞的街道，青堂瓦舍，男男女女身著五顏六色的衣服來來

往往，街道兩旁擺著發亮的箱子，裡面裝著各種糧食、布匹和刀槍、農具。這裡沒有橫行霸道的地痞流氓，也沒有如狼似虎的官吏，人人互敬互愛，親親熱熱。老太太看出了神，突然耳邊傳來了個聲音：「小麥啦！小麥啦！」只見一個穿著紅衣紅褲的少女正衝著她微笑。老太太想，我何不買點兒給鄉親們度饑荒啊！想到這兒，她轉身對那個少女說：「姑娘，我買點兒。」姑娘聽了，便遞給她一個一尺長、半尺寬的裝滿麥子的紅口袋。老太太接過來問：「要多少錢？」姑娘抿嘴一笑說：「不要錢，送給你了。」老太太咋給姑娘錢，姑娘也不要。「真沒想到，天下竟有這樣的好人。」老太太一邊感慨地說，一邊往回走。她怕雞叫，被關在城裡邊。她剛邁出城門，取下瓠子，朱紅大門「　當」一聲關上了。正好這時雞也叫了。老太太回到家把那袋麥子倒入盆裡。盆倒滿了，口袋裡麥子一點兒沒見少。老太太挨家走，挨家盆中倒，最後，還是那麼一袋小麥。只有屯中大戶楊鬼子家她沒去，便回家去了。

這事不知咋傳到楊鬼子那裡，他聽說老太太有個瓠子能撐開山門，就打發家人硬氣霸道地來取，可老太太沒有給。他把老太太打暈後，把瓠子搶走了。就在初一這天三更時，楊鬼子領著幾十號人，帶著大口袋來到城西門，用瓠子撐開城門，呼啦啦進去以後，見什麼搶什麼，誰敢阻攔就拳打腳踢把誰趕出來。他們淨挑值錢的拿，楊鬼子還呼喝道：「給我猛搶，搶出亂子我安排。」眾家丁一聽越搶越凶。搶著搶著，只聽「喔喔」一聲雞叫，金雞破曉，寶城的朱紅大門關上了。楊鬼子那夥人由於貪得無厭，一個也沒來得及出來，全部死在寶城裡。

神雞報瑞管家溝

提起管家溝，很多人都知道，它是公主嶺市寶泉鄉的一個小村，這裡曾流傳著一個美麗的傳說。

過去，「管家溝」叫「公雞溝」。為啥叫「公雞溝」呢？原來，這個小村地勢低窪，像一條很寬的溝。村頭兒有一棵大樹，長得枝枝杈杈，十分茂盛。

行人路過這棵大樹下時，常聽到有公雞在樹上打鳴。可是不管你怎麼找，甚至爬上樹去翻騰，也見不到公雞的影兒。人們都說，這是一隻神雞。因此，便把這個小村叫「公雞溝」。

在這個小村裡，住著一戶姓管的人家。這家人忠厚善良，就是窮得叮噹響。兒子二十多歲了，還沒說上媳婦。後來經過鄉親們幫忙說和，把鄰村一個傻裡傻氣的姑娘娶了過來。

姑娘過門後，誰問她什麼話她也不說，只會嘿嘿傻笑。全家人對她只是疼愛，一點兒不嫌棄她。這年到了年三十，傻媳婦正在屋外煮餃子，忽見一隻羽毛鮮豔的大公雞神氣地走進屋來。傻媳婦非常喜愛這只大公雞。她想抓住它，又怕抓不住，便順手摸起抱爛柴火的破草篩子，去扣公雞。一下，二下，第三下終於被她扣住了。她樂壞了，伸手抱起了大公雞。說也怪，她突然向屋裡喊：「我抓住一隻大公雞！」全家人都感到奇怪，急忙從屋裡跑到外屋地，一看，真不是一隻普通的公雞，那翎毛放出的光都晃眼睛，那高大神氣勁兒，誰也沒見過。屯鄰們聽說也都來看。有人說，牠十有八九是樹上打鳴的那隻神雞。管家得了這隻雞以後，傻媳婦不但會說話了，而且心竅大開，又聰明，又能幹。

從此，管家的日子一天天好起來。村頭兒的那棵樹上，再也聽不到有公雞打鳴了，人們就把「公雞溝」改名叫「管雞溝」。後來，叫來叫去，又稱為「管家溝」。

▲ 《管家溝的傳說》插圖

財主無德甕泉干

早在大清年間，懷德縣大榆樹發生一場大旱，地裂三尺，井水枯乾。天上烈日當空，飛鳥不鳴蟬不叫；地上禾苗伏地，百姓渴死無數，屍橫遍野，一片悲慘景象。

龍宮小青龍見人間如此大旱，就偷降一場大雨，並命親信變成金牛，在大榆樹拱出一片甕型的大窪地，又叫金牛挖泉直通地河。從此，大榆樹便有了甕泉。

甕泉泉水噴出丈高，清澈甘甜。近看，如禮花開放；遠看，如妙筆生花。水茫茫一片，四面樹木參天，甕泉裡荷花盛開，水鳥飛翔。南來北往的大雁在此休息幾時，留下一片眷戀之歌又向藍天展翅登程。從此，大榆樹土地濕潤，禾苗茁壯，百姓喝了地河水百病不生。

可是，好景不長，大榆樹兩大富戶——黃大鼻子和蘇小眼睛占了甕泉。黃大鼻子財大氣粗占了泉眼，從此，不准百姓用泉水，百姓時有疾病發作。禾苗澆不上甕泉的水乾枯而死，村民實在沒有活路，只好把地賣給兩家大戶，到兩家去做長工。黃大鼻子塊頭兒大，為人殘暴、凶狠，長工放丟了牛，總要挨一頓暴打，對有傷長工，黃大鼻子則一腳踢開。

蘇小眼睛則相反，他不打長工，老收留那些從黃大鼻子那裡被打出來的長工。蘇小眼睛一看見被打傷的長工，小眼睛眯成一條線，然後很同情地說：「看怎麼把人打成這樣，先吃點兒藥吧！」從此蘇小眼睛的人漸漸比黃大鼻子的人多了，可蘇小眼睛還得對黃大鼻子恭恭敬敬，未說話先露出牙顯出笑樣兒，渾身上下齊動，看上去像風中沒開好的狗尾巴花。「黃兄今日可好啊！」黃大鼻子哼了一聲：「你也不錯吧，蘇老弟，你人頭多，有幾個當官的！」蘇小眼睛一聽「官」字，身子像被切去一半兒。黃大鼻子和蘇小眼睛二人相見總是這幾句話，由於蘇小眼睛在長工面前笑得很自然，顯得很慈祥，長工們都挺喜歡給他幹活兒。

一日，長工把牛從甕泉裡趕回來，一查，多了一頭，一對號又正好，蘇小眼睛一捻山羊鬍子，小眼珠子向上一翻，「哼哼！哼哼……」

　　再說黃大鼻子連續幾日丟牛，總打發長工找牛。說來也怪，從此，甕泉總聽見牛的叫聲，但又不知道在哪裡。黃大鼻子看著那丈高的泉水「咯噔、咯噔」地咬牙。蘇小眼睛看見黃大鼻子也擠出一絲苦笑，一轉身憋不住笑了。唉！還得得人心啊！再修修好，那神牛就是我的了。

　　從此，太陽一升起來，人們便聽到「哞哞哞」三聲牛叫，中午時五聲牛叫，叫聲傳出十多里地，震天動地。

　　就在這一天，大榆樹來了一個七十多歲的算命老人。老人長得精神，白髮銀鬚紅臉膛，走路輕鬆如風，談吐非凡。老人非是別人，正是天上小青龍。他因不遵聖旨偷降甘雨給人間，被老龍王貶下人間變成凡人，永遠不能上天了。小青龍變成人後，又來到大榆樹，一路打聽百姓疾苦，沿途聽到蘇小眼睛仗義疏財，愛護長工，因此對蘇家頗有敬意，而對黃大鼻子依仗朝中有人撐腰，殘暴凶狠成性，十分討厭。

　　一日，蘇小眼睛去見老人，一看老人這氣派，就求老人算卦。他問老人：「我蘇家有錢，為啥當不上官；他黃家有錢，為啥就能當官？」蘇小眼睛一說到「官」，雙眼瞪得像野鴨蛋。老人一聽蘇小眼睛的求帖，心想：「這樣的人，應噹噹官，為救百姓逃出黃大鼻子的毒手，理應如此。」老人就露出話題：「你蘇家沒有當官的，是因為墳地風水不好，墳沒有對地河；黃家官財大，是因為黃家墳壓在河頭。我要給你破了，我的雙眼就得瞎，我的晚年就得在貴府度過。」蘇小眼睛一拍大腿：「老人家，你放心，管保你從此吃香的喝辣的。我就是你的兒子！」蘇小眼睛淚如雨下，大呼老人「親爹」，說道：「爹爹！您的晚年您放心！您可一定要破啊！不看孩兒的面兒，也應看大榆樹百姓的面兒，他們在黃大鼻子的毒鞭下痛苦地生活著、掙扎著啊！」

　　老人被蘇小眼睛的眼淚感動了，當天就把黃家墳地的風水破了。剛破完，老人的雙眼躥出兩條大蛇，當時就瞎了。只見甕泉水翻滾，神牛大叫七七四十

九聲，泉水長高八尺。不久，老黃家就敗落下來，可蘇小眼睛家越來越興旺。蘇小眼睛走路腰板也硬起來了，一見黃大鼻子就說：「呀！黃兄過年好啊！」對長工漸漸開始大喊大叫，舉手便打了。此後幾天的工夫，蘇小眼睛的牛少了好幾頭。蘇小眼睛一聽見甕泉裡的牛叫，就對小青龍老人罵道：「老傢伙，我的牛哪兒去了！甕泉裡怎麼有牛叫聲呢？」老人苦苦笑了一聲說：「蘇大財主！行行好吧！我的眼睛已瞎，什麼也看不見啊！」蘇小眼睛一瞪眼，伸腿就給老人一腳，罵道：「誰養著你白吃飯？滾！」老人走出蘇家大院，大榆樹百姓偷著留下了老人。

一日，老人覺得眼前一亮，原來是一同被貶的管家到了。老管家一見他這般樣子，詢問究竟。老人長嘆一聲：「唉，別提了！」隨後細說了前前後後的經過，又告訴管家醫治自己眼睛的辦法。管家在八月十五折了蘇家祖墳

▲ 《甕泉金牛的傳說》插圖

上的一朵鮮花，又用甕泉水裡的七只蝦配藥治好了老人的雙眼。小青龍對管家說：「一定要報答大榆樹百姓，我要把金牛從甕泉裡牽出來，讓百姓過上好日子，讓金牛耕出良田來。」老人就用兩口大粉鍋罩住泉眼，寫給管家七七四十九道符。老人走進泉眼，只見甕泉波濤翻滾，直接中天。只聽見泉眼裡金牛大叫九九八十一聲。不一會兒，一股紅水噴出泉眼，只見老人變成青龍，騎著金光閃閃的金牛剛要走出泉眼，蘇小眼睛帶著打手圍了上來。小青龍無奈，看著岸上的老百姓，只好騎著金牛向地河走去。從那以後，泉水不冒，甕泉水漸干，只有這金牛聲不斷。蘇家從此家道敗落了。百姓們只要在甕泉念起青龍，總能在甕泉聽到金牛的叫聲。

今天，大榆樹的甕泉雖不見當年的茫茫大水，萬頃碧波，卻能聽到百姓的牛群在甕泉裡此起彼伏地叫。

傻子廟供聰明人

公主嶺街邊有座傻子廟。傳說，很久以前，有這麼哥倆：老大娶妻生子，老二是個傻子，沒媳婦。哥倆兒在一起過日子，嫂子很賢惠，對傻子兄弟很好。有一年，老大在外地做生意，嫂子操持家務，日子過得很樂呵。一天，嫂子蒸了一鍋肉包子，傻子說：「嫂子，我哥樂意吃包子，給他送去幾個唄！」嫂子聽完，心裡好笑，也沒和他多說，就包了一包遞給傻子。心想：準是留著他上山砍柴吃，這傻子更有心眼兒啊。傻子接過來布包就走了。不一會兒，傻子回來了，滿頭大汗地說：「給我哥送去了，他說挺好，讓我把布衫捎回來，叫你給縫縫。」嫂子接過布衫一看，真是丈夫的，感到很奇怪。心想：丈夫離家一千多里地，來回不到一袋煙的工夫？這不瞎扯淡嘛！飛也飛不到啊！這件布衫八成是傻子在櫃裡翻出來的吧。想到這兒，也就沒往心裡去。

過了一陣子，老大回來了，妻子當笑話提起這件事，老大說：「對呀，你不說我倒忘了！那天，我正在屋裡算賬，見到傻子推門進來，拿著一包熱騰騰的包子，說是你剛蒸的。問我有啥往回捎。當時我很奇怪，猜想可能是有人出門把他帶來的，包子是剛在街上買的，就和他開玩笑說，我布衫破了，捎回去叫你嫂子縫縫。他『嗯』了一聲就走了。我以為他去玩了，一會兒就回來。可一去沒回來，我很著急，還以為傻子丟了呢。」妻子一聽，非常驚訝。

有一天，小兒子跑來，進門就喊道：「媽，我二叔在地裡用柴火圍個圓圈兒，點著火，自己在裡邊。」嫂子一聽急忙跑去看，果真大火熊熊，傻子坐在中間。嫂子連哭帶喊去拽傻子，咋拽也沒成功。傻子燒死了，可屍首全身金赤金鱗，就是左胳膊爛了一塊，據說這正是他嫂子給拽的。後來大夥兒就在他坐著的地方蓋了一座廟，起名叫「傻子廟」。

▲ 《傻子廟的傳說》插圖

吉林文庫 A0703A26

文化吉林：公主嶺卷

主　　　編	莊嚴	
版權策畫	李　鋒	
責任編輯	林以邠	
發 行 人	陳滿銘	
總 經 理	梁錦興	
總 編 輯	陳滿銘	
副總編輯	張晏瑞	
編 輯 所	萬卷樓圖書股份有限公司	
排　　版	菩薩蠻數位文化有限公司	
印　　刷	維中科技有限公司	
封面設計	菩薩蠻數位文化有限公司	

出　　版　昌明文化有限公司
桃園市龜山區中原街 32 號
電話 (02)23216565
發　　行　萬卷樓圖書股份有限公司
臺北市羅斯福路二段 41 號 6 樓之 3
電話 (02)23216565
傳真 (02)23218698
電郵 SERVICE@WANJUAN.COM.TW
大陸經銷　廈門外圖臺灣書店有限公司
　　　電郵 JKB188@188.COM

ISBN 978-986-496-283-9

2018 年 1 月初版

定價：新臺幣 460 元

如何購買本書：

1. 轉帳購書，請透過以下帳戶
　　合作金庫銀行 古亭分行
　　戶名：萬卷樓圖書股份有限公司
　　帳號：0877717092596

2. 網路購書，請透過萬卷樓網站
　　網址 WWW.WANJUAN.COM.TW

大量購書，請直接聯繫我們，將有專人為您
服務。客服：(02)23216565 分機 10

如有缺頁、破損或裝訂錯誤，請寄回更換

國家圖書館出版品預行編目資料

文化吉林. 公主嶺卷 / 莊嚴主編.-- 初版.--
桃園市 ：昌明文化出版 ；臺北市：萬卷樓
發行, 2018.01
　　冊；　　公分
ISBN 978-986-496-283-9(平裝). --
1.文化史　2.人文地理　3.吉林省
674.2408　　　　　　　　　　　107002187